PAPER SOLDIERS : How the Weaponization of the Dollar Changed the World Order
Copyright ⓒ 2024 by Saleha Mohsin
Korean Translation Copyright ⓒ 2024 by Wisdom House, Inc.

All rights reserved including the right of reproduction in whole or in part in any form.
This edition published by arrangement with Portfolio, an imprint of Penguin Publishing
Group, a division of Penguin Random House LLC., through Alex Lee Agency.

이 책의 한국어판 저작권은 알렉스 리 에이전시 ALA를 통해서 Portfolio, an imprint
of Penguin Publishing Group, a division of Penguin Random House LLC와
독점 계약한 (주)위즈덤하우스가 소유합니다.
저작권법에 의하여 한국 내에서 보호를 받는 저작물이므로 무단 전재 및 복제를 금합니다.

달러 전쟁

세계경제를 뒤흔든 달러의 설계자들과 미국의 시나리오

살레하 모신 지음

위즈덤하우스

일러두기

· 본문에서 인명·지명 등 고유명사의 외래어는 국립국어원의 외래어 표기법 및 용례를 따랐다. 단, 표기가 불분명한 일부는 실제 발음을 따라 썼다.
· 옮긴이의 주는 본문에 적고 표시했다. 표시가 없는 괄호의 설명은 모두 저자가 쓴 것이며, 미주는 모두 저자의 주다.
· 본문에서 대괄호 [ ] 안에 쓰인 내용은 모두 저자가 덧붙인 것이다.

이 책을 아바Abba에게 바친다.

추천의 말

세계 기축 통화인 달러는 어느 한 순간 누군가가 지정한 것이 아니라 역사의 흐름 속에서 탁월한 경쟁력을 나타낸 미국 경제의 힘과 기축 통화로서 달러의 신뢰를 공고히 하기 위해 미국 위정자들이 이어온 각고의 노력 속에서 자리매김한 것이다.

위정자들이라 함은 보통 미국 중앙은행인 연방준비제도를 떠올리게 된다. 실제 중앙은행인 연방준비제도는 달러의 수요와 공급을 적절히 '조절하는 역할을 성공적으로 수행해 왔지만 그것만으로는 달러가 성장해 온 역사의 절반밖에 설명할 수 없다. 남은 절반은 어디서 찾아야 할까?

이 책 《달러 전쟁》은 그 남은 반쪽을 설명해주는 책이다. 바로 미국 재무장관들이 미국 경제를 경쟁력 있게 유지하기 위해, 그리고 기축 통화로서 달러의 지위가 혹여나 흔들리지 않도록 수많은 고민과 시도를 해왔음을 생생히 보여준다. 기축 통화인 달러의 성장 과정, 그 내면을 샅샅이 들여다보면서 미국 경제, 나아가서는 세계 경제에 대한 한층 깊이 있는 이해를 구하고자 하는 독자에게 강하게 추천한다.

신한은행 WM추진부 팀장, 《위기의 역사》 저자 오건영

차례

추천의 말 … 6
등장인물 … 12
프롤로그: 지배와 몰락 사이에서 … 14

제1장 트럼프 치하에서의 생존 전략 … 27

일곱 단어의 충격 • 28 | 러스트 벨트의 고통 • 31 | 트럼프의 달러 통제 욕구 • 35 | 달러 조작을 피하는 방법 • 40

제2장 패권국의 탄생 … 47

새로운 화폐 그린백의 등장 • 48 | 브레턴우즈에서 열린 회의 • 50 | 재선을 위한 달러 길들이기 • 54 | 외환시장에 등장한 불확실성 • 58

제3장 통제광과 자경단 … 61

시장이 주는 교훈 • 62 | 클린턴의 계획과 채권 자경단 • 66 | 미국 채권과 경제 사이클 • 68 | 살벌한 채권 자경단 • 70

제4장 루빈의 달러 강세 원칙 … 74

매력적이고 완벽한 슬로건 • 75 | 약한 달러를 원하지 않는다 • 79 | 루빈의 계획 • 82 | 반복적이고 따분한 발언 • 87

제5장 나쁜 달러   95

세계화의 불안한 징조들 • 96 | 강달러 정책에 대한 분노 • 100 | 제조업 출신의 재무부 장관 • 103 | 오닐과 달러 드라마 • 107

제6장 전쟁 본부가 된 재무부   112

재무부, 최전방에 서다 • 113 | 세계무역센터와 두려움에 떠는 투자자들 • 118 | 금융전쟁의 작전실 • 122

제7장 수정 구슬 역할을 한 SWIFT   128

금융 데이터의 보물 창고 • 129 | 회색 정장 차림의 게릴라들 • 131

제8장 재무부 장관 2인의 몰락   137

신뢰를 잃은 폴 오닐 • 138 | 투자자들에게 가장 인기 없는 대통령 • 143 | 존 스노, 부시의 세일즈맨 • 147

제9장 '행크'라고 부르세요   157

거번먼트 삭스에서 온 망치 행크 • 158 | 재무부의 영광을 되돌릴 사람 • 163 | 마크 소벨의 전략 • 170 | 펠로시 앞에 무릎 꿇은 행크 • 176

제10장 오하이오의 닭발 요리와 중국의 천년 계획   182

모레인을 위협하는 위안화 • 183 | 미국-중국 전략경제대화를 시작하다 • 190 | 폴슨의 중국 환율 개입 • 198

제11장 불길했던 가이트너의 취임 연설   203

오바마 정부의 암울한 경제 전망 • 204 | 불길한 삼위일체 • 211 | 부채 한도와 디폴트 시나리오 • 215

제12장 재무부의 모범생 투사들   222

대테러 전쟁의 자금 관리자 • 223 | 이차적 제재의 도입 • 226 | 경제 제재의 심장, 해외자산통제국 • 229 | 잭 루의 경고 • 235

제13장 격동의 미중 관계   238

중국을 환율 조작국이라고 부르는 실수 • 239 | 전략적 인내 vs 의도적 방임 • 247 | WTO를 '재앙'이라 말하는 대통령 • 252

제14장 재무부의 망가진 보물   260

생명을 잃은 강달러 패러다임 • 261 | 달러의 환율을 거론하지 말라 • 265 | 끝나버린 미중 대화 • 269 | 므누신의 선택적 침묵 • 272

제15장 므누신·올리가르히 그리고 잭 루의 경고 280

러시아 제재와 원자재 시장의 폭발적인 변동성 • 283 | 망신거리로 전락한 므누신의 보고서 • 286 | 흔들리는 달러 제국 • 291 | 민주주의와 시장의 안정성 • 297

제16장 비공개 만찬과 경제적 전격전 303

재무부 장관과 연준 의장의 조용한 모임 • 305 | 러우전쟁과 핵무기급 선택지 • 309 | 달러 앞에 놓인 문제들 • 317 | 달러 제국의 미래 • 320

감사의 말 326
주 329
찾아보기 350

|| 등장인물 ||

제임스(짐) 베이커 James Baker　레이건 행정부의 재무부 장관. 재임 당시 뉴욕에서 열린 비밀회담에서 가장 영향력 있는 각국 재무부 장관들과의 협상을 중재해 달러의 집단적 평가절하를 이끌어낸 바 있다.

티머시(팀) 가이트너 Timothy Geithner　제70대 재무부 장관 로버트 루빈 재임기에 재무부 공무원으로 일하며 향후 20년에 걸쳐 경제정책의 근간이 된 달러 강세 정책 수립에 기여한 인물. 가이트너는 훗날 제75대 재무부 장관이 된다.

스튜어트 레비 Stuart A. Levey　미국 재무부에서 확대 개편한 경제 제재 담당 부서를 최초로 운영한 관료. 그 덕분에 재무부는 미국 국가 안보 기관에 막강한 영향력을 행사할 수 있게 되었다.

제이컵 잭 루 Jacob Jack Lew　경제 제재가 타국에 무기로 악용될 수 있다고 예견한 인물. 실제로 경제 제재는 무기로 오용된 사례가 많았으며, 이는 화폐 지존인 달러의 존엄성을 해칠 위험이 있었다.

스티븐 므누신 Steven Mnuchin　미국 대통령이 달러 가치를 끌어내리기 위해 적극적으로 개입하려 했을 때 방어선을 치고 저항한 인물.

폴 오닐 Paul O'Neill　조지 W. 부시가 9·11 테러 이후 '테러와의 전쟁'을 펼쳤을 때 최전선에서 활약한 인물. 미국의 안보 이익을 보호하기 위해 달러의 현대화·무기화를 지휘했다.

헨리(행크) 폴슨 Henry Paulson   미국과 중국 사이에 한층 더 긴밀한 관계가 수립되도록 한 인물. 이는 그와 후임자들이 세계 금융위기의 후유증에 대처해야 했을 때 해결책이 되었다.

로버트 루빈 Robert Rubin   달러 강세 정책을 수립해 세계화의 시작을 이끈 인물. 20년 동안 혼란에 빠져 있던 미국 통화정책에 평정과 질서를 가져다주었다.

존 스노 John Snow   미국이 대외정책의 목표를 달성하기 위해 달러 접근성을 무기로 이용했을 당시 재무부에 경제 제재 부서를 신설한 인물.

마크 소벨 Mark Sobel   정치색을 띠지 않은 채 40년에 걸쳐 미국의 화폐 관련 사안을 처리한 인물. 여러 행정부를 거치는 동안 달러 정책 기조를 유지해 온 관료다.

재닛 옐런 Janet Yellen   조 바이든 재임기에 여성 최초로 재무부 장관에 오른 인물. 러시아의 블라디미르 푸틴 대통령이 우크라이나를 상대로 제2차 세계대전 종전 이후 가장 규모가 큰 군사 공격을 감행했을 당시 80년 동안의 세계질서를 보호하기 위해 달러의 무기화를 감독했다.

프롤로그
지배와 몰락 사이에서

언젠가는 사람들이 2022년 2월 26일 오후 5시 13분을 달러 제국이 약화하기 시작한 바로 그 순간으로 기억할지 모른다. 현재 최고의 화폐로 여겨지는 달러가 그때 세계적 지위를 영구적으로 상실했는지는 수십 년이 지나도 확실히 알 수는 없을 것이다. 그러나 한 가지는 분명하다. 모든 제국은 스스로가 특별하다고 믿지만 결국에는 무너지는 법. 지금 이 순간에는 미국의 힘과 미국 화폐인 달러의 힘이 현기증 날 정도로 강성하다. 그러나 하필이면 전 세계 강대국 간의 치열한 경쟁이 펼쳐지면서 동맹 관계가 재편되고 있는 새 시대의 초반에 미국의 지도자들이 자국의 몰락을 앞당기고 있는 것은 아닐까? 아니면 가장 최근의 위협이 결국에는 지나갈 것인가?

겨울 추위가 가시지 않은 2월 26일 미국의 수도 워싱턴D.C.에서는 세계에서 가장 막강한 나라들의 재무부 장관들이 역사적인 안건을 내려다보고 있었다.

그 이전까지 48시간 동안 러시아는 제2차 세계대전 종전 이후로 가장 큰 규모의 군사 위기를 일으켰다. 전 세계 지도자들은 재앙에 직면했다. 세계질서가 갑작스레 혼돈 속으로 내던져진 것이다. 지난 80년 동안 민주주의와 경제 통합 덕분에 구축되고 지속된 질서의 중심에는 세계 준비자산Reserve assets의 역할을 한 달러가 있었다. 이러한 전통 속에서는 자해나 다름없기에 각국 정부가 다른 나라에 미사일을 조준할 꿈도 꾸지 못하는 법이다. 세계는 너무나 긴밀하게 연결되어 있어 어느 한 나라가 입은 상처가 나머지 나라를 멍들게 하기 때문이다. 블라디미르 푸틴은 상상도 하지 못할 일을 저질렀다. 그런데도 미국 대통령은 군사 행위를 철저히 배제했으며 경제 제재라는 그다음 선택지의 추진 가능성에 역점을 두었다. 이런 상황에서 재닛 옐런 재무부 장관은 가장 강력한 무기를 손에 쥐고 있었다.

옐런은 철저한 보안 속에서 오전 8시경 조 바이든 대통령과 행정부 고위 관계자가 참석한 화상회의에 합류했다. 푸틴 대통령의 살인적인 우크라이나 침공 대책을 논하는 자리였다. 국가 안보 보좌관 제이크 설리번Jake Sullivan은 바이든이 미국의 경제 무기 창고에서 "핵무기급"으로 간주되는 선택지를 꺼내 시행해야 한다고 권고했다. 러시아 중앙은행이 달러를 사용하지 못하도록 차단해야 한다는 그의 제안에는 전쟁자금으로 쓰일 가능성이 있는 0.5조 달러 자산을 푸틴에게서 차단한다면 러시아의 금융 부문이 전 세계 모든 나라의 금융계에서 내쫓기리라는 계산이 깔려 있었다.

바이든은 자신이 그처럼 과감한 조치를 할 준비가 되어 있다는 뜻을 내비친 다음 옐런을 바라보았다. 옐런은 재무부 장관이자 달러 발행과 유통의 최종 승인자로서 금융시장에 러시아의 달러 사용을 최대한 막으라고 명령할 수 있는 사람이다. 미국 재무부 홈페이지에서 경제 제재 대상국 목록을 주의 깊게 살펴온 금융회사 담당자들은 이제 곧 갱신된 목록을 보고 러시아 은행, 기업, 개인 고객과의 거래를 중단해야 한다는 것을 깨닫게 될 터였다. 그렇게 되면 러시아 은행, 기업, 개인 고객은 전 세계 금융계에서 따돌림을 당할 수밖에 없다. 옐런은 그 정도 조치가 필요하다는 것을 곧바로 납득하지 못했다. 그는 취임 첫날 세계 준비자산의 책임자로서 한 선서에 따라 그 같은 조치의 여파를 정확히 파악할 필요가 있었다.

한편으로는 달러가 명백한 전쟁 무기로 전환될 것이 걱정되었다. 처음 있는 일은 아니었으나 G20에 속한 국가의 중앙은행에 극단적인 조치를 했다가는 우방국 정부들이 더 이상 미국을 자국 자산을 안전하게 비축할 장소로 간주하지 않을 가능성이 있었다. 그렇게 되면 세계 기축통화인 달러의 위상에 흠집이 날 수밖에 없다. 다른 문제로는 실행 예정인 경제 제재 프로그램이 금융 측면에서 융단폭격의 성격을 갖추고 있다는 점이었다. 세계 11위의 경제 대국 러시아의 경제가 파괴되면 죄 없는 러시아 민간인의 생계가 무너지고 세계 금융시장이 확고한 피해를 입을 것이 분명했다. 게다가 전 세계적으로 식량과 에너지 같은 일상 생필품이 부족해질 터였다. 옐런은 러시아를 상대로 한 경제 제재가 힘의 정당한 사용인지 혹은 남용인지 쉽사리 판단할 수 없었다.

미국이 지금과 같은 위치에 오르기까지는 2세기가 넘는 세월이 걸렸다. 그동안 미국은 실패가 예견된 실험적인 독립 국가에서 세계 초강대국이자 민주주의의 수호자로 발전했다. 미국의 성공과 지속성을 둘러싼 이야기는 달러를 둘러싼 이야기와도 일맥상통한다. 달러는 거의 완벽한 환경(자유롭고 공정한 선거, 법치주의, 독립된 사법부를 중심으로 안정적이고 예측 가능한 형태로 구축된 민주주의)에서 자양분을 얻고 성장해 세계 금융계를 지배하기에 이르렀으며, 미국이 상업과 세계 안보 분야에 대한 지배력을 한층 더 확대하는 데 기여했다.

그러한 달러 관련 업무의 중심축에는 미국 재무부가 있었다.

워싱턴D.C. 펜실베이니아 대로 1500번지에 있는 재무부 건물은 두 블록에 걸쳐 펼쳐진 인상적인 화강암 주랑과 신고전주의 양식의 그리스풍 기둥이 있지만 워싱턴으로 몰려드는 관광객의 방문지 버킷리스트에 오르는 일은 드물다. 관광객들은 그보다 훨씬 더 유명한 인근 건물인 백악관 앞에 모여들곤 한다. 그러나 그 두 건물을 차지한 사람들은 (열심히 일하면 더 나은 삶이 기다리고 있다는) '아메리칸 드림'의 형성 과정에서 동등한 역할을 담당했다.

재무부는 독립전쟁 직후의 혼란기였던 1789년에 설립되어 미국의 재정 운영이라는 역할을 떠맡으면서 달러의 출범을 감독했고 미국의 신뢰도를 안정적인 수준으로 개선했다. 재무부의 활동은 자유 시장과 개방 무역 체제에 윤활유 역할을 해왔다. 그러한 체제는 민주주의와 불가분의 관계를 맺고 있다. 경제 사다리를 타고 올라가기가 어려워지면 미국 국민은 자국의 정치 체제에 대한 신뢰를 잃기 시작할 것이다. 민주주의가 훼손되면 미국이 사업하기에 좋은 곳이라는 기업의 믿음이 흔들릴 수도 있다.

제1·2차 세계대전이라는 대격동의 시기가 있었기에 달러가 세계에서 가장 중요한 자산으로 자리 잡게 된 것도 사실이지만 달러의 힘이 통합된 것은 지난 30년에 걸쳐 일어난 일이다. 이 책은 달러가 어떤 과정을 통해 놀라운 도약을 이루어냈고, 어떻게 해서 미국의 가장 중요한 무기로 휘둘리게 되었는지를 다룬다. 그뿐 아니라 달러 강세 정책이 의도와는 상관없이 때때로 국내와 국외에 미치는 파괴적인 영향을 시간순으로 서술한다. 달러 책임자들이 하는 일을 살펴보면 이 책이 하려는 이야기를 가장 확실하게 이해할 수 있다.

그들은 정치·경제의 소용돌이 속에서 재무부 장관을 지낸 인물들로서, 가장 중요한 과제는 달러를 힘의 원천으로 보호하고 유지하는 것이다. 현직인 옐런뿐 아니라 로버트 루빈, 헨리 폴슨, 스티븐 므누신 등이 그 같은 일을 하는 사람들에 해당한다. 더 나아가 재무부에서는 수천 명의 이름 없는 영웅들이 세계 금융 시스템을 보호함으로써 미국의 민주주의를 강화하는 일에 자신의 삶을 바쳤다. 나는 《블룸버그 뉴스》의 기자로서 주요 관계자들과 수백 건의 인터뷰를 진행했다. 인터뷰 대상 중에는 전·현직 재무부 장관을 비롯해 연방준비제도 이사회(Federal Reserve Board, 이하 연준)의 관료, 국제통화기금(International Monetary Fund, 이하 IMF)과 세계은행(World Bank, 이하 WB)의 임직원, 민간 부문 간부, 전·현직 외교관 들이 있다. 이 인터뷰들은 지난 30년간 재무부의 달러 정책이 어떻게 수립되었는지를 낱낱이 보여준다.

옐런이 백악관과의 긴급 화상회의에서 러시아의 달러 제재를 주저했음에도 푸틴이 세계 평화와 안전에 공격을 감행했다는 것은 피할 수 없는 진실이었다. 심지어 러시아는 그러한 유형의 공격을 방지하기 위해 수립한 G20과 IMF 등의 세계 연합기구 회원국이다.

지상의 집이 파괴되는 공격을 피해 지하 땅굴로 도피한 여성, 어린이, 노인 들의 피에 젖은 얼굴이 전 세계 신문과 텔레비전을 가득 메웠다. 옐런은 몇 시간 만에 백악관의 계획에 동참했다. 미국은 다음 조치를 확정하고 동맹국의 협조를 구한 뒤 토요일 밤 러시아와 경제전쟁을 시작하기 위해 세계 통합 금융 시스템의 힘을 집결했다. (세계 경제의 절반 이상을 책임지는) 30개국을 불러 모은 것이다. 경제전쟁에서 세계를 보호할 가장 강력한 무기는 달러였다. 백악관에서는 성명서를 통해 전례 없는 조치를 발표하면서 "러시아의 전쟁 도발은 제2차 세계대전 이후 지배적으로 자리 잡은 국제 원칙과 규범에 대한 공격이며, 따라서 우리는 그에 대한 방어에 전념할 것"이라고 선언했다. 바이든 행정부는 러시아를 국제 금융 시스템에서 소외시키겠다고 맹세했다.[1]

훗날 옐런은 우크라이나 침공 직후에 이루어진 첫 번째 결단에 대해 "미국은 원칙에 부합하며 평화를 수호하는 규칙 기반 질서에 대한 우리의 의지를 보여줄 행동"[2]이 필요했다고 말했다. 2월 26일 옐런의 앞에 놓였던 선택지는 모든 달러 지폐에 인쇄된 대머리독수리의 형상을 연상케 한다. 대머리독수리가 올리브 가지와 화살을 동시에 움켜쥔 모습은 평화가 우선이지만 방어할 준비가 되어 있음을 암시한다.

옐런이 2022년 2월에 했던 '달러의 무기화'에 대한 고민은 근거가 없지 않았다. 1년 후인 2023년 4월 브라질의 루이스 이나시우 룰라 다시우바 대통령은 상하이에서 달러의 종말을 예언해 중국의 고위급 인사들에게서 갈채를 이끌어냈다. 룰라 대통령은 환호하는 관중에게 "매일 밤 나는 자신에게 질문을 던집니다. 어째서 모든 나라가 자국의 상거래를 달러에 의존해야 하는지 말입니다. 금본위제가 사라진 이후에 달러를 기축통화로 결정한 사람은 누구입니까?"[3]라고 물었다. 룰라가 그러한 의문을 표한 유일한 사람은 아니었다. 각국이 달러를 회피할 묘안을 찾기 위해 연대했을 때 아르헨티나부터 사우디아라비아·말레이시아·인도에 이르는 각국 지도자들 사이에서도 연이어 비슷한 발언이 터져 나왔다. 다만 룰라의 목소리가 가장 컸을 뿐이다.

수십 년에 걸쳐 달러의 종말을 예언한 이들이 무수히 등장했다. 1990년대 초반에는 일본 엔화가 달러를 대체하는 것이 정해진 수순이라고 주장하는 사람도 있었다. 한편 어떤 이들은 유로화가 달러의 위치를 찬탈하리라 내다보았다. 이 두 가지 예언은 모두 빗나갔다. 그러나 2022년 2월에 일어난 러시아의 우크라이나 침공 이후 전통적인 동맹 관계가 완전히 박살 나면서 세계는 다시 한번 달러가 힘을 잃고 있는 것은 아닌지 의문을 품기 시작했다. 바이든이 푸틴을 벌하기 위한 수단으로 달러를 이용하기로 결정한 후 1년에 걸쳐 미국은 자국이 보유한 모든 경제 무기를 과시했다. 미국에 적대적인 국가뿐 아니라 우방국까지도 브라질의 룰라와 같은 걱정을 했다. 자국이 워싱턴의 반대편에 서게 되면 현재 러시아가 당하는 것과 같은 경제전쟁 속으로 빨려 들어가지는 않을지 우려하기 시작했고 전 세계 지도자들은 달러의 대안을 찾아 나섰다.

반발 가운데 일부는 명확히 드러났다. 이를테면 브라질·러시아·인도·중국·남아프리카공화국(BRICS로 불리는 경제 공동체) 등은 동맹 관계를 확대하고 달러를 우회하는 공통 상거래 체제를 개발하려는 시도에 나섰다. 미묘한 조짐도 보였다. 한 예로 세계 최대 제지업체가 거래대금 결제에 처음으로 위안화를 사용하는 방안을 검토 중이라는 이야기가 나왔다.[4] 니켈과 원유 같은 원자재 시장 전반에서 결제 통화 다변화 추세가 일어나고 있다는 조짐이었다. 이 같은 움직임들은 느린 속도로 일어나고 있지만 전 세계에 걸친 달러라이제이션(dollarization, 어떤 나라가 자국의 화폐가 아닌 달러를 지급 및 가치 비축 수단으로 사용하는 현상 — 옮긴이) 네트워크를 잠식하고 있다. 2001년 각국 중앙은행이 비축해 둔 외환 보유고 중에서 달러의 비중은 73퍼센트였다(이를 금액으로 환산하면 국가의 예금 보유고와 맞먹는다). 그 후 20년에 걸쳐 경제 제재, 외환위기, 미국에 대해 끓어오르는 불신[5]이 작용하면서 달러 비중은 60퍼센트 아래로 떨어졌다.

경제계 내부에서는 전문가들이, 만약 1944년의 운명적인 브레턴우즈 회의에서 제2차 세계대전 이후의 새로운 경제 질서를 세우기 위해 모인 미국 관료들이 달러를 왕으로 옹립하는 일에 실패했다면 더 나은 세상이 펼쳐지지는 않았을까 하는 의문을 공개적으로 표시하는 상황이다.[6] 달러에 대한 의존이 그 모든 수고를 감수할 만한 일일까? 2008년 미국발 서브프라임모기지 사태가 세계 시장을 뒤흔든 이후 투자자들과 우방국들 역시 같은 의문을 표시하고 있다. 2018년 도널드 트럼프 대통령이 무역 관세를 부과한 이후에도 마찬가지였다.

달러의 지배력에 대한 의문에 발맞춰 미국의 패권에 대한 문제가 제기되면서 미국은 전에 없이 방어적인 자세로 전환하고 있다. 그러한 움직임 가운데 일부는 눈에 띄지 않는 형태로 일어나고 있다. 미 하원의 금융서비스위원회 House Financial Services Committee 는 2023년 봄 "세계 준비통화로서 달러의 위상을 지키는" 방안을 논의하기 위해 슬그머니 청문회를 소집했다.[7] 이때 의회에 정치적으로 편향되지 않은 보고서를 제출해 온 잘 알려지지 않은 한 연구소가 43쪽짜리 보고서를 발표했는데,[8] 17세기로 거슬러 올라가 과거부터 현재까지 통화 지배력의 변화를 가져온 역사적 패턴을 분석한 것이었다.

그러나 달러의 우위를 가장 크게 위협하는 요소가 국경 밖에서 비롯된 것은 아니다. 그보다는 미국이 자초한 일련의 정책적 타격이 더 결정적이다. 이는 미국이 세계 금융 시스템의 핵심적 위치를 유지해야 하는지에 대한 의구심을 불러일으키고 있다. 미국에 도전하기 위해 힘을 합친 연합 세력이 뚜렷한 목소리를 내는 가운데 세계질서는 거의 한 세기 만에 처음으로 변화를 보이고 있다. 심지어 이 같은 일은 미국이 (지도자와 유권자 사이의 신뢰를 서서히 훼손하고 있는) 국정 운영 체제의 내부 갈등에 대응하고 있는 바로 지금 일어나는 중이다.

달러는 세계 기축통화에 등극한 이후로 다양한 위협을 받아왔으며, 그로 말미암아 작지만 무시할 수 없는 손상을 영구적으로 입게 되었다.

달러에 대한 공격은 국내발과 해외발 두 가지로 분류할 수 있다. 미국 국경 내에서는 미국발 세계금융위기가 일어나 재무부 책임자들의 신뢰성이 흔들렸으나 달러는 그러한 위기를 극복해 냈다. 그러나 얼마 후에는 어느 변덕스러운 대통령이 자신의 정치적 이익을 위해 외환시장에 적극적으로 개입하는 방식으로 달러 가치를 떨어뜨리겠다는 말을 반복적으로 내뱉었다.

그다음으로는 미국의 경제정책 입안자들이 세계 최고의 통화를 보유한 데 따르는 부작용을 끊임없이 외면해 온 것도 문제다. 달러의 강력한 가치를 지탱하는 정책은 1990년에 등장한 세계화의 핵심 원칙이었다. 세계화와 미국 화폐의 높은 가치는 수많은 이에게 엄청난 풍요를 가져다주었지만 미국의 지도자들은 일반 국민의 상당수가 고통받고 있다는 사실을 간과했다. 기나긴 세월 동안 너무나 강력한 가치를 유지한 달러와 해외 경쟁국들이 미국산 제품의 시장 점유율을 빼앗아가는 경제 통합으로 미국 제조 부문의 국외 이전은 가속화되었다. 21세기에 접어들어 '플라이오버 스테이트'(flyover state, 중서부 내륙의 주들을 의미하며 비행기로 지나치기만 할 뿐 착륙하지 않는디는 뜻을 딤고 있음―옮긴이)로 불리는 지역의 미국인들은 자신의 일자리가 중국을 비롯한 다른 나라로 빠져나가는 것을 경험했다. 이들은 경제적 사다리를 올라갈 가능성이 거의 사라졌음을 실감했다. 반면 자신들의 몰락을 재촉한 바로 그 요인 덕분에 힘 있는 자들이 승승장구하고 있음을 깨달았다. (미국 정치계의 대선 결과 불복 시도에서 극단주의 정치 이념의 출현에 이르는) 사회적·문화적 혼란은 미국 지도자들의 무관심에서 비롯되었으며 미국 민주주의의 핵심 원칙을 훼손하는 요인으로 떠오르고 있다.

이와 같은 자기 파괴적 순환이 정확히 언제 시작되었는지는 분명치 않다. 트럼프가 자신이 임명한 므누신 재무부 장관에게 달러 약세 정책을 지시하려고 한 2019년일까? 혹은 세계금융위기가 출발점일까? 아니면 10년 간격으로 양당 간 파벌이 최고조에 달하면서 양당 국회의원들의 관계가 꼬이게 된 두 시기(2011년과 2023년)일까? 실제로 이때 미국 지도부는 담력 경쟁을 하듯이 부채 한도를 놓고 힘겨루기를 했고, 그 때문에 투자자들은 부채 한도 상향이 의회에서 정말로 부결될지 모른다고 우려하기도 했다. 이 모든 일은 달러의 매력을 떨어뜨렸고 결과적으로 미국은 재정 운영이 일관되지 못하며 쇠퇴 일로를 걷는 초강대국이라는 이미지를 얻게 되었다. 이런 이미지는 미국에게 좋지 못한 징조다. 게다가 (대통령들의 대선 결과 불복에서부터 하원을 장악하기 위한 통제 불능의 개싸움에 이르기까지) 지도부의 지속적인 갈등은 불안정성이 계속될 것임을 시사한다.

    수 세기에 걸친 역사를 돌이켜보면 화폐와 정치적 지배력 사이에 연결점이 있음을 알 수 있다. 18세기에는 영국이 경제적 영향력을 획득함으로써 영국 파운드화가 네덜란드의 플로린화를 대체했다. 20세기 중반에 들어서 미국이 영국을 넘어 세계 최고의 경제 대국이 되자 수십 년 동안 달러가 승자였다.[9] 이 같은 흐름은 다시 한번 변화를 맞이할지도 모른다.

    탈달러화 de-dollarization의 파장은 지대하다. 탈달러화가 일어나면 미국은 자국의 세입 범위 내에서 살아가거나 훨씬 더 높은 자본조달 비용을 감당해야 한다. 지출할 돈이 부족해지면 의회는 극심한 분열 상황에서도 예산 삭감이라는 어려운 결정을 받아들일 수밖에 없을 것이다. 준비통화인 달러의 위상이 하락하면 미국 정부가 경제적 국정 운영 기술을 발휘할 수 있는 폭이 제한되어 궁극적으로는 국제 분쟁에서 영향력을 행사할 수단이 약화될 것이다. 무역 경로를 새로 수립해 달러가 아닌 자국 통화로 거래하려는 나라와 기업이 늘어날수록 달러의 영향력은 줄어들 것이다.

게다가 (보호주의 확산, 코로나바이러스감염증-19의 대유행으로 인한 유통망 붕괴, 강도 높은 글로벌 통합을 했어도 결국 막지 못한 러시아의 우크라이나 침공 등으로 가시화된) 세계화의 실패 속에서 세계가 분열되는 가운데 달러 기반 시스템으로 연결된 세계질서의 미래에 의문이 제기되고 있다. 현재 국수주의적인 경제정책은 지정학적 우방국과의 무역을 증진해야 한다는 의미를 담은 '프렌드쇼어링friendshoring' 등의 좀 더 그럴듯한 이름으로 포장되어 공화당과 민주당 모두의 지지를 받는 형편이다. 이제 달러는 공공의 이익을 위해 존재하는 것이 아니라 미국에 동조하는 국가와 기업만을 위해 존재한다.

달러를 기반으로 거의 단일하게 형성된 세계질서 덕분에 미국은 낮은 금리로 (2023년 기준으로 33조 달러에 달하는) 어마어마한 자금을 차입해 왔다. 이는 온 세상이 미국 정부의 상환을 확신하기에 가능한 일이다. 미국은 그 같은 신용을 반드시 유지해야만 한다. 예로부터 지금까지 채무는 미국이 지닌 경제 역량의 열쇠 역할을 해왔기 때문이다. 따라서 미국의 지도자들은 영구적이고 강력한 민주주의를 내세우는 만큼 경제적 위력 역시 과시하려고 애쓴다. 이러한 태도는 (전쟁이나 유행병 등의 불확실성에 직면한 정부, 기업, 투자자, 개인의 피난처 역할을 하는) 연방 채권 시장에도 적용된다.

강한 달러는 강력하고 튼튼한 경제에서 비롯된다. 따라서 미국 달러의 위상 강화와 지속성은 미국이라는 나라 자체의 위상 강화와 지속성에 달려 있다. 1995년부터 1999년까지 재무부 장관을 지낸 루빈이 말한 대로 "민주주의에 대한 믿음과 시장에 대한 믿음은 밀접하게 연관"되어 있다.[10]

제1장
트럼프 치하에서의 생존 전략
SURVIVING DONALD TRUMP

2018년 1월 24일, 미국의 제77대 재무부 장관 스티븐 므누신은 스위스의 평화로운 휴양지 다보스에 있었다. 알프스산맥에 자리 잡은 이곳의 주민 수백 명은 세계경제포럼의 연례회의에 모인 자칭 '사고 리더thought leader'라는 특권층에게 자리를 내어주기 위해 다른 곳으로 떠난 상태였다. 그해에 큼직큼직한 사안을 논의하고 호화로운 파티와 시가 바bar를 즐기기 위해 차려진 겨울캠프에는 900만 달러가 넘는 보안 비용이 들어갔다. 53개국의 정상, 116명의 억만장자 그리고 무슨 이유에서인지 가수 엘턴 존까지, 그곳에는 어울리지 않는 조합의 사람들이 참석해 있었다.

그러나 므누신은 그곳에 모인 각국의 엘리트들과 인사를 나누기도 전에 결례를 저지르고 말았다. 그로 인해 달러는 곧바로 약세 국면에 돌입했고, 전 세계는 30여 년 만에 처음으로 전면적인 통화전쟁의 문턱까지 갔다.

이 모든 일은 "달러 약세가 우리 미국에 좋다A weaker dollar is good for us"[1]는 고작 일곱 단어로 된 말 때문이었다.

사실 므누신이 조찬 직후 기자들에게 한 발언에는 더 많은 내용이 있었지만 딱 그 부분만이 전 세계의 경제정책 입안자, 재계 지도자, 투자자 들의 관심을 끌었다.

일곱 단어의 충격

—

전문가가 아닌 보통 사람에게는 따분한 문장에 불과했다. 그러나 경제와 금융 종사자 들이 듣기에는 섬뜩한 발언이었다. 재무부 장관이라면 달러 약세를 바랄 턱이 없었다. 산전수전을 다 겪은 앙겔라 메르켈 독일 총리를 비롯해 당시의 각국 지도자들이 보기에 므누신은 수십 년을 거쳐 수립한 원칙, 즉 일국의 지도자는 각국이 모인 자리에서 자국의 화폐를 논하지 않는다는 것을 일곱 단어의 문장 하나로 파기해 버린 셈이었다.

므누신의 발언은 언어적 개입에 해당했으며, 정치 용어로 하면 '강력한 권고jawboning'에 가까웠다. 자국 화폐에 대해 추구하는 가치를 비롯한 미국 정부의 방침을 넌지시 내비치는 말이기도 했다. 그의 발언으로 미국 정부가 얼마든 자국의 자금을 들여 외환시장에 뛰어들고 달러를 매입하거나 매도함으로써 환율의 수요와 공급에 영향력을 행사하려 한다는 것을 알 수 있었다. 세계에서 가장 영향력 있는 국가로 이루어진 G20은 노련한 감각을 지닌, 공정한 경제 통합에 대한 의지를 상징하는 연합체다. 그렇기에 이들은 지난 수십 년간 외환시장 개입을 경계했으며 수십 번의 공동 선언과 협약으로 그 의지를 천명해 왔다. 그런데 이제 므누신이 그 규약을 거스르려 하는 것처럼 보였다.

물론 얼마 지나지 않아 므누신에게는 미국의 통화정책을 개편하겠다는 신호를 보낼 의향이 없다는 사실이 드러났다. 그러나 투자자들은 그 발언을 달러를 팔아치우라는 신호로 받아들였고, 바로 그날 달러 가치를 2.1퍼센트 하락시킴으로써 3년 만에 최저점을 찍었다. 므누신의 발언은 이미 존재했던 달러 평가절하 추세에 기름을 부었다. 애당초 그러한 추세가 나타난 데는 유럽 경제의 밝은 전망뿐 아니라, 트럼프가 점점 더 보호주의적인 경제정책을 내세움에 따라 미국이 어느 방향으로 향할지 알 수 없다는 불확실성이 작용했다. 게다가 므누신이 달러에 대해 내뱉은 일곱 마디 말 때문에 투자자들은 재무부 채권Treasuries으로 불리며 귀한 취급을 받는 미국 국채의 가치에도 우려를 품게 되었다. 화폐의 가치가 떨어지면 외국의 정부, 은행, 개인이 보유한 수조 달러어치 국채의 가치도 떨어지기 때문이다.

달러 발언에 있어 극도의 조심성과 주의를 기울이지 못한 므누신은 비난 세례를 받았다. IMF의 크리스틴 라가르드Christine Lagarde 총재는 그의 일곱 마디 말이 환율 전쟁의 서막을 연 기습공격이라고 지적했다. 메르켈은 국수주의적인 정책을 시사하는 므누신의 발언을 가리켜 "독극물poison"[2]이라고 했으며, 이름을 밝히지 않은 유럽의

한 고위급 인사는 이를 "어리석은 짓buffoonery"³이라고 논평했다.

물론 므누신 역시 역대 재무부 장관들 사이에 흔히 나타나는 고질병에 굴복했을지도 모른다. 달러는 절대적인 조심성을 기울여 발언해야 할 대상이지만 의회, 월가Wall Wtreet, 세계 각국에서 끊이지 않고 이어지는 회의에 참석하다 보면 불가피하게 작은 사고가 벌어진다. 재무부 장관에게 자세한 생각을 묻는 질문이 쏟아지는 것도 상황에 도움이 되지 않는다. 어찌 되었든 재무부의 결정은 우리 일상, 즉 세금 부담, 지출 여력, 자유롭고 공정한 시장에서의 혁신 역량과 사업 운영 능력 등 상당 부분에 영향을 미친다. 그러나 재무부 장관을 향한 끊임없는 질문에 대해 모두가 원하는 답은 경제 질서의 기본 원칙을 재확인하는 뻔한 답이다. 다시 말해 그들은 외환시장은 민주주의처럼 자유롭고 공정해야 하므로 미국이 외환시장에 개입하지 않을 것이라는 답변을 듣고 싶어 한다.

그러나 1월 24일 수요일 스위스 알프스의 스키 휴양지에서 므누신이 했던 달러에 관한 발언 가운데 가장 의미심장한 부분은 묻히고 말았다.

므누신이 전임자 대다수가 하지 못했던 대담한 발언을 한 것은 사실이다. 그러나 환율 약세가 경제 측면에서 몇 가지 장점이 있다는 말은 객관적 사실이다. 외국 화폐로 대금을 결제하는 사람들에게 재화를 수출하는 제조업이나 서비스업 등의 일부 경제 부문은 달러 약세 덕분에 이익이 증대한다. 그 같은 부문에 종사하는 기업은 외국에서 생산되는 더 저렴한 제품과의 경쟁에서 밀리기보다는 경쟁력 있는 가격에 더 많은 제품을 판매할 수 있다. 초콜릿을 예로 들면 미국에는 허쉬Hershey, 영국에는 캐드버리Cadbury라는 초콜릿 생산업체가 있다. 달러가 영국 파운드화 대비 강세를 보이면 영국에서 허쉬의 키세스 초콜릿 수요가 줄어들게 되어 있다. 영국 업체의 초콜릿이 더 저렴하기 때문이다. 반면 미국에서는 캐드버리 초콜릿의 가격이 저렴해져서 미국 브랜드보다 더 큰 인기를 끌게 될 것이다.

그러니 므누신의 발언 중에서 다보스에 모인 각국 엘리트들이 동의했든 말든 간에 주목받지 못한 나머지 부분이야말로 한층 더 중요하며, 수면 위로 부상 중인 새 시대의 경제정책을 좀 더 명확히 반영하고 있었다. 므누신의 말은 "달러 약세가 우리 미국에 좋다"는 말로 시작하지만, 그다음에 오는 "무역과 기회 창출에 유리하기 때문"이라는 부분이 훨씬 더 의미심장하다.

러스트 벨트의 고통

―

므누신은 트럼프 휘하의 재무부 장관으로서 통화정책을 통해 대통령의 미국 우선주의America First 입장을 혼란스럽게 전달하는 과정에서 의도치 않게 시장을 길들이고 있었다. 달러에 대한 불간섭 정책이 불변의 원칙은 아니며, 특히 강력한 달러와 이를 바탕으로 하는 자유무역 환경이 미국 국민 상당수에 손해가 될 때는 얼마든지 노선을 변경할 수 있음을 받아들이도록 시장에 선언한 셈이었다.

이는 2015년 트럼프가 대통령 후보로 등장한 이후부터 소리 높여 주장한 내용이기도 하다. 그는 (기록적인 경제 확장을 했음에도) 미국 경제가 무너지고 있다는 암울한 비전을 제시했고, 이는 유권자 가운데 소외된 계층의 공감을 불러일으켰다. 그렇게 해서 2016년 11월 8일, 미국 국민 6290만 명은 그의 비전에 지지표를 던졌다. 어쩌면 트럼프만이 광활한 미국 중서부를 텅 비게 만든 낮은 임금 인상률과 무역, 그로 인한 일자리 실종을 인정한 후보였기 때문일지 모른다.

처음에는 트럼프에게 표를 던진 주들이, 미국이 2007년부터 2009년까지 이어진 대침체 Great Recession에서 빠져나왔다고 떠들썩하게 자축하는 상황에서도 회복하지 못하고 소외된 곳들로 치부되었다. 그러나 트럼프가 그러한 '플라이오버 스테이트'에서 포착한 고통은 오랫동안 쌓여온 것이었다. 1980년대부터 공업 중심지의 제철소와 자동차 공장은 쇠락을 겪었고 그 결과 오하이오·미시건·위스콘신을 비롯한 중서부 주 대부분에는 '러스트 벨트'(Rust Belt, 설비가 녹슬었다는 의미에서 붙은 이름—옮긴이)라는 새 별명이 붙었다.

유럽·멕시코·아시아에서 수입한 외국산 제품이 저렴한 가격에 판매되고 미국산 제품의 수요를 떨어뜨림에 따라 한때 노동자계층 살림살이의 버팀목이 되었던 제조와 서비스 부문 일자리의 임금은 점점 더 낮아졌다. 중국산 또는 베트남산이라는 도장이 빅토리아 시크릿의 속옷부터 캐딜락 자동차에 이르는 모든 물건에 찍혀 있었다. 공장 노동자들이 받아가는 급여가 감소하기 시작한 때는 1980년경이지만 중국이 세계무역기구(World Trade Organization, 이하 WTO)에 가입하고 북미자유무역협정(North American Free Trade Agreement, 이하 NAFTA)이 발효된 이후로는 상황이 한층 더 나빠졌다. 트럼프가 대선에 출마할 때까지 30년에 걸쳐 미국은 제조업 일자리의 20퍼센트가 실종되는 경험을 했다. 더욱이 세계금융위기가 강타한 이후로 몇 년간 (순소득이라는 기준에 따라) '노동자계층'으로 간주되는 유권자 비율이 거의 3분의 1이나 상승했다.

모든 선진국의 제조업이 하락세를 탄 것은 분명한 사실이다. 그러나 러스트 벨트와 미국 남부에서 일자리를 잃은 이들에게 다른 나라의 상황은 알 바가 아니었다. 본인들의 생활 수준이 추락했다는 사실이 중요했다. 이들은 실상을 외면한 지도자들을 비난했으며, 경쟁자들을 악마화하는 경향이 있었다. 트럼프는 인디애나 유세 기간에 미국에 비교해 중국의 수출 물량이 막대하다는 사실을 언급하면서 "중국이 우리나라를 강탈하도록 내버려둬서는 안 된다. 그것은 실제로 그들이 하는 짓"이라고 주장했다.[4] 그는 자유무역이라는 이념이나 세계의 지도자라는 이상보다 미국에 필요한 것을 우선시하는 정치인으로 보였다.

주류 정책 입안자와 경제학자 들로서는 자유무역이 나쁘다는 생각이 너무도 이질적이었기에 2017년 내내 트럼프가 미국 유권자 가운데 47퍼센트의 지지를 얻었다는 충격에서 헤어나오지 못했다. 많은 이가 이해하지 못했거나 받아들이려 하지 않았던 점은, 트럼프가 막말을 했을지언정 유권자들이 10년 넘게 목말라했던 관심을 보여주었다는 사실이다.

뿌리 깊은 경제 문제를 바로잡겠다는 트럼프의 계획은 전 세계가 미국에 기대하는 안정적이고 예측 가능한 메시지와 정반대되는 것이었다. 그는 (세상이 적어도 50년 이상 경험하지 못한) 수입품에 대한 보복

관세를 주장함으로써 사실상 무역전쟁을 불사하겠다는 뜻을 비쳤다. 게다가 불공정한 무역 우위를 누리기 위해 환율을 조작하다가 발각된 나라에 "주홍글씨"를 새기겠다는 이야기도 했다. 그뿐 아니라 트럼프는 군사장비 부품 제조와 같은 특정 산업을 보호하기 위해 국가 안보기구를 활용하려고 했다. 미국의 힘을 이용하고 달러를 무기화하겠다는 말이나 다름없었다.

트럼프의 그 같은 의도는 눈 오는 어느 날 스위스에서 므누신 재무부 장관이 즉석에서 내뱉은 발언의 마지막 부분과 일맥상통했다. 므누신은 발언을 시작하면서 일곱 단어로 이루어진 문장을 통해 달러 약세의 장점을 자랑했는데, 이는 선진국의 재무부 장관이라면 하지 않을 법한 행동이었다. 그런 다음 그는 이어진 일곱 단어를 통해 관심이 시급한 미국 경제 부문의 문제점으로 이목을 집중시켰다. 바로 "장기적으로 달러 강세는 미국 경제가 탄탄하며 앞으로도 달러가 최고의 기축통화가 되리라는 사실을 반영한다"라는 마지막 발언으로 자신과 미국 대통령에게 세계 무역 관계를 재조정할 수 있는 힘이 있음을 전 세계에 알린 것이다.

그 같은 힘은 므누신이 이따금 '미국 우선주의'라는 신념을 위해 무기처럼 활용했고, 때로는 대통령의 가장 위험한 충동에서 달러를 보호하는 용도로도 활용했던 값비싼 특권이었다. 그는 전임 재무부 장관들과 마찬가지로 4년 임기 동안 강력한 달러의 수호자 역할을 했다. 그러나 다른 사람도 아닌 미국 대통령에게서 달러를 보호해야 했기 때문에 향후를 위해 달러의 위상을 보전하는 일에 다른 어떤 전임자보다도 더 안간힘을 써야 했다.

므누신은 스위스로의 첫 공식 여행 기간에 집중 공격의 대상이 된 자신의 통화정책 발언을 해명하느라 대부분의 시간을 허비했다.

그날 오후 그는 기록으로 남은 자신의 말을 다급하게 주워 담으려고 했다. 자신이 처음에 내뱉은 일곱 단어가 "달러에 대한 내 입장의 변화를 뜻하는 것은 전혀 아니"라면서 "나는 사실 내 발언이 매우 명확하다고 생각했다"라고 말했다.[5] 다음 날 열린 토론회에서는, 자신은 환율이 공개시장에서 결정되어야 한다고 생각한다며 청중 앞에서 확언했다. 그의 동료인 윌버 로스Wilbur Ross 상무부 장관은 투자자들이 므누신의 발언에 과잉 반응을 보인다고 말했다.

트럼프까지 나서서 해명을 거들었다. 아마도 므누신 발언의 뒷부분이 그의 자부심을 북돋웠기 때문일 것이다. 강력한 힘을 과시했던 트럼프는 달러 강세가 자신이 경제를 제대로 운영하고 있다는 신호라고 생각하게 되었다.

그는 므누신의 실언 직후에 전용기로 다보스 공항에 도착해 "궁극적으로는 달러 강세를 목표로 한다"고 기자들에게 말했다.

트럼프의 달러 통제 욕구

―

트럼프의 임기는 혼란스러운 정책 변경으로 채워졌다. 공식 발표한 계획을 180도 전환하는 일이 한 주도 빠지지 않고 일어났다. 공화당, 민주당, 행정부 관료, 해외 우방국, 투자자 모두가 그 같은 급습에 휘청거리기 일쑤였다. 한번은 트럼프가 중국이 미국 제조 부문을 "강탈"했다며 비난하다가 자신과 시진핑 중국 주석이 "서로를 매우 좋아한다"⁶고 단언한 적도 있었다. 그런 다음 멕시코에서 비용을 받아내 미국 멕시코 간 국경 장벽을 세우겠다고 공약했으나 결국에는 의회에 건설 예산을 떠넘기기 위해 우격다짐으로 정부 셧다운을 감행했다.

따라서 달러 강세를 지원하겠다는 트럼프의 약속이 뒤집어져도 놀랄 일이 아니었다.

2019년 6월, 트럼프는 미국 노동자를 도울 목적으로 무역협정을 재협상하다가 난국에 봉착하고 좌절했다. 그 당시는 트럼프 행정부가 중국산 수입 제품에 2000억 달러의 관세를 부과한 직후였지만, 베이징의 정부 관료들이 공개시장에서 위안화를 잔뜩 매도하는 방식으로 위안화의 가치를 인위적으로 떨어뜨리고 있다는 추정이 사실로 드러나고 있던 때이기도 했다. (어느 나라의 통화 가치가 올라가면 그 나라로 수입된 제품이 저렴해지며 그 나라가 해외 시장으로 수출한 제품이 비싸지기 때문에 경제 성장을 수출 산업에 의존하는 국가 입장에서는 자국 통화의 약세가 바람직하다. 그렇게 해서 억지로 환율을 평가절하하려는 유혹이 생겨나는 법이다.) 중국의 성장 전망에 큰 변화가 없었음에도 위안화는 세계금융위기 이후 최저치로 떨어졌다. 그러한 평가절하는 환율 조작이나 다름없었고, 그로부터 18개월 전에 다보스에 모인 모두가 미국에 언급조차 하지 말라고 경고했던 바로 그 행위였다.

트럼프는 분노했다. 그는 중국이 미국산 제품을 더 많이 수입하고 외환시장에서의 속임수를 중단하기를 바랐다. 그는 자신의 보좌진에게 미국으로 수입되는 중국산 제품에 추가로 3000억 달러의 관세를 부과하는 계획에 돌입하라고 지시했다. 그 같은 조치를 했다가는 세계 양대 경제 대국 사이에 무역전쟁이 고조될 것이 확실했고, 그 결과 전 세계가 경기 둔화에 내몰릴 위험이 있었다.

트럼프는 무역전쟁 상황에 대한 불만이 고조되자 미국 통화정책으로 시선을 돌렸다. 그는 보좌진들과 밀담을 나누는 자리에서 달러 가치가 너무 높다며 큰소리로 불평하기 시작했다. 그는 연준이 금리 인하로 달러 가치를 떨어뜨리기를 원했다. 연방정부의 그 어떤 조치보다도 금리 인하가 확실하고 즉각적인 효과를 거둘 수 있기 때문이다.

그 같은 조치가 전 세계 초강대국 미국의 위상을 무너뜨릴 것이라는 말은 그 영향을 과소평가하는 것이다. 어떤 나라의 통화 가치는 금리나 인플레이션과 더불어 그 나라의 경제 건강을 보여주는 핵심 지표다(투자자들은 강력한 통화를 지속적인 경제 성장의 신호로 보는 반면, 약한 통화는 경기 둔화의 가능성을 암시하는 신호로 받아들여 다른 투자처를 찾는다). 연준의 정책적 결정은 지구상 모든 나라에 파장을 끼친다. 당시 달러는 세계 외환 거래량의 90퍼센트를 차지했으며, 전 세계 채권의 3분의 2가 달러로 발행되었다. 게다가 사실상 모든 원유 거래가 달러 가격으로 표시된다. 그렇기에 대부분의 국가는 달러 가치의 변동과 미국 달러 정책의 변화에 휘둘릴 수밖에 없다. 그런데 트럼프가 바로 그 외환시장에 개입하고 싶어 하는 것이다. 그가 원한 환율 개입은 일종의 비민주주의적인 행위로, 튀르키예처럼 대통령이 실질적으로 통화정책을 지시하는 독재 정권에서나 흔히 찾아볼 수 있는 일이었다.

확실히 트럼프의 세계관은 그러한 책략의 영향을 받았다. 6월 18일 유럽중앙은행(European Central Bank, 이하 ECB)의 마리오 드라기 Mario Draghi 총재가 경제 성장세를 확대한다는 목표로 통화정책 완화를 발표했다.[7] (투자 활성화를 위해 금리를 인하하고, 그에 따라 유로화 가치를 떨어뜨리겠다는 뜻이었다). 트럼프는 그 조치를 보고 다른 나라 정부들이 중앙은행의 도움을 받아 자국 환율을 조작하고 있다는 식으로 받아들였다. 트럼프의 집착은 미국 연준 의장과 ECB의 드라기 총재 등 각국 중앙은행 수장들을 정조준한 트윗을 통해 공개적으로 드러났다. "드라기가 방금 추가 부양 조치를 시행할 수 있다고 발표함에 따라 달러 대비 유로화 가치가 곧바로 하락했으며, 그 결과 유럽이 미국을 상대로 경쟁하기가 부당할 정도로 수월해졌다"면서 "미국 입장에서 너무나 불공평하다!"는 내용이었다.

트럼프의 트윗은 6월 18일 ECB의 발표가 있은 지 불과 몇 시간 후에 올라왔다. 트럼프의 주장에 따르면 유럽 사람들이 시행한 조치를 하라고 미국 중앙은행 수장인 제롬 파월 연준 의장을 닦달했다. 다시 말해 달러를 겨냥한 통화정책을 활용하라는 지시였다. 이 무렵 트럼프는 세계 2위 경제 대국과의 무역전쟁이라는 상상조차 불가능한 일을 일으키는가 하면, 백악관 내부 변호사들에게 파월을 연준 의장직에서 해임하든가 직급을 떨어뜨릴 방법을 찾아내라고 요구하는 등 이미 여러 측면에서 경제 부문의 관례를 어긴 상태였다. 파월을 향한 공개적인 조롱 역시 충격적이었다. 대통령이 중앙은행 업무에 관여하는 모양새조차도 삼가야 한다는, 수십 년간 이어온 전통이 깨진 것이다. 연준 의장을 역임한 (통화정책과 금융정책의 거장으로 간주되는) 앨런 그린스펀은 반농담조로 파월에게 귀마개 한 쌍을 보냈다.[8] 미국 연준은 위험한 정치 개입과의 투쟁에서 전 세계적인 응원을 받았다. 한편 트럼프가 자신이 재선에 실패할 경우 달러 강세와 연준의 외환시장 개입 회피를 완벽한 희생양으로 삼기 위해 작업 중이라는 추측이 나돌았다.

파월은 공식적으로 자신이 운영하는 기관의 독립성을 보호해야 할 의무가 있었다. 건강하고 안정된 민주주의 국가가 장기적으로 경제 안정성을 유지하려면 중앙은행이 완전한 독립성을 누려야 한다. 그래야 권력 지향적인 정치인들의 일시적인 변덕에 방해받는 일이 없다. 연준은 지난 반세기 동안 자율성 함양과 유지를 위해 백악관 및 재무부 관료들과 여러 차례 힘든 싸움을 치른 바 있다. 그렇기에 파월은 트럼프의 요구를 거부할 방법을 찾을 수 있었다.

6월 25일 파월은 대통령의 명확한 개입 의지를 어떻게 생각하느냐는 청중의 질문을 받고 "환율 정책은 재무부(행정부)가 책임집니다. 이상입니다"[9]라고 답했다. 그러고는 "우리는 달러의 가치를 언급하지 않습니다. 물론 달러의 목표 수준을 정하지도 않습니다. 우리는 다른 나라의 중앙은행과 마찬가지로 국내 경제와 금융 환경을 목표로 삼습니다"라고 덧붙였다.

트럼프가 장애물에 부딪히기 시작하면서 달러에 대한 그의 집착이 끓어오르기 시작했다. 파월이 맞받아친 때로부터 일주일 후 트럼프는 다시 한번 트위터에 메시지를 쏟아냈다. "중국과 유럽이 미국과 경쟁하기 위해 대규모의 환율 조작 게임을 벌이고 자국 시스템

안으로 돈을 쏟아붓고 있다. 맞대응하지 않으면 우리가 수년 동안 그래왔던 것처럼 점잖게 앉아서 다른 나라의 게임이나 지켜보는 얼간이 신세를 벗어나지 못할 것이다!"[10]라는 내용이었다. 이때 트럼프의 달러 통제 욕구는 므누신이라는 최종 방어선에 부딪혔다.

달러 조작을 피하는 방법

당시 므누신에게 다음에 무슨 일이 일어났는지 물어봤다면 "아무 일도 없었다"라는 대답을 들었을 법하다. 대통령의 보좌진 가운데 한 사람은 트럼프가 요구한 달러 조작을 회피할 묘안을 떠올렸다. 게다가 므누신이 모두에게 그것이 바람직하지 못한 이유를 정확히 설명했기에 그들은 그 묘안을 밀고 나가기로 했다.

그러나 지구상에서 가장 권력이 센 사람에게 미국이 지닌 경제 역량의 근간을 무너뜨려서는 안 된다고 설득하기란 엄청나게 힘든 일이다. 주로 대통령 집무실에서 역사적인 '결단의 데스크Resolute Desk'를 중심으로 열린 여러 차례의 회의에서 트럼프는 므누신을 비롯한 재무부 관료들에게 달러를 어떻게 "조작"할 수 있는지 질문했다.[11] 트럼프는 달러 강세가 미국 제조 부문에 타격을 주고 있다고 말했다.

그가 원하는 답변을 내놓은 사람은 백악관의 무역 담당 보좌관으로 까칠한 성품에 극단적인 정치사상을 지녔으며 집무실에서 막강한 영향력을 행사하는 피터 나바로Peter Navarro였다. 하버드대학교에서 경제학 박사를 받은 나바로는 아무리 좋게 말해도 희한한 인물이었다. 2011년 《중국이 세상을 지배하는 그날Death by China》이라는 책을 출간했을 정도로 강한 반중주의자이기도 했다. 2017년 그는 백악관 복도를 어슬렁거리며 대통령의 극심한 보호주의 본능에 영합하는 행동을 했다. 트럼프는 나바로를 "내 사람 피터 my peter"[12]라고 불렀다. 《뉴욕타임스》는 그를 "라스푸틴(Rasputin, 제정 러시아 니콜라이 2세의 황후에게 신임을 얻어 국정을 좌지우지하던 성직자 ─ 옮긴이) 같은"[13] 무역 강경파로 칭했다. 상대적으로 온건한 므누신은 나바로와 잘 지내지 못했다.

므누신 장관은 트럼프가 누구와 만나고 있는지 확인하기 위해 재무부에서 백악관까지 약 137미터 정도를 뛰어가는 습관이 생겼다. 트럼프 행정부가 3년 차에 접어들 때쯤에는 비교적 분별력이 있어 잘못된 생각을 쳐낼 수 있는 관료(언론에서 '집무실의 어른들'로 칭했던 므누신, 딸 이방카 트럼프, 사위 자레드 쿠시너)들이 주위에 없을 때, 그렇지 않아도 변덕스러운 트럼프가 한층 무모한 생각을 늘어놓는다는 사실이 명확해졌다.

나바로가 트럼프에게 재무부가 달러를 통제한 선례가 있다고 처음으로 언급한 것도 바로 므누신이 놓친 즉석 회의에서였다. 나바로는 1980년대 후반만 해도 미국과 주요 선진국의 재무부 장관들이 바람직하지 않은 수준까지 평가절상을 유도했다는 이유로 공공연하게 시장에 경고하는 일이 다반사였다고 주장했다. 사실 그 당시 재무부 장관들이 했던 위협[14]은 합계 1250억 달러(현재 가치로 환산하면 4600억 달러 정도)에 달하는 통화 비축량을 사용해 공개시장에서 달러를 매도하고 다른 통화를 매입함으로써 공급을 늘리고, 그에 따라 달러 가치를 떨어뜨릴 수 있다는 것이었다. 당시 외환시장은 일일 거래량이 대략 1조 달러에 지나지 않을 정도로 규모가 작아서 정부의 개입이 가능했다. 물론 그때는 연준이 시장 참여자들에게 전화를 걸어 달러의 시장 가격을 확인하는 방식으로 정부의 시장 개입을 도왔다. 이는 외환딜러들에게 정부가 개입할 수도 있다는 것을 거듭 알리는 전략으로 활용되었다.

므누신은 나바로가 무슨 생각을 품었는지 풍문으로 듣고는 백악관 국가경제위원회 위원장인 래리 커들로Larry Kudlow와 함께 그 생각을 무너뜨리는 일에 착수했다. 커들로는 트럼프가 자리에 없을 때 "누가 우리 정부에 협력하겠습니까? 우리는 그런 일을 해낼 수가 없어요. 우리의 세계적 위상은 너무 약하고 일관성이 없습니다"[15]라고 말했다.

그래서 나바로는 다른 사람의 개입 없이 므누신이 사용할 수 있는 권한, 즉 940억 달러의 자금 활용에 눈독을 들였다. 해당 자금은 외환안정기금Exchange Stabilization Fund이라는 계정에 비축되어 있었으며 그 명칭대로 통화시장을 안정시키기 위한 용도였다. 1970년대와 1980년대 그리고 1990년대 초반에도 재무부가 (연준과 그 외 국가의 도움과 더불어) 이와 똑같은 메커니즘을 이용해 환율을 조정한 바 있다. 그러나 이러한 관행은 클린턴 행정부의 루빈 장관이 시장결정환율제도로 정책을 전환함에 따라 한물간 방식이 되었다.

므누신과 커들로는 나바로가 트럼프를 완전히 설득해 전 세계가 의존하는 통화정책을 무너뜨리는 일이 없도록 몇 가지 협상 전략을 사용했다. 사실 므누신은 복잡한 상황에 놓여 있었다. 그는 지난 6개월간 대통령과 거리를 두고 있었다. 게다가 연준이 금리를 인상하기 시작하자, 파월을 연준 의장으로 임명한 일을 땅을 치고 후회한 대통령에게서 파월을 추천했다는 원망을 들었다(금리 인상은 경기 회복세가 자리를 잡아가므로 경기 부양을 축소하겠다는 의미다). 그러한 상황에서 트럼프가 나바로의 제안에 흥미를 품지 못하게 하려면 므누신이 조심스럽게 행동할 필요가 있었다.

그 때문에 커들로가 먼저 나서서 트럼프에게 나바로의 제안이 성공할 수 없는 몇 가지 이유를 제시했다. 우선 재무부는 중국과 일본 같은 무역 경쟁국과 비교하면 개입할 수 있는 외환 보유고의 비중이 극히 일부에 지나지 않았다. 따라서 미국이 외환 보유고 수십억 달러를 매도한다 해도, 일일 거래량이 5조 달러인 세계 외환시장에는 일시적인 영향만 미칠 것이 분명했다. 커들로는 과거에 완전히 다른 상황에서 이루어진 개입 사례들도 보고했다. 2011년 동일본대지진과 쓰나미 이후에 일본 엔화 가치가 천정부지로 치솟자 당시 미국 재무부 장관이었던 티머시 가이트너는 엔화 가치를 안정시키기 위해 주요 선진국 몇 곳과 공조했다. 그러나 재무부가 가치 하락만을 목적으로 달러를 매도한 마지막 선례는 2000년에 있었고, 그마저도 당시 처음 도입된 유로화 가치를 끌어올리기 위한 국제적인 공조 활동의 일환이었다.

그리고 드물게 개입이 이루어졌을 때마저 연준의 전면적인 협조 없이는 재무부가 애를 써도 별 소용이 없었다. 1998년과 2000년 그리고 2011년에 있었던 마지막 세 차례 개입에서 재무부와 연준은 달러 거래량을 공평하게 나누고 공개 성명서도 함께 조율해 발표하는 등 손발이 척척 맞았다.

므누신과 커들로는 어떤 종류든 달러에 대한 조치가 성공하려면 연준이 정책 결정에 동의해야 할 뿐 아니라 그러한 지지 의사를 공개적으로 명확히 밝혀야 한다는 점을 트럼프에게 조심스럽게 설명했다. 안정화 목적이 아닌 정치적 목적의 달러 개입을 시행하려는 현 상황에서 연준이 침묵을 지키는 것만으로도 재무부의 시도를 무산시킬 수 있다는 이야기였다. 그러나 고민스러운 논의가 한창인 워싱턴 및 트럼프 집무실과 멀리 떨어져 있는 투자자들조차도 트럼프가 달러에 잔뜩 화가 나 있음을 감지할 수 있었다.

어느 펀드매니저는 고객에게 "대통령이 연준에 불만을 품고 자기 손으로 개입을 추진하고 달러 가치를 떨어뜨리게 될까요?"[16]라며 추측성 질문을 담은 이메일을 보냈다. 다른 펀드매니저는 "미국 정부가 달러 약세를 위해 공격적인 조치를 시도하는 일은 매우 이례적일지라도 트럼프 행정부가 시도할 가능성은 배제할 수 없습니다"라는 이메일을 썼다.

한편 대통령의 집착은 갈수록 커져만 갔다. 대통령이 중앙은행에 행사할 수 있는 유일한 영향력은 기준 금리를 결정하는 연준 이사들을 지명하는 것뿐이다. 그중에는 의장도 포함되어 있다. 트럼프는 7월 중순 집무실에서 지명 후보자들과의 면접을 진행하면서 달러 강세가 경기 호황을 저해하고 있다는 자신의 견해에 동의하는지 확인하기 위해 날카로운 질문을 던졌다. 트럼프가 보기에 경기 호황은 자신의 재선 승리를 이끌 요인이었다.

커들로는 공개적으로는 연준에 책임을 떠넘기려는 모습을 보였다. 배후에서는 트럼프를 만류하려고 애쓰는 한편 7월 9일 CNBC 방송국과의 인터뷰에 출연해 파월을 지목했다. "물가 수준의 안정과 안정적인 달러야말로 연준이 목표로 삼아야 할 것입니다. (중략) 그들의 목표는 고용이 아니에요."[17]

커들로와 므누신 둘 다 그 같은 발언이 무의미하다는 사실을 잘 알고 있었다. 그런 행위는 연준이 위임받은 임무에 위배되는 일이기 때문이다. 미국 의회는 중앙은행인 연준에 고용 극대화, 안정적인 물가 상승률, 장기적으로 완만한 금리 변화를 추구하도록 명령할 뿐이지 달러를 특정한 가치 수준으로 맞추라고 명령하지는 않는다. 그러나 대통령은 강박적으로 케이블방송국 뉴스를 시청하는 사람이었다. 방송 전파를 다는 것이야말로 커들로가 트럼프와 내화할 수 있는 최선의 방법이었다.

므누신과 커들로의 작업이 마무리되기까지는 또 한 달 정도가 걸렸다. 므누신은 7월 18일 《블룸버그 뉴스》와의 인터뷰에서 "현재로서는" 미국의 달러 정책에 변화가 없다는 정도만 말할 수 있을 뿐이었다. 시장을 잘못된 방향으로 유도하고 싶지도 않았고, 조심스러운 설득으로 개입을 단념한 대통령의 분노를 자극하고 싶지도 않았기 때문이다.[18] 사실 재무부는 공식적으로든 비공식적으로든 연준과 접촉해 관련 조치에 대한 공조를 요청한 일이 없었다. 이는 개입이 실현되었더라면 직접적으로 그 일에 관여했을 사람들 다수가 증언한 내용이다. (어떤 형태로든 달러에 관한 대화는 민감한 정보를 담고 있으므로 당사자들 모두가 익명을 요구했다.)

 그러나 "현재로서는"이라는 짧은 말에서 미국의 통화정책이 얼마나 불확실해졌는지가 드러난다. 그 말 덕분에 투자자들은 안도의 한숨을 내쉬었다. 재무부 장관의 그 짧은 말에 힘입어 달러 가치는 잠시나마 상승했다.

제2장

패권국의 탄생
THE BIRTH OF A HEGEMON

에이브러햄 링컨 행정부의 재무부 장관이 많은 사람에서 '부도덕'하다고 비난을 받은 방법에 굴복한 까닭은 상황이 그만큼 절박해서였다.[1]

새먼 체이스Salmon Chase는 키, 허리둘레, 큼지막한 금 단추로 장식한 연미복 같은 외양을 통해 강인함을 발산하는 사람이었지만, 대통령의 내각에서 당장이라도 사퇴할 준비가 되어 있었다. 1862년만 해도 세 명의 아내보다 오래 살아남아 활동하고 있었지만 그러던 그가 남북전쟁에 이르러서는 파멸의 위기에 놓였다. 재무부의 자금은 이미 고갈된 상태였으며 체이스는 경제가 완전히 붕괴할지도 모른다고 걱정했다.

그 시대 경제학의 신조는 전지전능한 하느님이 인간에게 재화와 신용 교환의 가치 기준으로서 금과 은을 내려주었다는 것이었다.[2] 그러나 체이스는 금세 끝날 줄 알았던 전쟁이 예상보다 길어지는 상황에서 전쟁 비용 조달에 필요한 귀금속이 국고에 남지 않았다는 사실을 깨달았다. 링컨 휘하의 200만 연방군을 가동하기 위해서는 지폐가 필요했다. 본인의 말에 따르면 그는 정부 발행 차용증서에 "큰 거부감"을 지니고 있음에도 현실을 피할 수 없었다. 그래서 의회에 "즉각적인 조치[3]의 필요성이 크다. 재무부 금고가 거의 텅 비어 있다"라는 서한을 보냈다.

새로운 화폐 그린백의 등장
—

이자 지급이 없고 금이나 은으로 교환할 수 없는 증서는 처음엔 방금 막 탄생한 국가의 멸망을 불러오는 수단으로 간주되었고, 그러한 증서의 관리자는 "난장판을 벌이는 사기꾼"[4]으로 인식되었다. 대체 종이 화폐의 장점이 무엇이란 말인가? 반대하는 사람이 보기에 종이 화폐는 발행자에게 위신이 있으니 투자할 가치가 있다는 믿음에만 기댄 환상에 지나지 않았다. 은행, 의회, 심지어 재무부 내부 사람들도 종이 화폐가 부정하고 헌법에 위배된다고 비난했다.

그러나 링컨이 '법정화폐법 Legal Tender Act'을 승인하면서 그처럼 급진적인 생각이 법률이 되었고 새로운 종이 화폐는 즉시 정부의 신용 시장에 윤활유 역할을 했을 뿐 아니라 미국 경제와 연방군의 활기를 북돋웠다. 그린백(greenback, 안정성을 상징하는 녹색 잉크가 달러의 한쪽 면에 사용되기 때문에 생겨난 달러의 별칭으로 체이스 시대에 등장함)은 어디서나 받아들여졌기에 남부 정부가 발행한 지폐보다 훨씬 더 우월한 위치에 놓였다. 오히려 링컨 행정부의 지폐가 남부에 침투한 현상[5]은 남부연합Confederacy의 몰락을 예고했다. 모두가 체이스의 넓은 이마와 보조개가 인쇄된 지폐를 기꺼이 받아들였다. 곧이어 재무부 장관은 무제한으로 돈을 찍어내는 새로운 능력을 발휘해 날마다 200만 달러의 증서를 발행했다.

미국은 아직 초창기였을뿐더러 처음으로 가장 혹독한 시련에 직면한 민주주의 국가였지만 남북전쟁 동안 정부 재정을 끌어올린 체이스의 노고 덕분에 달러는 힘을 얻었고, 그렇게 달러가 힘의 원천이 됨에 따라 세계 지배의 경로로 들어섰다. 지급 약속 증서인 지폐는 한때 급진적인 개념이었지만 지폐의 도입으로 (금도 은도 그 어떠한 귀금속도 아닌) 달러가 미국 정부의 완전한 신의와 신용을 상징하게 되었다. 이러한 현상은 미국이 영국을 추월해 세계 최대의 경제국으로 발돋움하는 시기와도 일치했다.

그러나 달러의 진화에서 체이스가 한 역할은 여기에서 끝난다. 결국 그의 초상화는 1달러 지폐에서 제거되었고, 그 대신 오늘날 우리가 주머니에 넣고 다니는 5달러 지폐에 인쇄된 링컨의 모습을 통해 그 시대의 유산이 이어지고 있다. (체이스의 이름은 그의 오랜 친구가 자신이 설립한 은행에 그를 기리는 의미에서 체이스라는 이름을 붙임으로써 지금까지 곳곳에 남게 되었다.) 달러가 세계 금융 시스템의 주춧돌이 되기까지는 그 후 80년의 세월이 걸렸다. 그 여정에는 미국 중앙은행 체제의 창설, 금본위제로의 복귀, 갑작스러운 금본위제의 폐지가 있었다.

달러가 어떤 역할을 통해 불과 250년 만에 미국이 세계를 지배하도록 만들었는지, 그리고 어떻게 독재자와 폭군에 대항하는 미국의 가장 큰 지정학적 무기가 되었는지 이해하려면 달러가 어떤 과정을 거쳐 그 같은 힘을 얻었는지부터 알아볼 필요가 있다.

브레턴우즈에서 열린 회의

―

오늘날 우리가 알고 있는 세계경제 질서의 탄생에 관해 전 세계의 어떤 경제학자를 붙잡고 물어보더라도 브레턴우즈에 대한 이야기를 들을 것이다. 그 이야기는 남북전쟁과는 다른 전쟁이 끝나고 전쟁에 지친 세계 각국의 관료들이 미국 동해안의 평온한 스키 휴양지에 모여든 때부터 시작된다. (제2차 세계대전의 전환점이 된) 1944년 연합군의 프랑스 노르망디침공 후 한 달도 안 되어 미국은 뉴햄프셔의 브레턴우즈라는 휴양지에 44개 우방국의 경제 관료들을 초대했다. 730명이 넘는 경제 관료들이 다국적 경제 협력의 청사진을 마련한다는 뚜렷한 임무를 띠고 그곳으로 날아왔다. 이들은 마운트워싱턴 호텔에서 21일에 걸쳐 회담을 나눴고 그 기간이 끝나갈 때쯤 세계를 재편성했다.

1944년 미합중국은 이미 지구상에서 가장 강력한 국가로의 발돋움을 눈앞에 둔 상태였다. '요람 속의 헤라클레스'라 불리던 미국은 이제 타고난 지정학적 권리를 활용하고 자국의 면적, 부, 생산성에 힘입어 세계를 지배할 준비가 되어 있었다. 영국 군주정의 압력에서 벗어나기 위해 투쟁한 작은 식민지 집단에서 헌법으로 보장된 민주주의 국가로 탈바꿈한 나라였다. 미국의 헌법은 내전을 거쳐 살아남았고 48개 주의 조직된 연합을 구축하는 역할을 했다. 미국은 그때도 세계 1위의 경제 대국이었을 뿐 아니라, 무엇보다 캘리포니아의 골드러시 덕분에 전 세계 금 매장량의 3분의 2 이상을 좌지우지하는 나라였다. 게다가 두 차례의 세계대전이라는 참화 속에서도 국내 인프라가 거의 손상되지 않은 유일한 강대국이었다. 다른 나라들은 모두 너덜너덜해진 상태였다.

미국 재무부 소속이었던 해리 화이트Harry White는 브레턴우즈 체제를 지렛대로 전능한 미국의 달러를 지구상에서 가장 중요한 화폐로 만들었다.

브레턴우즈 체제는 두 번의 세계대전을 유발한 경제적 국수주의의 종말을 고하겠다는 맹세를 토대로 1944년 7월 22일에 서명된 협정이다. 협정의 중심에는 이제 막 세계 초강대국으로 떠오른 미국과 달러가 있었다. 미국을 대표해 브레턴우즈 회의에 참석한 화이트는 달러를 새로운 체제의 기축통화로 올려놓았고 달러는 금과 연동을 유지하게 되었다. 새로운 체제의 탄생과 더불어 IMF와 WB라는 다자간 기구가 설립되고 국제통화제도가 수립됨으로써 신新경제질서의 3대 요소가 확립되었다.

브레턴우즈 회의는 사실상 달러가 세계의 준비자산이자 금융 시스템 전반의 토대가 되는 최고 화폐로 등극한 대관식이었다. 브레턴우즈 회의 기간에 그 어떤 나라의 지배도 받지 않는 세계 단일 통화를 만드는 것이 더 나은 선택지는 아닌지에 관해서도 논의가 진행되었다. 그러나 참석자들이 전후의 새로운 금융 질서를 기획할 때 화이트는 미국의 경제 규모와 미국이 IMF와 WB의 재건 활동에 가장 많은 자금을 제공할 수밖에 없다는 사실을 이용해 달러를 세계 준비자산으로 지정하자는 의견을 주도했다. 그 결과 당시 신이 상업 문명에 내려준 선물로 간주되었던 금보다 달러가 더 중요한 위치를 차지하게 되었다. 미국의 막대한 금 보유량 덕분에 달러는 어마어마한 구매력을 얻었고, 유일하게 고정된 비율로 금과 교환할 수 있는 화폐가 되었다. 그러므로 경제가 의존할 수 있는 준비자산으로 손쉽게 교환 가능한 달러가 선택된 것은 당연한 일이었다.

브레턴우즈에 모인 경제 관료들은 자국의 통화를 금 대신 달러에 고정한다는 방안에 동의했다. 그 대가로 당시 재무부 장관이었던 헨리 모겐소 주니어 Henry Morgenthau Jr.는 금값을 1온스에 35달러로 정하고 달러 가치를 금값에 고정하겠다고 약속했다.

이렇게 해서 세계 금융 시스템의 주축이라는 달러의 위치는 확고해졌다. 그때부터 미국 재무부가 세계의 수많은 나라를 하나의 독립적이고 평화로운 경제로 끌어모으는 역할을 맡았다. 더 나아가 미국은 세계대전의 재발을 막겠다는 취지에서 전 세계 금융 및 군사 안보 체제를 추진했다. 미국이 그 대가로 얻은 것은 자국산 재화와 서비스를 달러로 수출할 광활한 해외 시장이었다.

미국 경제는 브레턴우즈 회의 이후 꽤 오랫동안 폭발적으로 성장했다. 제2차 세계대전 종전부터 1970년경에 이르기까지 미국 인구는 60퍼센트 넘게 증가했고 그 결과 미국은 세계 총생산량의 25퍼센트 가까이를 차지하게 되었다. 자본주의의 황금기로도 불리는 그 30년 동안 미국에서는 엄청난 생활 수준 향상과 중산층의 확대가 일어났다. 바비 인형과 〈내 사랑 루시 I Love Lucy〉 등의 참신한 인기 프로그램을 보여주는 텔레비전 수상기가 미국의 거의 모든 가정의 거실을 장식할 정도였다. 군비 지출이 두 배 이상 증가함[6]에 따라 미국 경제는 한층 더 성장했고 세계 준비통화 발행국이자 세계 안보 제공국이라는 위상도 공고해졌다. 그 시기 동안 좋은 신용을 유지한다는 약속이 강화되었다. 다시 말해 종이 화폐 도입이라는 체이스의 위험한 생각이 성공한 것이다. 그뿐 아니라 자본주의 황금기에는 모겐소가 1944년 브레턴우즈에서 암묵적으로 맹세한, 즉 가장 탄탄한 나라가 세계에서 가장 중요한 자산의 보유국이 되어야 한다는 약속은 더욱 공고해졌다. 미국은 경제 안보와 외교 안보의 원천이었고, 자유롭고 공정하게 선출된 관료들이 운영하는 민주 정부로서 큰 부러움을 사는 나라였다. 중앙은행을 비롯한 주요 기관이 법적으로 독립성을 보장받았기 때문에 정치적 간섭에서 보호받았다.

미국은 세계의 준비자산을 보유할 역량이 있는 나라임을 스스로 입증한 바 있고, 미국의 힘과 달러의 우월성 사이에는 불가분의 관계가 성립되었다.

그러나 1970년대의 혼란[7] 속에서 미국은 자국의 힘을 입증해야만 하는 상황에 놓였다. 1971년 리처드 닉슨 대통령은 외국이 보유한 달러를 감당할 정도로 금이 충분하지 않다는 우려에 따라 금본위제를 완전히 포기했다. 이는 인플레이션을 길들이기 위한 대항책이기도 했지만 향후 15년 동안 정책 입안자들을 괴롭힌 정책이기도 했다. 닉슨의 결정으로 세계는 브레턴우즈 체제에서 수립한 고정환율 제도와 결별하게 되었다. 브레턴우즈 체제에서는 공식 환율이 달러에 고정되었으며 달러는 금값에 연동되었다. 닉슨의 정책 변경과 더불어 세계는 변동환율제도로 떠밀려 나아가게 되었다. 변동환율제도는 시장의 수요와 공급에 따라 화폐의 가치를 결정하는 제도다.

이는 브레턴우즈에서 경제 관료들이 합의한 전후 경제 질서에 중대한 변화가 일어났음을 의미했다. 동시에 성장과 변영의 황금기가 끝났음을 알리는 신호탄이었다.

닉슨의 결정으로 시작된 대변동과 뒤이은 인플레이션 길들이기 전쟁은 달러 가치의 강세로 이어졌다. 미국뿐 아니라 해외의 정책 입안자들도 달러 강세에 불편함을 느꼈다. 1980년대에 들어서 일어난 또 한번의 격변으로 미국은 세력의 정점에 다가갔다.

재선을 위한 달러 길들이기

―

1985년까지 5년 동안 달러는 그 시대 4대 통화(프랑스의 프랑화, 영국의 파운드화, 독일의 마르크화, 일본의 엔화) 대비 가치가 50퍼센트 상승했고,[8] 그 결과 경제의 여러 부문이 타격을 입었다. 특히 제조업이나 농업과 같이 해외에 수출하는 부문의 타격이 컸다. 달러의 평가절상 때문에 자동차와 전자제품 같은 미국산 제품은 가격이 올라서 경쟁력을 잃은 반면, 환율이 약세인 외국 제품은 상대적으로 저렴해졌다. 일본의 기술 기업 소니가 만든 워크맨을 그 예시로 살펴보자. 1985년 워크

맨의 가격은 미국에서 생산한 유사품보다 대략 25퍼센트나 낮았다.

미국의 제조업과 농업은 극심한 타격을 입었다. 농업 무역 수지는 절반 넘게 줄었고 제조업 일자리 가운데 25퍼센트 정도가 사라졌다. 1981년부터 1982년까지 미국과 전 세계에 제2차 세계대전 이후로 가장 극심한 경기 침체가 찾아왔다.

달러 가치는 미국의 고금리를 바탕으로 급속도로 상승했다. 고금리를 부추긴 요인은 폴 볼커 연준 의장이 인플레이션 퇴치를 목표로 시행한 긴축 통화정책과 로널드 레이건 대통령의 재정 확장 정책이었다. 어쨌든 재무부는 달러 가치를 떨어뜨리기 위해 개입했지만 당시의 통화정책은 독일의 한 관료가 레이건 행정부의 "자비로운 방임benign neglect"[9]이라고 평가했을 정도였기에 의회의 보호주의 압력에 맞서기란 역부족이었다. 레이건은 달러 강세의 문제점을 적어도 당장은 간파하지 못했다. 기자회견에서 달러의 과도한 평가절상에 대한 질문을 받자 그는 그것이 "축복"[10]이라고 대답했다. 그러나 의회에서는 보호주의가 기승을 부렸다. 민주당의 어느 상원의원은 미국 농업과 제조업 전반의 이익 및 일자리가 1980년부터 5년 동안 급감한 사실을 거론하면서 미국인들은 "골치 썩일 일이 없다"는 이유로 "약한 달러"를 선호한다고 말했다.

이 같은 소란이 이어진 가운데[11] 레이건의 재선 취임식 이후 며칠 만에 제임스 베이커가 백악관 집무실이 아닌 워싱턴D.C. 자택의 지하실에서 허겁지겁 재무부 장관에 취임했다. 레이건 행정부의 경제팀은 달러 강세를 바로잡는 것을 가장 중요한 사명으로 삼았으며, 레이건이 미국 경제를 되살린다는 목표를 세운 이상 베이커가 즉시 업무를 시작할 필요가 있었다.

미국의 제67대 재무부 장관에 오른 베이커는 대학 때 경제학 시험에서 낙제점을 받은 적도 있는 인물이었다.[12] 그는 인정사정없는 성품이었고 공화당 귀족들과 끈끈한 친분을 쌓은 정치인으로서 권력을 유지하기 위해서는 법적·정치적 권위를 무시하고서라도 대담하게 조치하는 일에 거리낌이 없었다.

1984년 레이건의 수석보좌관을 지내는 동안 그는 연준이라는 세계에서 가장 영향력이 큰 통화 당국의 의장에게 그해 말 선거에서 대통령이 재선되기 전까지는 금리 인상을 삼가라고 명시적으로도 암묵적으로도 지시했다.[13] 엄청난 도박이었다. 연준의 업무에 정치적 개입을 행사한다는 낌새만 보여도 위험한 일이 생길 수 있었지만 베이커는 모든 것을 걸고서라도 레이건의 재선을 확실히 달성하고자 했다. 연준 의장 볼커는 그의 요구를 무시했다.

위의 일화는 1985년 재무부 장관으로 임명된 베이커의 기질을 단적으로 보여주는데, 1985년은 달러가 다른 통화 대비 지나치게 강세였기에 미국이 세계에서 가장 영향력 있는 인물들을 비밀리에 불러 모아 달러 억제에 대한 동의를 받아낼 필요가 있었던 해였다.

회의는 레이건 내각의 대부분이 알아채지 못했을 정도로 비밀에 부쳐졌다. 베이커는 맨해튼 플라자 호텔의 호사스러운 골드룸에서 열린 회의에서 일본·서독·영국·프랑스 등 4대 경제 대국의 재무부 장관들을 만났다. 공동으로 달러의 가치를 떨어뜨리고 미국의 무역 적자를 줄이기 위한 협상에 참여한 것이다. 4개국 중앙은행의 공조로 공개시장에서 상당량의 달러가 매도됨에 따라 달러 가치가 약화되었고, 그 덕분에 외국 소비자들이 미국산 제품을 좀 더 저렴하게 구매할 수 있게 되었다. 그뿐 아니라 외국 정부가 달러로 표시된 채무를 상환하기가 한층 더 수월해졌다.

이때의 '플라자합의Plaza Accord'가 어찌나 큰 효과를 거두었는지, 달러는 2년도 채 지나지 않아 40퍼센트나 평가절하되었고 오히려 계획을 곧바로 되돌려야 하는 상황에 이르렀다.[14] 두 번째 비밀회의 장소로 선택한 파리 루브르박물관에서 지난번과 같은 4개국의 재무부 장관들은 달러의 평가절하를 억제하는 일에 협력하기로 합의했다(그 일은 어느 정도의 시간이 걸리게 된다).

임기 2년 차인 1987년에는 베이커가 이미 달러를 길들이는 전투에서 승리를 거둔 상황이었다. 세상이 세계화를 준비하고 있던 바로 그때 베이커는 모든 나라가 자국의 외환딜러들을 성공석으로 봉쇄할 수 있을 정도로 달러가 세계경제에서 우세를 떨치고 있고, 달러의 지배력이라는 개념이 단단히 뿌리내렸다는 사실을 입증했다. 베이커는 자유무역으로 추진되고 미국이 주도하는 경제 통합의 씨앗을 뿌렸고, 그 씨앗은 향후 10년에 걸쳐 자라나게 되었다. (분명한 점은 1980년대의 통화시장 개입은 처음에는 달러의 평가절상을, 그다음에는 달러의 평가절하를 억제하기 위해 시행되었지만 해로운 결과를 낳았다는 사실이다. 그 결과로 일본은 수출 산업의 변화를 겪으면서 최소한 10년 동안 어려운 상황에 놓였다.)

무엇보다 그 모든 은밀한 통화 개입 때문에 고충을 겪은 주요 유권자층이 있었고, 이들은 얼마 지나지 않아 반발하기 시작했다.

외환시장에 등장한 불확실성

—

적극적이고도 은밀한 개입을 통해서 달러와 다른 통화를 통제하는 패턴 때문에 수익 창출이 관건인 외환시장에 불확실성이 생겼다. 정부가 언제 개입하고 외환 거래를 망칠지를 끊임없이 추측해야 했기 때문이다. 게다가 '루브르합의'를 통해 각국 재무부 장관에게 비공개 환율 목표치가 설정되어 있다는 사실이 드러났다. 재무부 장관들은 시장 개입이 머지 않았다는 신호를 넌지시 전달하거나 실질적으로 통화 보유고를 활용해 환율을 통제하는 방법으로 그 목표치를 적극적으로 방어해야만 했다.

외환딜러들은 정부가 자국 통화에 대해 어떠한 목표치를 정했는지 짐작하기 위해 정책 입안자들의 모든 한숨과 탄성을 과대 해석하기 시작했다. 특히 세계 외환시장에 바람직하지 못한 변동을 유발할지도 모를 또 한번의 호텔 비밀 합의를 앞지르기 위해 애썼다.

한번은 레이건의 임기 마지막 해와 조지 H.W. 부시 대통령 시절 재무부 장관이었던 니컬러스 브래디 Nicholas Brady가 시장의 움직임에 대해 경솔한 발언을 함으로써 달러 가치의 반등을 뒤집은 적도 있었다. 외환딜러들이 그 말을 듣고 재무부 장관이 달러 약세를 선호한다고 받아들였기 때문이다. 투자자는 곧 다국적 개입이 다시 한번 일어날지도 모른다고 우려해 재빨리 달러를 팔아버렸고, 그에 따라 달러의 일시적인 평가절하가 일어났다.

통화 가격의 변동성이 극심했지만 재무부가 그 같은 시장 변동성을 제어하기 위해 조치를 했다가는 향후 몇 년 동안 역효과가 일어날 것이 분명했다. 재무부와 금융 전문가들 사이의 맞대결이 일반 대중의 시야에 들어오는 일은 없지만, 그 여파에 따라 앞으로 수십 년간 경제가 성공하느냐 실패하느냐를 판가름하는 환경이 조성된다.

제2차 세계대전 말미에 브레턴우즈에서 내려진 결정 때문에 달러는 영어만큼이나 중요하고 우세한 위치에 올라섰다. 그러기에 보유 자금을 안전하게 비축할 장소를 찾고 있었던 외국인들은 계속해서 미국으로 시선을 돌렸고, 그 덕분에 미국 정부는 저금리에 돈을 빌려 미래 발전을 위한 일에 큰 지출을 감행할 수 있게 되었다. 미국처럼 채무가 막대한 나라가 투자자를 설득해 더 많은 돈을 빌린 사례는 전무후무하다. 미국이 오늘날까지 누리고 있는 권력의 순환은 이러하다. 미국은 달러(와 미국의 민주주의 정부)에 대한 신뢰에 힘입어 저금리로 자금을 차입해 왔으며, 이를 통해 최첨단 연구 개발을 토대로 의료 서비스, 비행기, 아이폰 등과 같은 발명품을 탄생시켰다. 이 모든 발전은 자유시장에서의 혁신과 초강대국다운 국력으로 가속화되며 특히 후자는 외국의 위협에서 국가 안보를 유지해 준다. 그렇게 이루어진 투자를 통해 미국의 경제적·군사적·기술적 역량이 증대되며 미국 경제(와 달러)가 한층 더 큰 매력을 띠게 된다.

그러나 그와 같은 힘에는 어마어마한 책임이 뒤따른다. 세계는 미국에게 번영하는 민주주의 국가가 되기를 요구한다. 세계 시장은 견제와 균형 시스템 및 법치주의로 운영되는 미국 공공기관의 청렴성에 크게 좌우되며, 미국 공공기관은 달러의 관리를 통해 사실상 세계 금융 시스템의 조정자 역할을 한다.

이 말은 미국이 전 세계 다른 국가들에 책임을 다하기 위해서는 미국이 지닌 소프트파워를 상징하며 지배적 경화(hard currency, 언제든지 금이나 다른 화폐로 바꿀 수 있는 화폐 — 옮긴이)인 달러의 신화적이기까지 한 역량을 효과적으로 활용할 수 있는 재무부를 갖춰야 한다는 의미이기도 하다.

제3장

통제광과 자경단
CONTROL FREAKS AND VIGILANTES

"좋은 화폐의 가치를 낮은 상태로 유지하는 일은 불가능하다."[1]

이 말은 1989년에 외환딜러들이 미국 재무부에 주는 메시지였다. 문제는 당시 정책 입안자들이 달러 강세를 두려워했다는 점이다.

두 명의 공화당 대통령 밑에서 연이어 재무부 장관을 지낸 베이커는 신중한 성격의 소유자였다. 그는 달러 강세가 경제에 막대한 문제를 일으키리라고 생각했다. 달러가 매우 강세를 보였던 레이건 임기 초기에 노조와 제조 부문의 생산직 노동자 및 서비스 노동자 들이 수입 관세와 같은 보호주의 정책을 요구하기 시작했다.

서독과 일본 등의 다른 나라 재무부 장관들 역시 달러 약세를 선호했다. 그 이유 가운데 하나는 그래야 달러 표시 채무를 갚기가 용이했기 때문이다.

그러나 실제로는 외환딜러들이 독립적으로 달러 가격을 형성할 조짐을 보이자 정책 입안자들과 재무부 관료들은 크게 당황했고, 외환딜러들이 보내는 신호 하나하나에 촉각을 곤두세우기 시작했다. 한번은 (희망 사항대로) 달러가 약세를 보이기 시작하자마자 몇몇 주요 국가가 함께 나섰다. 일본 관료들은 구두 개입으로 달러 가치를 올리려 했다.[2] 재무부는 연준과 힘을 모아 공개시장에서 달러를 매입했다. 그렇게 하면 공급량이 줄어 달러의 가치가 상승하는 경향이 있었기 때문이다.

시장이 주는 교훈

—

투자자들은 전 세계 지도자들의 광적인 통제 경향에 진력이 나 있었다. 달러를 특정 수준으로 유지하기 위해 환율을 조작하기보다 시장에 가격 결정을 맡기는 완전변동환율제를 도입할 때가 왔다. 다시 말해 정부 관료가 인위적으로 유도하는 것이 아니라 자연스러운 수요와 공급에 따라 환율이 정해져야 했다. 무엇보다 환율 개입이 경제를 유지하는 데 필요한 요소와 간접적으로 충돌하기 때문에 필요했다.

당시 연준은 고금리를 유지하고 있었는데, 고금리는 더 많은 이자를 지급하므로 외국인 투자를 유도하는 경향이 있다. 그에 따라 수요가 증가하고 달러 가치가 상승하는 결과가 나타난다.

외환딜러 대다수는 정부가 자연스러운 통화 흐름의 추세를 꺾으려고 하는 지속적인 시도를 멈춰야 한다고 생각했다. 그러나 정책 입안자는 딜러들의 의견을 듣지 않았다.

오히려 정책 입안자들은 계속해서 '환율 안정성'을 요구했다. 그러면서도 한 주에 여러 차례씩 딜러들을 흔들어놓아 환율 변동을 초래했다. "차분하고 신중하며 친절해야 한다"[3]는 백악관 대변인의 말에서 드러나듯이 그들은 시장을 갓난아기처럼 취급했다. 그러나 정부의 조치 때문에 환율은 요동치고 있었다. 이 시기에는 아홉 개에 이르는 중앙은행이 달러를 통제하기 위해 반복적으로 시장에 공동 개입한 날들도 있었다. 시장의 일일 통화 거래량이 급속도로 증가해 환율 통제에 더 많은 힘이 필요했을 때에는 각국 정부가 한층 더 공격적으로 나섰다.

그러나 이 모든 노력은 지리멸렬했고 시장을 다스리기에 역부족이었다.

어느 전문가는 "재무부는 시장 개입을 너무 좋아하게 되었으니 개입이 실패할 때는 망신을 당할 수밖에 없는 처지"라고 지적했다.

각국 재무부 장관과 중앙은행 총재 들은 화를 자초하고 있었다. 수년 동안의 언쟁과 투자자들의 응징이 있고 나서야 재무부는 안정을 원하면 끼어들지 말아야 한다는 교훈을 얻었다. 그 같은 응징 가운데 하나는 몇 년이 지나지 않아 나타났고, 전 세계적으로 경제정책의 교본에 포함되었을 정도로 엄청난 교훈을 주었다.

영국 정부가 몇 년에 걸쳐 파운드화를 공격적으로 관리하자 딜러들 사이에서는 파운드화의 실제 가치가 정부가 허용하는 수준보다 훨씬 더 낮을 것이라는 이야기가 확산되었다. (조지 H.W. 부시가 경기 침체 때문에 재선에 실패하기 직전인) 1992년 9월 16일 조지 소로스와 그의 동료 투자자들은 정책 입안자들에게 보복을 감행했다. 짧은 시간 동안 어마어마한 양의 파운드화를 매도한 것이다.

나중에 이날은 '검은 수요일 Black Wednesday'이라고 불리게 된다.

소로스는 파운드화가 고평가되었다고 보고 이를 통해 수익을 얻기 위해서 그처럼 대담한 계획을 실행에 옮겼다. 결과는 파운드화 가치의 폭락이었고 궁극적으로 한때 신뢰의 대상이었던 파운드화의 위상이 땅에 떨어졌다. 이들이 100억 달러어치의 파운드화를 투매함에 따라 영국 보수당 정부는 유럽 경제의 통합을 위해 체결된 유럽 환율 메커니즘 European Exchange Rate Mechanism, ERM 협약에서 탈퇴해야만 했다. 소로스의 도박으로 말미암아 파운드화는 하루 만에 5퍼센트 가까이 추락했고 소로스에게 10억 달러를 안겨주었다. 반면 영국 재무부는 33억 파운드(오늘날의 가치로 대략 100억 달러)의 손실을 입었다.

결국 이 사건 때문에 여당이었던 영국 보수당은 정권을 빼앗겼다. 세계는 부유한 강대국조차도 급격하고 예기치 못한 환율 평가절하의 부정적 여파를 피할 수 없다는 교훈을 얻었다.

달러는 파운드화가 거의 붕괴되고 1년 후인 1993년에도 단호한 약세 기조를 유지하고 있었다. 통화 약세 때문에 영국 정치 구도가 뒤집힌 지 얼마 안 되었을 때였고, 미국인들은 대서양 건너편에서 일어났던 일이 자국에서도 일어나지 않을까 우려했다.

미국 재무부 관료들이 시장을 통제하고 조작하려는 시도가 해롭다는 사실을, 시장 개입은 경제 문제 그 자체를 해결하기보다는 문제의 부수적인 영향을 처리할 뿐이라는 사실을 깨닫는 데까지는 그리 오랜 시간이 걸리지 않았다. 민주당 정치인들 사이에서 새로운 경제 신조가 자리 잡은 것도 이때쯤이다. 튼튼하고 건강한 경제는 완전 고용, 안정적(이고 예측 가능한) 성장, 적당한 인플레이션을 목표로 하는 정책을 바탕으로 한다는 신념이었다. 이들은 그러려면 정부가 외환시장에 끼어들기보다는 (조세와 규제 정책, 예산 삭감, 복지 프로그램 등을 통해) 사업 투자와 소비자 지출을 촉진하는 정책을 수립해야 한다고 보았다. 더 나아가 민주주의가 자유 선거와 정부 기구 및 사법부의 독립성 같은 수단에 따라 강화되듯이 외환시장 역시 자율성을 보장받아야 탄탄해진다고 믿었다. 달러가 수요와 공급의 법칙에 따라 상승하고 하락하는 등의 진정한 자유를 얻으면, 재무부는 경제 약화의 원인에 집중할 수 있다는 것이 민주당 정치인들의 생각이었다.

빌 클린턴이 백악관에 입성한 1993년 1월 당시 달러는 세계 금융과 교역에서 확고부동한 힘을 과시하고 있었다. 각국의 기업과 금융 회사 간의 거래 가운데 절반 가까이가 달러로 결제되었고 나머지 절반은 100여 종류의 통화로 나뉘었다. 통화 가치가 지나치게 낮아서 투자를 유치할 수 없는 후진국은 공공 지출 비용을 충당하기 위해 점점 더 많은 달러 표시 채권을 판매하게 되었다. 원유부터 곡물과 기업 증권에 이르는 모든 것의 가격이 달러로 정해졌다.

전 세계적으로 환율 변동성이 극심했던 1990년대는 미국의 통화 정책과 정부와 통화시장과의 상호 작용이 그 어느 때보다 중요하던 시기였다. 그런 만큼 정부와 시장의 관계가 개선될 필요가 있었다.

클린턴의 계획과 채권 자경단

―

클린턴은 임기 초반 1년여 동안에는 세계에서 가장 막강한 힘을 지닌 사람이었지만, 이후에는 저돌적이고 야심만만하며 돈에 굶주린 남성 전용 클럽의 구성원들에게 괴롭힘을 당했다. 그들은 맨해튼 마천루의 초고층과 런던 금융가의 두꺼운 16세기 성벽 뒤에서 활동했으며 수억 달러를 소유했느냐 여부로만 권력과 영향력을 평가했다. 그들의 실제 이름이 무엇인가는 중요치 않았다. 그들은 "인간 피라냐"라는 위협적인 별명으로 알려졌고 "곰의 엉덩이를 당장이라도 물어뜯을 각오"로 출근하라는 지시를 받은 터였다.[4] 이들의 직장은 '살로몬브라더스'나 그 당시에는 '골드만삭스주식회사' 등으로 불렸던 금융회사였다. 이들은 하루 평균 16시간 동안 컴퓨터 모니터 앞에 딱 붙어 앉아 수십억 달러를 사고파는 도박을 감행했다. 이들 사이에서는 대학 동아리의 신고식을 연상케 하는 수법으로 신참들을 못살게 구는 문화가 조성되어 있었다. 동아리 회장에 해당하는 책임자가 헤아릴 수 없이 많은 부를 좌지우지할 수 있는 경우에는 더했다. 어떤 이는 부하직원들에게 앉은 자리에서 몇 킬로그램이나 되는 패스트푸드를 먹으라고 강요하기도 했다. 작가 마이클 루이스가 《라이어스 포커》에서 묘사했듯이 그곳에서는 "모두가 거물급 금융인Big Swinging Dick이 되고 싶어" 했고 여성은 권력에서 배제되었다.

그들은 채권 자경단(bond vigilantes, 인플레이션이나 재정 적자에 항의하기 위해 국채를 대량으로 매도함으로써 국채 금리를 끌어올리는 세력 ― 옮긴이)이었다. 그리고 1993년에는 이미 워싱턴 정가에 정치적 영향력을 행사할 정도의 힘을 축적한 상태였다.

클린턴은 대선에서 현직 대통령 부시에게 승리를 거둠으로써 "문제는 경제야, 바보야It's the economy, stupid"라는 선거 구호를 실행에 옮긴다는 임무를 띤 채로 백악관에 들어섰다. 신임 대통령 클린턴은 그에 따라 미국 중산층의 세금 부담을 줄인다는 과감한 계획을 세웠고, 그 계획이 곧 법으로 제정되리라 기대했다. 클린턴의 소속 정당인 민주당이 의회 상하원을 통틀어 과반수를 차지하고 있었으므로 아칸소 출신의 젊고 건강한 클린턴은 워싱턴의 기존 체제를 개혁할 준비가 되어 있었다.

문제는 시장이 클린턴의 계획을 싫어한다는 것 한 가지뿐이었다.

뉴욕과 런던의 거래소를 장악한 도박꾼 무리가 클린턴과 미 의회, 연준을 어떻게 생각하는지가 왜 중요했던 것일까? 그것은 정책 입안자 입장에서 투자자들은 매일 발표되는 여론조사 역할을 하기 때문이다. 다시 말해 투자자들은 어떤 정책이 경제에 도움이 되는지, 해로운지에 대한 의견을 실시간으로 제공하는 존재들이다. 이 같은 시스템 안에서 활동하는 이들은 다양한 명칭으로 불리는데 모두 비슷한 부류를 통칭하는 이름이다. 우리가 그들을 "월가"나 "트레이더"와 같은 포괄적인 용어로 부르든, 아니면 1980년대 경제학자들이 그랬듯이 "채권 자경단"으로 부르든, 그들은 모두 세계 각국에 복잡하게 뻗어 있는 동일한 연결망의 구성원으로서 수익을 얻기 위해 가치 있는 것은 (주식, 채권, 대두, 돈육선물을 비롯해) 무엇이든 사고판다. 트레이더들이 내리는 판단은 엄청난 영향력을 발휘한다. 그들은 날마다 신문 표제 기사, 정부기관의 데이터, 연준 반응, 다른 나라 통화 대비 달러의 가치 등을 순식간에 분석해 무수히 많은 거래를 즉각적으로 체결한다. 소로스가 검은 수요일에 했듯이 투자자들은 한 번에 수백만 달러어치의 채권을 사들이거나 헐값에 팔아버릴 수 있고, 한 나라나 기업의 생사를 가르는 결정을 내릴 수도 있다.

미국 채권과 경제 사이클

―

채권은 만기가 도래할 때까지 수없이 많은 주인을 거친다. 금융시장에서 매도되거나 매입될 때마다 채권의 가치는 변화하며 그 가치는 수익률yield로 불리는 수치에 반영되는데, 이는 투자자가 투자로 1년 동안 얻을 수 있는 소득을 나타낸다.

고위험 채권(예를 들어 쇠락 중인 러스트 벨트의 지자체나 개발도상국이 발행하는 채권)은 더 높은 수익률을 제공한다. 이는 10대 운전자가 운전 중에 틱톡TikTok 영상을 보다가 앞차를 들이받을 가능성이 더 크기 때문에 보험사에 매년 더 많은 보험료를 내야 하는 것과 같은 원리다. 또한 고위험 채권은 더 큰 리스크를 안고 있으므로 좀 더 저렴한 가격에 판매된다. 반면 (운전 중에 절대 속도를 내지 않고 방향 지시등을 빼먹지 않는 운전자에 해당하는) 저위험 채권은 더 낮은 수익률을 제공하고 더 높은 가격에 판매된다.

그러나 채권의 표준은 10년 만기 재무부 채권으로, 그 이외 모든 채권을 평가하는 공통 기준이 된다.

알렉산더 해밀턴(미국의 초대 재무부 장관 — 옮긴이) 시대 이후로 미국 재무부는 채권을 경매로 처분하거나 국내외 투자자에게서 자금을 차입함으로써 군사 작전, 도로 및 교량 건설 등의 공공사업, 그 이외 정부 사업 등의 비용을 조달해 왔다.

'미국 국채'(Treasuries, 정식 명칭은 재무부 채권 — 옮긴이), '미국 중기 국채 treasury note', '미국 장기 국채 treasury bond' 등으로 불리는 미국 재무부 발행 채권은 채권자에게 매년 이자 소득을 지급하며 몇 주에서 30년에 이르는 다양한 만기로 발행된다. 전 세계 금융 시스템이 진화함에 따라 국채 가운데 10년 만기물은 그 이외 수많은 채권의 가격을 정하는 기준이 되었다. 은행이 주택과 자동차를 사고 신용카드 빚을 갚으려는 미국의 일반 국민에게 대출을 내어줄 때 기준점이 되기도 한다. 전반적으로 미국 국채의 금리가 높으면 성장이 저해되고 중산층이 타격을 입는 반면 금리가 낮으면 경제가 활성화된다.

그 이외에도 채권의 작동 과정이라는 복잡한 사이클을 들여다보면 시장이 정책 입안자들에게 그처럼 중요한 의미를 지니는 이유를 알 수 있다. 10년 만기 국채의 수익률이 높을 때는 주택담보대출이나 자동차 대출 같은 다른 채권 상품의 수익률 역시 높다. 대출 비용이 증가할수록 사람들은 생필품 소비를 줄이며, 사치품 소비와 저축은 그보다 훨씬 더 크게 줄어든다. 이처럼 소비와 저축이 줄어들면 결과적으로 경제 성장이 저해된다. 그러나 정반대 상황이 일어났다고 치자. 투자자들이 10년 만기 국채의 이자 지급액이 줄기를 원하면 대출 비용이 감소한다. 이처럼 대출에 나가는 이자가 줄면 다른 지출을 할 수 있는 여윳돈이 늘어난다. 한편 기업의 투자 유치에 필요한 부채 조달 비용이 감소함에 따라 민간 부문의 투자가 활성화되어 더 많은 일자리가 창출된다. 간단히 말해 금리가 높아지면 가처분 소득이 잠식되는 한편 가계가 주택담보대출과 신용카드 대출에 대해 더 많은 비용을 치러야 한다. 이와 같은 문제가 발생할 때 유권자들은 현직 대통령을 응징하려는 경향이 있다.

이러한 주기가 끝날 때쯤이면 연방정부가 그 모든 경제 성장의 결실에 대해 더 많은 세금을 거두어들이게 된다. 이로써 미국 국채 투자자들은 국가의 재정 관리 능력에 한층 더 큰 신뢰를 품게 되며 그에 따라 금리는 한층 더 낮아진다.

결과적으로 미국 경제 전반의 호황을 바라는 사람들에게는 미국 국채의 수익률을 낮게 유지해야 할 만한 크나큰 동기가 있다.

살벌한 채권 자경단

—

1993년 채권 자경단은 미국 경제를 침체에서 끌어올리기 위한 클린턴의 계획을 거부했다. 월가 사람들이 보기에 클린턴의 중산층 세금 감면 정책은 미국의 국채 안정성을 위협할 수밖에 없는 위험한 조치였다. 그들은 중산층 감세가 이미 엄청나게 불어나 있는 재정 적자(정부 지출이 세금 등의 수입을 능가하는 상태)를 한층 더 악화시킬 뿐이라고 우려했다. 월가 사람들은 재정 적자만이 문제가 아니라 장래에 채권의 가치가 더 떨어질 가능성이 커졌으므로 월가의 베팅이 더 큰 위험에 빠졌다고 판단했다. 채권 트레이더들 입장에서 클린턴이 경제 계획을 발표했을 당시 가장 큰 걱정거리는 인플레이션이었다. 그들에게 미국 정부의 요구 사항은 빚이 잔뜩 있고 내리막길을 걷고 있으며 방향을 잃은 사업체에 투자하라는 것과 다를 바가 없었다. 트레이더들은 돈에 대한 집착이 강했으며, 미국 정부가 막대한 양의 국채 발행을 통한 지출 확대로 경제 건강을 회복시키겠다는 계획을 비현실적이라고 생각하며 혐오했다. 그런 만큼 그들은 미국 국채 매입을 점점 더 꺼리게 되었다. 그들은 미국 국채가 안전한 투자처라고 확신하지 않았다.

클린턴과 그의 보좌관들은 트레이더들의 우려를 하찮게 치부했고 동시에 그들이 옹졸하다고 보았다. 그들은 사라진 세금 수입이 지난 5년 동안 13퍼센트밖에 성장하지 못한 동시에 미국인 840만 명이 일자리를 잃었을 정도로 둔화된 경제를 활성화하기 위한 계약금일 뿐이라고 생각했다. 그러나 시장에서 미국 국채의 공급이 늘어난 반면 수요가 줄면서 정부는 어쩔 수 없이 더 높은 수익률(과 더 많은 투자 소득)로 투자자를 유인해야 했다.

채권 트레이더들이 클린턴의 경제 계획을 받아들이기 시작한 1993년 말부터 1994년 말까지 미국 장기 국채의 수익률은 5.25퍼센트에서 8.1퍼센트로 상승했다. 다시 말해 월가의 "거물급 금융인"들은 클린턴의 계획이 불러올 리스크를 두려워했고, 그 같은 계획을 시행하는 국가에 투자하려면 더 큰 보장을 받아야 한다고 생각했다.

이 일은 클린턴 행정부에 쓰라린 교훈을 남겼다. 당시 클린턴의 정치 전략 수석보좌관이었던 제임스 카빌 James Carville 은 이렇게 말하기도 했다. "환생이란 것이 있다면 나는 대통령이나 교황이나 4할 타자로 다시 태어나고 싶었다. 그러나 이제는 채권 시장으로 환생하고 싶다. 모든 사람에게 겁을 줄 수 있으니까."[5]

이러한 상황에서 클린턴은 자신이 제안했던 경제계획을 개편했고, 이때 골드만삭스 출신의 채권 시장 전문가이자 당시 백악관 국가 경제 자문위원회의 초대 위원장이었던 루빈에게서 많은 조언을 받았다. 클린턴은 중산층 세금 감면이라는 공약을 포기했고 다른 조치도 철회했다. 순전히 살벌한 금융계의 채권 자경단 때문이었다.

개편된 계획은 복잡했고 과감했으며 크게 두 부분으로 이루어졌다. 첫째는 채권 자경단을 달래는 내용이었는데, 재정 적자를 줄이고 예산의 균형을 맞추는 방향으로 기존 제안을 재조정한 것이다. 목표는 정부가 지출을 세입에 못 미치는 수준으로 줄여서 장기 국채 금리를 억제하는 것이었다. 클린턴은 그렇게 하면 경제 전반에 값싼 자금이 유통될 것이라 보았다. 투자자들이 국채 금리를 떨어뜨리는 식으로 개편된 계획에 힘을 실어준다면 (주택담보대출과 기업 신용 등의) 모든 대출 금리 역시 낮아질 수밖에 없었다. 그로 말미암은 경제 확장은 미국에 대한 투자를 촉진해 달러 가치를 끌어올릴 것이 분명했다. 달러 가치가 올라가면 더 저렴한 해외 제품의 수입이 증가해 인플레이션이 억제될 가능성이 컸다. 인플레이션이 통제되면 연준이 금리를 낮게 유지할 수 있어 경제가 한층 더 활성화된다.

계획의 두 번째 부분은 국민과의 소통이었다. 클린턴 경제팀은 미래 경제에 유익한 조치를 해야 했을 뿐 아니라 그 조치가 무엇인지를 모든 국민에게 여러 차례 전달할 필요가 있었다. 메시지는 간결하되 강인함, 자신감, 침착함을 내보이는 것이어야 했다.

그들에게는 새로운 신화가 필요했다. 그러나 달러 가치의 약세가 뒤집히기보다 더 심각해질 것이 분명했다.

제4장

루빈의 달러 강세 원칙
BOB RUBIN'S BUMPER STICKER

클린턴의 첫 번째 재무부 장관은 과할 정도로 높이 평가된 클린턴 행정부의 경제팀에서 가장 주목받지 못하는 사람이 될 운명이었다. 로이드 밀라드 벤슨 주니어 Lloyd Millard Bentsen, Jr. 는 1946년부터 재무부 수장으로 임명될 때까지 텍사스주를 대표해 4선 상원의원으로 활동하는 등 줄곧 공직에 있었다. 잘생긴 외모에 어릴 때 이글스카우트(Eagle Scout, 보이스카우트 중에 가장 성실하고 리더십이 뛰어난 대원 — 옮긴이)로 뽑혔고 제2차 세계대전 때는 600명으로 이루어진 비행대대를 감독했다. 그러나 1990년대에 들어서는 정책 입안자로서 우수한 기량을 발휘하지 못했다.

벤슨이 미국의 제69대 재무부 장관으로 취임했을 당시 달러는 커다란 문제에 직면해 있었다. 1994년 연준이 금리를 인상했음에도 달러가 계속해서 폭락한 것이다. 이론상으로는 금리가 인상되면 달러 가치가 올라가야 했으므로 경제학자들은 그 같은 현상을 이해할 수 없었다. 그러나 나라가 8개월 동안의 경기 침체에서 회복되었음에도 경제 성장 속도가 여전히 느린 것이 투자자들의 우려를 샀다. 그뿐 아니라 투자자들은 영국에 정치 불안을 유발하고 몇 년 동안이나 영국 경제에 타격을 입힌 것과 같은 외환위기가 재발할 가능성이 있다고 우려했다.

이 모든 상황 속에서 벤슨은 언뜻 듣기에는 무해하지만 정부의 개입이나 속임수에 촉각을 곤두세우는 금융 전문가들이 들으면 기겁할 발언을 해 달러의 약세를 부채질했다.

"나는 엔화가 좀 더 강세를 보였으면 한다"라는 말이었다. 그는 일본의 제조 부문을 띄우기 위해 엔화의 평가절하를 강제로 유도해 온 일본 관료들에게 경고를 보내고자 했다. 그러니 그 짧은 말인은 외환딜러들의 두려움과 편집증을 한껏 자극했고 그들은 곧바로 달러를 헐값에 팔아치우고 엔화를 잔뜩 사들였다. 그 결과 엔화 대비 달러의 가치가 크게 하락해 제2차 세계대전 직후 이래 최저치를 기록했다. 재무부가 1985년과 마찬가지로 곧 달러의 대규모 평가절하에 착수하리라고 판단한 외환딜러들이 선수를 친 것이었다.

매력적이고 완벽한 슬로건

1980년대에 세계경제를 지배했던 사람들은 달러를 통제하기 위해 맨해튼의 호화로운 호텔이나 파리의 미술관에서 은밀한 회의를 했다. 그러나 1990년대 통화체제 개혁은 훨씬 더 수수한 환경에서 이루어졌다. 때는 1994년이었고, 클린턴의 경제 자문 위원장이었던 루빈은 통화시장의 안정을 유도하고 달러를 강화하기 위한 전략을 논의하기 위해 재무부 사람들을 백악관의 비좁은 자기 사무실로 자주 불러들였다.

빛이 잘 들지 않고 쥐가 돌아다니는 데다 위엄이 느껴지지 않는 사무실이었지만 참석자들은 그곳에서 정책적 지식을 발휘했다. 회의에 꾸준히 참석한 사람들로는 로런스 서머스Lawrence Summers 재무부 차관, 그 당시에는 재무부 관료였던 가이트너, 투자은행가로서의 경력을 잠시 내려놓고 재무부 부장관이 된 로저 올트먼Roger Altman 등이 있었다(이 중에서 서머스와 가이트너는 나중에 재무부 장관이 되었다). 이들의 논의는 전 세계적으로 외환위기가 한창이던 때에 이루어졌다. 영국은 소로스의 파운드화 공격에서 간신히 회복되고 있었으며, 멕시코 페소화와 아시아 각국의 통화 앞에는 고난이 기다리고 있었다. 1990년대 외환시장은 강압적이고 부실한 재정 운영과 투자자들의 투기적 행태 때문에 영원히 혼란 속에 빠져 있을 것만 같았다.

1994년 여름 루빈이 백악관의 비좁은 집무실에서 재무부 사람들과 통화정책을 논의했던 당시에는 환율이 약세인 나라는 국력이 약하다는 이미지가 있었다. 클린턴 행정부를 비롯한 각국 정부는 통화가치의 하락이 그 나라의 정치와 경제가 건강하지 못하다는 인식을 낳아 결국에는 지도부가 교체되는 상황에까지 이를 수 있음을 실감했다.

하지만 미국과 그 우방국들에는 달러 문제를 해결할 수 있는 전통적 치료법이 더 이상 존재하지 않았다. 과거 재무부 장관들은 자국의 통화 가치를 올리거나 낮추기 위해 공개시장에서 자국의 외환 보유액을 사거나 팔았다. 그러나 정부가 공격적으로 개입했던 시대는 서서히 끝나가고 있었다. 그 같은 거래에 필요한 재무부의 통화 보유액이 당시 외환시장을 지배하던 수조 달러의 거래량에 필적할 만큼 충분하지 못했다. 루빈은 달러 가치가 미국의 금리, 성장률, 재정 적자, 물가상승률, 취업률에 대한 투자자들의 기대치를 반영하도록 내버려두는 것이 최선책이라고 판단했다. 그것이 바로 외환딜러들이 바라던 바였다.

그러나 시장이 독립적으로 환율을 결정하도록 허용하면 미국의 징책은 다시 한번 월가 외환딜러들의 변덕과 기분에 좌우될 터였다. 클린턴의 경제팀이 이들의 방해를 저지하려면 그들에게 전달할 말을 다듬어야 할 필요가 있었다. 외환딜러들을 설득해 달러 가치를 높은 수준으로 책정할 수 있다면 행정부가 재정비한 경제정책에 힘이 실릴 것이 분명했다. 외환딜러들을 설득하기 위해서는 또 한 가지 중요한 문제를 처리할 필요가 있었다. 지난 10년 동안 정부 관료들은 암묵적으로 선호하는 환율 목표치를 정해 놓고 있었고 이를 중심으로 정책을 짰다. 클린턴 행정부의 전략이 성공을 거두려면 외환딜러들에게 환율이 조작되는 일은 더 이상 없다는 믿음을 주어야 했다. 더 나아가 외환딜러들이 클린턴 행정부의 발표에서 숨은 의미를 찾거나 비공개 회의가 있다고 의심하는 일 없이 행정부의 조치를 있는 그대로 받아들일 수 있어야 했다.

설득은 까다로운 작업이었다. 당시 뚜렷한 정치색이 없던 가이트너가 보기에 투자자들은 민주당이 경제 성장률의 단기 급등을 위해 외환시장을 조작할 가능성이 더 크다고 믿고 있었다. 금리 인상에도 달러가 이해할 수 없이 약세를 보이는 상황에 그러한 투자자들의 불신까지 더해졌기에 정부가 섣불리 나서기에 매우 위험한 상황이었다. 과거 같았으면 정치적 목적이 있는 정부가 선거에서의 접전과 유권자의 지지율 하락을 우려해 개입할 만한 상황이었다. 가이트너는 벤슨이 엔화 강세를 희망한다고 발언한 데서 알 수 있듯이 그러지 않아도 불안정한 시장이 아주 사소한 발언이나 움직임만으로도 폭락으로 치달을 위험이 있다고 경고했다. 그러므로 안정감을 주는 메시지를 전달하는 것이 가장 중요했다.

루빈을 비롯한 경제팀은 미국 정부가 특정한 환율에 얽매이는 일 없이도 투자자들의 인식을 뒤집을 정도의 강력한 묘안을 짜내고자 했다. 루빈과 그의 금융시장 동지들은 시장의 공감을 얻을 메시지를 찾느라 워싱턴의 끈적거리고 무더운 여름 내내 고군분투했다. 그 결과로 탄생한 "강한 달러가 미국의 국익에 부합한다 A strong dollar is in our national interest"는 매력적인 슬로건은 올트먼의 작품이었다.[1]

여덟 단어로만 이루어진 말이었지만 원래 완벽함은 단순함에서 비롯되는 법이다.

올트먼이 제안한 슬로건은 달러의 목표 환율이 무엇인지를 암시하지 않았다. 실제로도 목표 환율이 없었기 때문이다. 그보다는 (어떠한 수준이든 시장에서의 수요와 공급에 따라 정해지는) 강력한 달러가 인플레이션을 억제할 수 있는 한 가지 수단이라는 뜻이 담겨 있었다. 달러가 강세를 보이면 외국산 수입 제품이 저렴해지므로 미국 국민과 기업이 무적의 구매력을 얻게 될 터였다. 게다가 일관적이고 명시적으로 달러 강세를 뒷받침하는 (그와 더불어 개입을 늦추는) 정책이 시행되면 불확실한 10년 만기 국채 수익률에 대한 우려를 잠재울 수도 있었다. 미국 정부가 달러 환율을 강력하게 유지하는 일에 의지를 보이면 투자자들로서는 미국이 발행하는 채권을 신뢰할 만한 이유를 추가로 찾을 수도 있었다.

몇 년 후 가이트너는 "그 슬로건은 전천후 정책을 위해 고안되었다"면서 "전반적으로 정부가 경제 성장의 수단으로 환율을 인위적으로 조작하는 일은 없을 것이라는 의도를 담은 말이었다"[2]고 덧붙였다. 그들은 이 정책이 선순환을 낳을 수밖에 없다고 판단했다. 낮은 금리와 긴장한 경제는 연방정부의 세입 증가로 이어진다. 다시 말해 경제가 탄탄해지면 국가 채무 상환에 필요한 세금 수입이 늘어난다. 루빈은 투자자들이 그 같은 일이 실현되리라 신뢰하기를 바랐다.

약한 달러를 원하지 않는다
—

달러 강세가 유리하다는 슬로건은 여덟 단어에 불과했지만 이 짧은 발언이 경제 분야의 주류 의견으로 수용되기까지는 몇 개월이 걸렸다. 그 시작은 1994년 7월 8일 이탈리아의 나폴리에서 일어났다. 클린턴은 전 세계 지도자들과의 경제 정상회담 후에 기자들의 질문을 받던 도중 이렇게 말했다. "우리는 최근 [환율] 시장에 두 차례 개입했는데, 그러면서 환율 개입이 어떨 때는 아주 작은 영향만 끼치지만 어떨 때는 실질적인 영향을 끼치는 때도 있다는 사실을 확인했습니다."[3] 그로부터 얼마 후 루빈이 입 밖에 낼 슬로건의 논리적 근거를 처음으로 내비친 발언이었다. 그런 다음 클린턴은 개입의 일시적 효과가 결국에는 경제 펀더멘털(fundamental, 나라의 경제 상태를 나타내는 거시 경제 지표 ― 옮긴이)에 따라 상쇄된다는 믿음을 밝혔다. 그는 달러와 그 이외 주요 통화를 안정화하는 것이 최선책이라고 주장했다.

"지난 몇 년 간 여러 나라의 통화가 대대적인 개입으로도 해소되지 않을 정도로 심각한 문제를 겪었습니다. 최선의 방법은 우리가 경제 펀더멘털 개선에 애쓰고 있다는 신호를 시장에 보내는 것입니다." 클린턴은 이 발언으로 정부가 외환시장 개입 행위에서 손을 떼고 경제에 집중하겠다는 메시지를 외환딜러들에게 전달했다. 이처럼 미묘하면서도 단순한 접근법으로 클린턴 임기 초기의 자유분방한 분위기가 확실하게 종식되었다. 이는 젊은 대통령이 미묘한 수사법을 배워가고 있다는 증거이기도 했다.

클린턴은 "경제 펀더멘털"을 언급함으로써 경제학자들의 난해한 이론과 (취업 시장이 얼마나 탄탄한지, 물가가 상승 중인지, 경제 전반이 건강한지 등과 같이) 정치인들을 골치 아프게 하는 현실 사안을 연결시켰다. 그의 발언은 훗날 루빈의 '달러 강세 원칙'으로 알려진 기조의 경제학적 토대가 되었다.

그 이외에도 클린턴은 나폴리에서 기자들과의 질의응답 시간에 자신이 문제의 부작용이 아니라 문제 그 자체에 초점을 맞춰야 한다는 교훈을 얻었다고 밝혔다. 그러면서 미국의 정책은 "달러 강세를 현실적인 방법으로 오랫동안 유지하되 다른 나라 통화도 강세를 유지하도록 하는 것입니다. (중략) 나는 달러가 합당한 가격으로 책정되기를 절실하게 바랍니다"라고 덧붙였다.

그러고서 클린턴은 자신의 논지를 더할 나위 없이 명확히 밝혔다. "나는 달러 약세를 지지하지 않습니다. 우리 정부가 의도적으로 달러 약세를 유도한 적은 없었습니다. 그 누구도 달러를 평가절하하려고 시도하지 않았습니다."

12일 후 연준이 새로운 홍보 활동을 통해 행정부의 계획에 동참했다. 그린스펀 의장과 서머스 재무부 차관은 대통령의 메시지를 좀 더 강력하게 밀어붙이기 위해 조율된 발언을 연달아 내놓았다.

통화정책 상황을 주제로 한 의회의 정례 청문회에서 그린스펀은 "[달러] 약세가 나타나는 것은 국제 금융 시스템에도, 미국 경제에도 좋지 못합니다"[4]라고 말했다.

해석하자면 연준이 약한 달러를 원하지 않는다는 뜻이었다.

서머스도 그다음 날인 7월 21일 의회 청문회에 참석했다. 한때 WB의 수석경제학자를 맡았고 당시에는 벤슨이 장관으로 있는 재무부의 국제 담당 차관으로서 통화정책을 포함한 중책을 맡고 있었다. 서머스는 그린스펀의 말을 뒷받침이라도 하듯이 의원들 앞에서 신중하게 준비된 발언을 내놓았다. "행정부는 엔화와 [독일] 마르크화 대비 달러의 강세가 미국에 중대한 경제적 이득을 가져오리라 믿습니다."[5]

해석하자면 재무부가 약한 달러를 원하지 않는다는 뜻이었다.

그에 이어 서머스는 달러 가치가 상승하면 "금융시장의 신뢰를 되찾을 수 있으며 이는 경기 회복세 유지에 필요한 일이다. 달러 강세는 미국 자산의 매력을 끌어올릴 뿐 아니라 미국 경제에 대한 장기적 투자 의욕을 부추기는 한편 물가상승률을 낮게 유지하는 데도 도움을 줄 것"이라고 덧붙였다. 더욱이 (세계에서 가장 부유하고 영향력이 큰 국가들의 모임인) G7의 다른 회원국들도 달러가 더 약화되면 세계경제 회복에 "역효과"를 낼 것이라는 데 동의한다고 주장했다.

해석하자면 달러 강세가 미국에 유익하다는 뜻이다.

루빈의 계획

그 후 5개월에 걸쳐 투자자들이 클린턴 행정부의 전략을 호의적으로 받아들임에 따라 달러 가치는 상승했다. 벤슨은 공직에서 은퇴하겠다는 계획을 발표하면서 재무부 장관으로서 재직한 시간이 50년에 달하는 자신의 공직 생활에서 가장 큰 성취였다고 밝혔다. 그에 따라 새로운 메시지로 투자자들에게서 온전한 지지를 이끌어낼 책임은 달러 강세 정책의 이론적 스승이자 정치적 영향력이 달러 가치 그 자체만큼이나 상승세를 타고 있던 인물에게로 돌아갔다.

바로 루빈이었다. 플로리다 마이애미비치에서 자란 루빈은 클린턴의 경제 계획 수립이라는 고된 과정에서 중요한 역할을 담당했고, 클린턴은 그를 새로운 재무부 장관으로 지명했다.

지명 후보자는 상원 금융위원회의 인준 청문회를 통과해야 임명될 수 있었다. 인준 청문회에서 의원들은 루빈이라는 인물 자체뿐 아니라 클린턴의 경제정책 전반까지 판단할 터였다.

1995년 1월 루빈은 철저한 준비를 마친 상태로 청문회에 출석했다. 그는 백악관에서 경제정책을 조율하는 직책을 맡으면서 행정부 초반 2년 동안 재무부를 감독한 상원의원들과 잘 아는 사이가 되었다. 그 시기 루빈은 워싱턴에서 가장 생소한 부분인 의회에 대한 지식을 확장하기 위해 애썼고 그러면서 그의 일정은 양당 의원들과의 수많은 회의로 채워졌다.

루빈은 집착에 가까울 정도로 자신의 직무에 전념했다. 그는 자신의 취약한 부분을 인식하고 의원들에게 적극적으로 정기적인 조언을 구했다. 백악관 집무실 책상에 지출승인위원회의 내부 활동을 자세히 적은 책자를 두고 그때그때 참고했다.[6] 열성직으로 다가가는 그의 태도에 민주당과 공화당 모두 찬사를 보냈다. 실제로 루빈은 백악관 관료로 일하는 동안 상원의원들에게 큰 신뢰를 얻었다. 인준 청문회의 질의응답 시간이 10분 정도 지났을 때쯤 공화당 측 위원장인 로버트 팩우드Robert Packwood 상원의원이 인사청문위원회가 이미 루빈의 지명을 인준했다고 공개적으로 밝혔을 정도였다.[7] 다만 상원의원들은 루빈에게 그대로 남아 질문에 답해 달라고 요구했다.

팩우드가 그렇게 선언하긴 했어도 그 후 두 시간 동안 극적인 순간이 없지만은 않았다.

루빈은 더크슨 상원의원 회관 215호에서 수정 샹들리에 아래 앉아 있는 동안 "강한 달러가 미국의 국익에 부합한다"[8]는 강强달러 구호를 처음으로 발표했다.

바로 그때부터 미국의 경제정책은 다시는 예전으로 돌아가지 못하게 된다.

이 문장은 향후 25년 동안 루빈과 그의 후임들이 거의 반사적으로 되풀이해야 할 좌우명이 되었다. 그 말은 전 세계 투자자들에게 미국 경제의 힘을 믿어도 좋다고 안심시키는 포고령이자 (창업과 국채 매입 등을 통해) 미국 경제에 투자하면 성공 가능성이 크다는 메시지 역할을 했다. 다른 측면으로 달러 강세 정책의 목표는 환율 강세를 촉진하는 것이었다. 달러 환율이 올라가면 달러로 더 많은 외화를 매입할 수 있다. 그 장점은 미국인 관광객이 해외여행에서 점심을 사 먹을 때 얻을 수 있는 혜택과 마찬가지로 간단명료하다. 맥도날드에서 빅맥을 먹기로 한 미국인 관광객이 내야 할 돈이 3파운드라 치자. 달러가 강세를 띠면 그 관광객이 빅맥을 사 먹기 위해 영국 파운드화로 환전해야 하는 돈은 3달러 50센트에 불과하다. 그러나 달러가 약세면 3파운드로 환전할 때 4달러 이상이 필요해진다.

세계 다른 지역에서 외환위기가 일어난 직후에 나온 그 구호는 투자자들에게 진정제 역할을 했다. 그들은 루빈에게 새로 나온 달러 강세 정책에 대한 보상을 제공했다. 1995년 들어 달러가 고공 행진을 시작해 루빈이 재무부 장관을 지낸 4년 동안 대략 16퍼센트나 상승한 것이다.

루빈이 준비한 일련의 조치들이 구체화되기 시작했다. 클린턴은 의회에서 공화당과 협력해 정부 지출을 삭감했고, 경제가 다시 상승세를 타기 시작했음에도 연방예산 적자를 줄여나갔다. 10년 만기 국채의 수익률은 클린턴 임기 초기에 8퍼센트대였다가 1998년 4.16퍼센트로 떨어졌다. 채권 자경단원들도 투자자일 뿐이었고 그렇게 무시무시한 존재가 아니었다. 통화시장은 진정되기 시작했다. 정책 입안자들이 20년 넘게 실현하지 못한 안정세가 찾아온 것이다.

루빈의 참모들은 자기 상사가 신발도 신지 않은 채로 천장이 높은 재무부 3층 복도를 돌아다니는 모습에 익숙해졌다. 백만장자인 루빈은 화려한 커프스링크를 착용하고 넥타이를 맨 차림이었지만 양말만 신은 채로 장관실인 3330호에서 달려 나와 널찍하고 흑백 격자무늬 타일이 깔린 재무부 복도를 뛰어다녔다.

루빈의 겸손하고 수줍은 태도 뒤에는 시장에 통달한 경제 전문가의 면모가 숨어 있었다. 그는 월가의 거물급 투자은행 골드만삭스에서 수십 년의 경력을 쌓은 후 56세에 클린턴의 경세팀을 지휘하기에 이르렀다. 그는 미국의 재정을 운용하고 아메리칸 드림의 실현을 촉진하기에 안성맞춤인 자격을 갖추고 있었다. 루빈에게 재무부 장관으로서 지휘권을 얻는다는 것은 사랑하는 취미들을 상당 부분 포기해야 하는 것을 의미했다. 그는 한적한 주말 바다에서의 플라이낚시를 즐기는 대신 재무부 전용기를 타고 베이징과 쿠알라룸푸르로 가서 미국에 투자하라고 떠들어대야 했다. 국회의사당의 대리석 바닥을 가로질러 뛰어다니며 의원들에게 연방 재정 적자 급증의 위험성을 경고하기도 했다. 멕시코와 아시아의 경제 위기를 저지하기 위해 과감한 조치를 추진해야 했다.

루빈이 취임한 순간부터 환율은 그의 안건 가운데 가장 큰 부분을 차지했다.

제2차 세계대전 종전 후 급성장한 중산층이 세계 각국의 물건을 사들이기 시작하면서 세계경제는 갈수록 복잡하게 얽혔다. 냉전이 끝난 후 미국이 자본주의 체제의 가장 중요한 세력으로 떠오르고 지구를 지배함에 따라 그 같은 경향이 한층 더 가속화됐다. 그처럼 새로워진 세계 구도를 단적으로 보여주는 것이 클린턴 행정부의 대표 정책으로, 흔히 NAFTA로 불리는 1994년 발효한 북미자유무역협정이었다. NAFTA는 캐나다·멕시코·미국 간 무역 관세를 철폐하거나 축소하는 내용이었고, 그 결과로 탄생한 거대 자유무역지대는 아시아 각국이 비슷한 협정을 조직하는 계기를 마련했다(그 가운데는 중국의 WTO 입성이 있었다).

미국이 이 모든 활동을 주도하는 가운데 세계화를 중심으로 현대 경제 질서의 규범을 수립하는 역할은 루빈의 몫이었다. 이러한 본격적 경제 통합의 수확은 엄청날 것으로 예측되었다. 국경을 손쉽게 넘나들며 교역함에 따른 문화적 이점뿐 아니라 모두를 위한 번영, 중산층 확대, 인플레이션 억제, 값싼 수입품 등의 결과가 기대되었다.

그러한 정책이 반드시 성공하기 위해서는 외환 정책의 안정성과 공정성이 필수였다. 특히 환율과 관련해서는 모두가 똑같은 규칙을 따를 필요가 있었다. 환율은 기업이 해외에서 제품을 판매해 이윤을 얻을 수 있는지 여부에 직접적인 영향을 끼치기 때문이다.

루빈의 업무는 곧바로 시작되었다. 그의 아내 주디스가 1995년 1월 10일 취임식에서 남편이 왼손을 올려놓을 성경책을 들고 있다가 내려놓기 무섭게 신임 재무부 장관을 맞이하기 위해 대통령 집무실이 치워졌다. 그곳에서 루빈은 클린턴에게 멕시코 페소화를 안정시키기 위해 필요한 250억 달러 규모의 구제금융을 설명했다.

그러나 무엇보다도 달러 관리 업무가 루빈의 임기 대부분을 차지했다. 그 같은 이유 때문이었는지 루빈은 재무부 집무실 책상 근처에 날마다 달러의 중요성을 일깨우는 표어를 두었다. 표어에는 "달러는 이곳에서 시작된다The buck starts here"는 문구가 적혀 있었다.[9]

그렇다면 루빈의 달러 강세 정책은 무엇을 의미하며, 이전의 통념이나 정책과 어떻게 다를까? 루빈에게, 또 서머스와 가이트너처럼 그를 믿고 따르던 사람들에게 달러 강세 구호는 '루비노믹스Rubinomics'로 불린 광범위한 경제정책의 한 부분을 상징했다.

클린턴의 경제정책인 루비노믹스는 다음과 같이 설명할 수 있다. 연방정부의 균형 예산(아니면 최소한 적자를 줄이기 위한 예산)은 인플레이션을 억제해 경제 성장을 촉진한다. 그에 따라 장기 금리가 억제된다. 연방정부의 지출은 미국의 채무 부담을 줄이기 위해 최대한 세금 수입으로 조달되어야 한다. 이외에도 루비노믹스는 미국에 대한 투자를 장려하기 위해 외국 투자자들이 미국 국채에 쏟아부은 수조 달러를 보호하는 일에도 주력했다.

이 모든 요소를 종합하면 달러의 우위를 유지하는 정책이 된다.

반복적이고 따분한 발언

"오늘 달러가 엔화 대비 상당히 높은 수준으로 상승했는데 어떻게 생각하십니까?"[10]

1997년 4월 7일 《월스트리트 저널》의 윌리엄 머리 William Murray 기자에게 이 같은 질문을 받았을 때 루빈 장관은 베트남 하노이의 한 호텔 회의실에 있었다. 그와 기자들 사이의 연단에는 큼직한 목제 원형 인장이 부착되어 있었다. 루빈은 사흘 동안 베트남 이곳저곳을 다니며 응우옌 신 홍 Nguyễn Sinh Hùng 재무부 장관과 보 반 끼엣 Võ Văn Kiệt 총리와 회담을 했고 미국과의 무역 관계 개선을 위해 길을 닦는다는 의미에서 베트남이 오래된 전쟁 채무 1억 4600만 달러를 상환하기로 하는 협약을 체결했다.

희끗희끗한 머리가 이마까지 내려온 모습의 루빈은 호찌민에서 학생들과 악수를 나누는가 하면 하노이에서 문화 공연을 관람했다. 심지어 한 예술가가 그의 머리에 버섯 모양의 밀짚모자를 씌워주기까지 했다.

이때의 방문은 미국이 경제적·정치적 상황 때문에 미국 역사상 가장 피비린내 나는 전쟁의 도화선이 되어 한 세대 전체의 삶을 가차 없이 바꿔놓은 국가와 화해한다는 획기적인 순간으로 계획된 터였고, 그 의도는 어느 정도 성공했다. 그러나 취재를 위해 워싱턴 D.C.에서부터 베트남까지 루빈과 동행한 머리 기자는 그러한 일에는 전혀 관심이 없었다. 당시는 투자자들이 파운드화를 박살 내고 멕시코를 해체시킬 뻔했을 정도로 극적인 외환위기를 겪은 지 얼마 지나지 않은 때였다. 머리는 투자자들이 루빈에게서 듣고 싶은 말이 무엇인지 잘 알았다.

루빈은 억지 미소를 지은 채 "달러에 대한 제 견해는"이라고 운을 떼더니 "상당히 잘 알려졌지만 다시 한번 말씀드릴게요…". 그는 자신의 발언이 베트남을 수십 년 만에 방문한 미국 최고위 경제 관료로서 벌인 활동을 가려버릴 것이 확실하다고 생각했다. 그러나 그는 자신이 무엇을 말해야 하는지도 잘 알았다.

"저는 이제까지 꽤 오랫동안 유지되어 온 달러의 힘이 금리를 낮추고 물가상승률을 낮은 수준에 머물게 했으며 그에 따라 일자리 창출과 미국의 성장을 촉진했다고 생각합니다."

일반인에게는 이해하기 어려운 이야기였을지도 모르지만 금융 전문가들이 듣기에 루빈이 한 말의 영향력은 분명했다. 재무부 장관의 발언에는 그가 저렴한 수입품을 걱정하지 않으며 더 나아가 다른 나라 시장에서 미국산 제품이 너무 비싸져서 국내 제조업체가 고통을 겪을지도 모른다는 사실에도 개의치 않는다는 뜻이 담겨 있었다. 그 말은 투자자뿐 아니라 딜러 가치가 사사의 매출과 이익률에 직접적 영향을 끼치는 만큼 다른 통화 대비 달러의 예상 환율을 토대로 전략을 세우는 다국적 기업에도 명확한 신호를 전달했다.

모든 기자가 달러에 대해 질문을 던진 진짜 목표는 루빈 장관이 재무부의 외환안정기금에서 자금을 뺄 준비가 되어 있는지 확인하는 것이었다. 외환안정기금은 재무부 장관이 (물론 대통령의 승인을 받아야 하지만) 사용 권한을 지닌 유일한 자금 보유고다. 그 역사가 1930년대로 거슬러 올라가는 외환안정기금은 달러와 일본 엔화를 비롯한 몇 가지 자산으로 구성되며 재무부가 환율 정책을 관리하고 외국 정부에 신용을 제공하는 데 사용된다. 해당 기금의 액수는 변동하지만 루빈 시대에는 400억 달러대를 맴돌았다.[11]

외환딜러들은 외환안정기금이 사용될지도 모른다는 사실을 늘 염두에 두고 있었으며, 그 경우 시장이 움직일 것이 분명하므로 재무부 장관이 달러 관련 발언을 하면서 어조나 음성이 조금만 달라져도 환율 개입이 임박했다는 추측을 불러일으킬 수 있었다. 루빈이 외환안정기금을 사용하리라 투자자들이 걱정한 데는 합당한 이유가 있었다. 과거 몇 년 동안 재무부가 환율 개입에 중독되어 있었다는 사실이 잘 알려져 있었기 때문이다. 클린턴 행정부의 궁극적 목표는 환율 개입을 줄이는 것이었지만 그의 임기 동안 미국은 여섯 차례에 걸쳐 달러를 사거나 팔았으며, 그 가운데 두 건의 개입은 하루 넘게 지속되었다. 그러나 달러 가치가 일시적으로만 변동했기에 그 모든 사례는 정부의 개입이 헛수고라는 사실만을 입증할 뿐이었다. 전 세계 외환시장은 너무 커서 미국 재무부와 연준이 수십억 달러를 푼다고 해도 영향이 갈 턱이 없었다.

외환딜러들이 정말로 새로운 체제가 시작되었음을 받아들이기까지는 시간이 걸릴 수밖에 없었다. 이들은 재무부 장관이 내뱉은 단어 하나하나를 해석해 달러 가격 책정에 참고했기 때문에 루빈은 달러 강세가 유익하다는 발언을 할 때면 극도로 신중을 기했다. 세계 각국의 외환딜러들은 그가 발언할 때마다 몇 단어를 사용했는지, 단어의 순서가 어떠했는지를 기록했다. 한마디로 지난번과 얼마나 다르거나 비슷했는지를 평가할 수 있는 실마리를 찾으려 했다. 루빈이 무심결에 "강한 달러가 미국의 국익에 부합한다"는 말 대신 "미국의 국익에는 달러 강세를 유지하는 것이 좋다"고 조금이라도 다르게 말하면 외환딜러들은 달러 자산의 일부를 매도함으로써 달러 가치를 떨어뜨렸다. 물론 대부분은 일시적인 움직임에 불과했다.

《월스트리트 저널》의 머리 기자는 베트남 기자회견장에서 루빈에게 달러 가치에 대해 발언해 달라고 요청을 하자마자 곧바로 기자회견장에서 빠져나와 복도의 전화기로 달려갔고, 편집장에게 루빈이 방금 한 말을 그대로 전달했다. 투자자들이 루빈의 발언에 그만큼 민감했기 때문이었다. 편집장은 루빈의 말을 표제로 실어 세계 각국의 외환딜러들에게 전달했고, 그들은 그다음 거래를 체결하기 직전 찰나의 순간에 루빈의 말을 해석했다.

루빈이 기자회견장에서 뛰어나가는 머리를 불렀을 때 그 옆에 있던 재무부 사람들은 재미있다는 듯 웃으면서 "머리 기자, 대체 그 말을 무슨 뜻으로 해석하려고 그러나요. (중략) 어떻게 해석하든 틀릴 텐데요"라고 말했다.

루빈의 구호가 지닌 특징은 반복성이었다. 그는 기자들이 제아무리 시끄럽게 질문을 던지며 몰아붙여도 자신이 그 같은 단어를 사용한 이유를 단 한 번도 설명하지 않았다. 자동차 범퍼 스티커를 연상케 하는 그 발언의 목표는 지루함을 유발하는 것이었기 때문이다. 루빈은 달러 강세 구호를 반복적이고 따분한 형태로 전달함으로써 결과적으로 시장이 재무부 장관인 자신의 달러 관련 발언에 신경을 끊기를 바랐다. 그는 극히 드문 경우를 제외하고는 시장 개입을 삼가는 것이 시장의 신뢰를 얻는 비결이라고 믿었다. 루빈은 경력을 쌓는 내내 변호사로서 받은 훈련을 토대로 공적인 장소에서 뱉는 단어 하나하나에 극도의 정확성을 기했다. 잘못 뱉은 단어 하나가 전 세계 금융시장을 뒤흔들 수도 있었다. 루빈은 달러나 경제와 관련해 홍보 참사가 일어나면 어떤 손실이 발생할지를 잘 알았다. 그가 실언을 한다면 재무부 장관으로서의 신뢰도가 돌이킬 수 없이 훼손되어 향후의 위기를 예방하고 구두 개입으로 불안정한 시장을 진정시키는 일이 한층 더 어려워질 수도 있었다.

루빈에게 달러에 대한 기자들의 질문은 〈사랑의 블랙홀〉의 현실 버전이었다. 코미디언 빌 머리가 주인공을 맡은 이 영화에서 불평불만이 많은 기상캐스터 필 코너스에게는 날마다 똑같은 날이 반복된다. 그래도 코너스는 최소한 앤디 맥도웰이 맡은 여주인공의 사랑을 얻어내려고 애쓰는 나날을 보내지만, 루빈의 반복적인 삶에는 한 가지 주제에만 관심이 있는 기자들과 갈피를 못 잡는 외환딜러들만 돌아가며 등장했다.

그처럼 반복적인 질문과 답변은 그 후 수십 년 동안 장관들을 곤란한 상황에 빠뜨렸다. 부시의 첫 번째 재무부 장관인 폴 오닐은 2002년 키르기스스탄을 방문했을 때 달러에 대한 질문을 받아넘겼다. 그의 바로 다음 후임인 존 스노는 미주리 인디펜던스의 장난감 상점인 빌더베어 Build-A-Bear를 둘러본 뒤 손주들에게 선물할 봉제 곰 인형 세 개를 사서 안고 있었을 때 달러에 대한 질문을 받았다.[12]

2009년부터 2013년까지 재무부 장관을 지낸 가이트너는 "기자들은 재무부 장관에게서 특이하거나 흥미롭거나 한심한 발언을 이끌어내려고 한다. 자연스러운 일이다"[13]라고 말했다. 예나 지금이나 세상은 항상 재무부 장관이 내뱉는 모든 단어를 경계하고 청취한다. 그야말로 촉각을 곤두세운다.

한 번의 실언으로 전 세계 거의 모든 화폐가 투매되는 상황이 나타날 수 있다. 아니면 수십 조 달러가 오갈 정도로 시장 규모가 막대한 미국 국채 가격에 영향을 미칠 수 있다.

루빈은 재무부 장관의 직무에 발자취를 남겼고 그러한 영향력은 오랫동안 지속되고 있다. 클린턴 임기 초기에 훗날 자신이 재무부 장관으로서 실행에 옮길 정책의 수립에 관여하고 영향을 끼친 데다 월가 시절에 얻은 금융시장 관련 지식을 활용함으로써 루빈은 미국의 수석 경제 대변인이라 할 수 있는 재무부 장관의 역할을 재정립했다.

클린턴의 두 번째 임기 당시인 1999년 루빈이 사임한다는 소식이 나오자 월가는 물론 당을 초월한 워싱턴 정가와 경제 분야에서는 어느 논객의 말대로 "은퇴를 앞둔 스포츠 스타처럼 [루빈을] 떠받드는"[14] 반응이 나타났다. 경기 회복이 어떤 면에서는 대개 그 비범함 때문에 찬양받고 가끔은 그 얄팍함 때문에 비난받기도 하는, 그와 영원히 연관될 여덟 단어짜리 주문에서 비롯된 만큼 루빈은 경기 회복을 이끌어낸 인물이라 할 수 있었다. 클린턴 행정부 후반에는 서머스가 18개월 동안 재무부 장관 직책을 떠맡았고 자신이 수립 단계에 관여했으며 미국과 전 세계가 의존하게 된 루비노믹스를 이어나갔다. 루빈 덕분에 미국과 세계 각국 재무부는 외환시장 통제 경향에서 벗어났고, 그 결과 1995년 이후 달러에 대한 개입이 현저히 줄어들었다.

클린턴 시대는 경기 호황기와 동의어가 되었으며, 이는 상당 부분 연준의 도움 덕분이다. 당시 미국은 역사상 가장 긴 경제 성장기에 돌입했다. GDP는 매년 평균 4퍼센트씩 증가했고 그 기간에 가계 중위 소득은 약 1만 달러나 불어났다. 2200만 개의 일자리가 창출되면서 실업률이 4퍼센트에 머물렀다(경제학자 대다수가 나쁘지 않게 보는 수준이다). 4퍼센트를 웃돌던 물가상승률은 2.5퍼센트라는 안정적인 수준으로 잡혔다.

그뿐 아니라 루빈 본인이 자신의 가장 중요한 성취라고 말하는 업적도 있다. 한 세대 만에 처음으로 균형 예산을 달성한 것이다. 클린턴이 대통령직을 떠나던 해에는 3년 연속 흑자가 발생한 상황이었고 그 규모는 2300억 달러에 이르렀다. 경제가 탄탄한 성장을 보인 데다 예산이 남아돌면서 미국 국민이 더 많은 소비를 할 수 있는 여유를 얻자 주택과 자동차 구매가 급속도로 늘어났다.

그러나 이는 월가의 관점이었다. 미국 중서부, 즉 제조업과 농업이 중심인 러스트 벨트 지역에서는 심각한 문제가 발생하고 있었다.

제5장

나쁜 달러
THE BAD DOLLAR

2001년만 해도 미국인이라면 누구나 자기 집 주방 식료품 선반에는 웨스트버지니아 위어턴에서 생산된 제품을 하나쯤은 갖추고 있었다. 참치, 파인애플 슬라이스, 토마토소스 통조림에 사용된 캔 가운데 25퍼센트가 위어턴 제철 공장에서 통의 형태로 만들어지고 산성 용액에 담겨 처리되었다. 이 회사의 생산량이 정점에 달했던 1960년대 잡지 광고에는 "우리는 통조림 캔에 사용하는 양철판을 만들어 여러분의 삶에 편의를 더합니다"라는 문구가 실려 있었다.

1909년 어니스트 T. 위어 Ernest T. Weir가 설립한 '위어턴 철강'은 초창기부터 성공을 거두었고 현지 경제의 생명줄 역할을 함으로써 아메리칸 드림의 대표적인 사례가 되었다. 설립 후 얼마 지나지 않아 세계에서 두 번째로 큰 양철판 생산업체가 되면서 설립자 위어는

《라이프》의 표지를 장식하기까지 했다. 그때《라이프》에는 활력을 찾은 소도시 위어턴의 사진도 실렸다. 위어턴 철강의 본거지인 그 소도시에서 자란 아이들은 성장하면서 열심히 일하면 더 나은 삶을 살 수 있다는 기풍을 갖추게 되었다. 제철 용광로 근처에서 일하다가 얻은 흉터는 열심히 일했음을 증명하는 명예 훈장으로 여겨졌다.

그러나 1990년대 후반 위어턴과 그곳의 주민 2만 명은 어려운 시기를 겪고 있었다. 위어턴 철강이 운영한 현지 공장의 생산 인력은 전성기 직원 수의 약 25퍼센트에 지나지 않는 3500명으로 감축되었다.[1]

그 지역의 평균 실업률은 9퍼센트에 이르렀다. 1980년대는 총체적으로 높은 경제 성장률을 보였지만 경제 지표 전반에는 부시와 클린턴 행정부에서 추진한 무역협정의 가혹한 결과가 명확히 드러나지 않았다. NAFTA는 그 이외의 유사한 협정과 더불어 위어턴 전체에 타격을 가할 만큼 어려운 시기를 낳았다. 미국 정부에 대한 월가의 요구 사항과 소외된 지역 사람들의 요구 사항이 충돌을 빚은 일종의 계층 전쟁이 일어난 것이다.

세계화의 불안한 징조들

—

루빈과 동료들의 지휘에 따라 나라가 세계화의 길로 전진하던 그때, 중국과 일본을 비롯한 외국 정부들은 감세와 생산 장려 조치 등으로 제철 기업의 지출을 보조해 줌으로써 공정 무역의 규칙을 깨뜨렸다. 금속 가격이 폭락할 정도로 시장에는 금속 제품이 넘쳐났다. 그 가격에 맞추다가는 미국의 제철 기업이 큰 손실을 입을 것이 분명했다. 싼 가격으로 시장 점유율을 높인 다음 경쟁업체가 파산하면, 구매자들이 다른 곳으로 눈을 돌릴 수 없는 상황에서 가격을 올리는 것이 '덤핑'의 목표임은 결코 우연의 일치가 아니었다.

따라서 월가는 지출을 유지하기 위해 루비노믹스에 의존하는 민간 부문의 시장에 투자해 큰 이익을 봤던 반면 미국 철강 기업(미국 내 제조 부문 전체 문제의 축소판)의 공장 노동자들은 전 세계 철강 가격이 20년 만의 최저치로 폭락해 '미국산' 제품이 지나치게 비싸지는 상황을 경험했다.

자유무역협정을 비롯한 정책 전반은 세계 무역 규정에 위배되는 것으로 간주되었지만 미국 정부는 그러한 측면을 애써 무시하는 듯했다. 레이건 시대의 보호주의 열풍에서 얻은 교훈은 이미 희미해진 상태였다.

그러한 추세가 경제의 모든 부문에 유리하게 작용할 리가 없었다. 1997년부터 1998년까지 미국 제철 산업의 영업 이익은 절반으로 감소해 기록적인 매출 성장기를 향유한 경쟁국들과 극명한 대조를 이루었다.[2] 그 어떤 미국 기업이 생산한 철강도 외국산 철강보다 한참 더 비쌌다. 그 결과 미국 국내 공장의 인력이 감축되었다. 상황은 시대에 뒤떨어진 생산 기법과 기계 때문에 한층 더 악화했다. 반면 외국 경쟁업체들은 공장 설비에 투자할 수 있을 정도로 현금 유동성이 충분했다.

부시의 당선에 이르기까지 4년간 무려 31개나 되는 미국 철강 기업이 파산 절차에 돌입했다. 위어턴 주민 수천 명이 거리를 행진하며

"미국의 철강을 보호하라!"는 구호를 외쳤다. 이들은 세계 무역 규정 위반이 자신들의 생계를 앗아가고, 힘 있는 사람들이 그러한 위반을 계속해서 눈감아주는 상황에 자신들이 얼마나 큰 좌절감을 느끼는지 정부가 알아주기를 바랐다.

당시 노조단체인 미국노동연맹-산별조직회의 American Federation of Labor and Congress of Industrial Organizations, AFL-CIO의 톰 팰리 Tom Palley는 "새로운 달러 정책이 필요한 때"라면서 "[미국은] 강달러 발언을 중단하고 그 대신 건전한 달러 정책을 도입해야 한다"고 말했다.

루빈이 달러 강세를 원칙으로 내세운 이후 6년간 산업계와 입법부의 이목이 달러에 쏠리면서 미국 통화정책의 실체가 드러나게 되었고, 심지어 미국의 통화정책이 엇나간 세계화의 주요 원인이라는 주장까지 나왔다. 그러나 이처럼 단순한 관점으로는 근본적인 문제점을 놓칠 수밖에 없었다. 그것은 (어느 정도는 기술 발전으로 가속화된) 선진국의 탈공업화 때문에 지난 수십 년간 생산직 일자리 시장의 주축이 되어온 블루칼라 일자리 시장이 악화했다는 사실이다. 그러나 이는 미묘한 데다 겉으로 드러나지 않는 관점이었다.

시위대가 달러를 공격 목표로 삼음으로써 달러는 악행의 상징이 되었다. 이들은 전력을 다해 그 상징을 이용했다. 위어턴 철강 같은 기업이 바란 것은 징벌적 관세, 즉 외국산 철강에 더 높은 수입 관세를 매겨 미국에서 생산된 제품의 구매를 유도하는 것이었다. 클린턴이 의회에 감세를 요청하는 등의 구제 조치[3]를 내놓은 까닭도 상당 부분은 산업계의 비난 때문이었다. 그 외에도 가격을 낮추려는 목적의 덤핑을 처벌하겠다고 엄포하는 등의 조치는 일부 국가의 대미 철강 수출량이 줄어드는 결과로 이어졌다.

그러나 전반적으로는 아무것도 바뀌지 않았다. 월가가 어찌나 오랫동안 워싱턴의 정책 입안자들을 들들 볶아댔는지 강달러가 미국의 여러 부문을 망칠 수 있다는 사실을 기억하는 사람이 없는 상황이었다. 5년 후 위어턴 철강은 파산을 신청했고 회사가 있던 지역의 실업률이 치솟았다.

얼마 지나지 않아 위어턴의 소재지는 사실상 텅 비었고 초라한 쇼핑센터, 스트립 클럽, 포커 도박장 같은 곳들만 남았다. 한편 뉴욕에서는 트레이더들이 미국 주가의 움직임을 가장 정확히 보여주는 지표 가운데 하나인 S&P500 주가지수에 투자해 17퍼센트가 넘는 상승 폭을 경험하는 중이었다. 위어턴이나 그와 비슷한 소도시의 주민들은 소외된 채로 사기당한 기분을 느꼈다.

명시적으로 달러 강세를 목표로 하는 정책의 심각한 부작용 가운데 하나는 정부가 경제의 승자와 패자를 판가름하는 상황이 펼쳐진다는 점이다. 이처럼 국민의 신뢰를 배반한 정책은 좋은 정책이 되기 어렵다. 위어턴의 종말은 환율 강세와 이를 원동력으로 삼은 자유무역의 원칙을 목표로 한 정책 선호 때문에 미국 노동자들이 치러야 했던 대가가 무엇인지를 보여준다. 위어턴과 마찬가지로 펜실베이니아에서 오하이오·켄터키·인디애나에 이르는 지역의 미국 제조업 소재지들 역시 그곳에서 생산된 제품이 너무 비싸져서 매출이 부진한 바람에 위축되고 말았다. '중국산'과 '방글라데시산' 제품이 미국에서 수십만 개의 일자리를 앗아가기 시작했다.

이러한 현상으로 말미암아 미국군이 자국산 철강을 충분히 확보하지 못하면서 국가 안보에도 문제가 발생했다. 철강 제품은 국가 군사 장비의 핵심 부품이다. 미국 국방부는 미군의 철강이나 알루미늄 확보를 의무화하는 프로그램을 운영한다. 철강은 미사일, 제트기, 잠수함, 헬리콥터, 군용 차량, 그 외 군용물자 등에 사용되므로 철강 산업의 문제는 국가 수호 측면에서 중대한 문제이기도 하다.

정치 전선에서 미국 민주당은 대통령 선거 패배라는 대가를 치렀다. 2000년 11월 대선 당일에 공화당 부시는 웨스트버지니아에서 승리했는데, 이는 대공황 이후로 네 번째 승리였으며 위어턴이 위치한 핸콕 카운티 Hancock County 등의 지역에서 의외의 승리를 거둔 덕분이었다. (그 후로 핸콕 카운티는 대통령 선거에서 매번 공화당 소속 후보에게 투표했으며, 웨스트버지니아는 공화당 세력이 강력한 주가 되기에 이르렀다. 2016년 대선에서 트럼프는 대략 69퍼센트의 득표율로 웨스트버지니아에서 승리를 거두었다.[4])

강달러 정책에 대한 분노

—

부시가 취임할 때쯤 의회에서는 미국 공장 노동자들의 고난이 뜨거운 주제가 되었다. 그때처럼 루빈의 이름이 나쁜 의미로 거론된 때는 없었다.

제이 록펠러 Jay Rockefeller는 2001년 초 즈음에 루빈을 가장 큰 목소리로 비난한 사람으로 꼽힌다. 20세기 초반 석유 재벌로 유명했던 인물의 증손자인 록펠러는 웨스트버지니아의 민주당 상원의원이었다. 그는 루빈을 비롯한 클린턴 행정부의 경제팀이 미국 철강 산업을 포함한 모든 부문의 건강보다 세계화를 중요시했다고 비난했다.[5] 록펠러 상원의원이 판단하기에 미국은 끔찍한 위기에 직면해 있었다. 그는 투자자들이 월가와 미국의 노동자 중에서 전쟁의 승자를 결정하도록 내버려두고 싶지 않았다. 몬태나의 민주당 상원의원인 맥스 보커스Max Baucus는 한술 더 떠서 대통령 당선인의 신임 경제팀에게, 세계화가 제공하는 혜택을 나눠 받지 못했다고 느낀 국민에게서 세계화에 대한 "크나큰 반발"이 일어나고 있으며 그러한 반발이 경제 국수주의의 촉매가 되리라 경고했다. 노조와 제조업체는 달러 가치가 30퍼센트나 고평가되어 있다면서 부시 행정부를 상대로 달러를 떨어뜨려 달라고 로비했다.[6] 달러가 2002년 3월까지 18개월 동안 미국의 주요 교역국들 통화 대비 크게 상승했다는 이야기였다. 워싱턴에 있는 전국제조업협회National Association of Manufacturers에 따르면 단기간의 급상승 때문에 미국 제조업 수출은 1400억 달러나 급감했고, 수십만 가구가 인력 감축의 결과로 소득원을 상실해 큰 타격을 입었다.

미국 정부를 상대로 제조 기업 회원들의 목소리를 대변하는 해당 단체는 부시 행정부가 과거처럼 달러 가치를 떨어뜨리지 않으면 보호주의 요구가 더 커질 것이라고 경고했다. (철강 의존도가 높은) 미국 3대 자동차 제조업체는 이미 좌절한 상태였으며, 일본 정부가 자국 제조업체의 경쟁력을 높이기 위해 고의로 엔화를 평가절하하고 있다고 주장했다. '고평가'된 달러 때문에 미국의 자동차 수출 평균 가격은 한 대당 3700달러 상승했다. 한편 제지, 연합 산업, 화학 및 에너지 노동자 국제연맹 Paper, Allied-Industrial, Chemical and Energy Workers International Union이라는 단체는 달러 강세 때문에 지난해 10만 개의 일자리가 사라졌다고 비난했다.

워싱턴 정가나 투자업계의 그 누구도 제조업계로부터 세계화와 강달러가 모두에게 타격을 줄 수 있다는 경고를 들을 생각이 없었다. 당시 주류 경제 분야는 세계 번영의 공유, 사람과 새로운 생각의 자유로운 이동 증진, 국경 개방 같은 개념에만 치중했다. 그러나 나라가 자국 경제의 요구를 세계 나머지 지역의 요구보다 중요시해야 한다는 보호주의 개념이 1980년대 이후 처음으로 다시 등장했다. 보커스 상원의원이 이미 부시 행정부에 경고[7]했듯이 "미국인이 우선임을 받아들여야" 하는 시기였다.

다수당의 교체로 정부의 권력 구도에 변화가 일어난 21세기 초를 돌이켜보면 루빈의 강달러 정책에 대한 분노는 상당했다. 월가와 일반 국민의 이해관계가 충돌하던 때였다. 한쪽은 전적으로 탐욕에 따라 움직였고, 미국 소도시에 사는 주민들은 국가가 약속한 번영의 공유를 기대했다. 달러는 전 세계 상거래 현장에서 공용 화폐로 사용되었지만 그 부작용은 큰 고통을 유발했으며 달러 제국의 근간 자체를 흔드는 씨앗을 뿌렸다.

대통령 후보에 가장 어울리지 않는 인물이 황금색 에스컬레이터를 타고 내려와서, 위어턴의 주민들이 외쳤지만 모두가 무시했던 경고와 매우 비슷한 슬로건을 내놓은 것은 그로부터 14년 후의 일이다. 누군가 미국을 우선시해야 한다고 본격적으로 주장한 것도 14년이 지난 뒤의 일이다.

그러나 그러한 일들이 표면으로 떠오를 때까지 루빈의 후임들은 루빈의 달러 강세 정책에 내재된 또 다른 결함으로 말미암아 골머리를 앓게 된다.

제조업 출신의 재무부 장관

루빈의 강달러 신화는 그 자체로 생명력을 얻었다. 우선 미국은 달러 강세 정책 덕분에 세계 구도를 재편하는 강대국으로서 한층 더 강력한 힘을 확보했다. 대규모 경제 팽창이 가져온 이득 덕분에 미국의 중산층이 확대된 것은 두말할 필요가 없다. 그러나 금융시장이 루빈의 강달러 옹호 발언에 너무 집착했던 나머지 정교한 경제·금융 철학에서 비롯되어 재정 운영 개혁에 도움을 주었던 그 말은 단순한 선전 문구로 변질되고 말았다. 대통령에 당선된 부시가 잘 알려지지 않은 알루미늄 재벌을 재무부 장관으로 지명했을 때 일어난 일을 살펴보자. 이때 "강한 달러가 미국의 국익에 부합한다"는 말에 집착하고 있던 투자자 집단은 또 한 차례 횡포를 부리기 시작했다.

오닐은 직설적인 인물이었다. 그는 공적으로나 사적으로나 똑같은 방식으로 말했다. 상관인 부시에게든 그 많은 손주에게든 누구에게도 점잔 빼는 일이 없었다. 중서부 세인트루이스의 가난한 가정 출신[8]인 (실제로 전기도 수도도 없는 집에서 태어난) 오닐은 자기 생각을 이야기하거나 가치관을 표현하는 일에 거리낌이 없었다. 1987년 제조 대

기업인 '알코아주식회사'의 최고경영자가 되었을 때는 흑인이나 여성을 회원으로 받아들이지 않는다는 이유로 펜실베이니아 어느 골프 클럽의 법인 회원권을 해지하기도 했다.[9] ('진보주의 기업지배구조'라는 개념이 등장하기 수십 년도 전에 이런 견해는 이례적인 것이었다).

오닐은 미국의 제72대 재무부 장관으로 임명되기 전 31일 동안은 월가의 지지를 받았다. 사실 그는 부시가 지명한 장관 후보자 중에 가장 폭넓은 찬사를 받은 사람이었다. 민주당, 공화당, 경제 분야에서 신적인 지위를 누렸던 그린스펀 연준 의장 등 모두가 오닐의 뛰어난 경력에 좋은 인상을 받았다. 물론 금융 부문 경험이 전혀 없는 그를 미국의 공공 재정을 감독할 장관으로 지명했다는 것은 의외의 선택이긴 했지만, 모든 사람이 외부자에게 재무부의 운영을 맡기는 것을 참신한 일이라고 생각했다.

부시는 오닐이 산업계와 정부에서 쌓은 최상의 경험을 보고 그를 선택했다. 신임 행정부에 합류한 65세까지 자수성가로 6000만 달러의 재산을 모은 사람이었다.[10] 닉슨과 포드 행정부에 몸담았기에 공직 경험이 있었지만 직업 생활의 대부분을 기업 경영에 바쳤으며, 특히 그의 경력은 1990년대에 13년 동안 세계 최대 알루미늄 제조업체의 수장을 맡으면서 정점을 찍었다.

오닐은 노력을 기울인 덕분에 주식 및 채권 트레이더 수백 명보다 한 차원 위에 올라서 있었다. 사실 그들은 금융시장 전반이 이미 상승세를 타고 있었을 때 수백만 달러의 수익을 냈다는 이유로 선각자인 양 행세했던 사람들이다. 반면 오닐이 알코아 최고경영자 자리에 올랐을 때 그곳의 주가는 5달러였고 알루미늄 가격은 하향하는 추세였다. 그런데 그가 은퇴할 때쯤 알코아의 주가는 주당 40달러에 달했다.

오닐은 호의적인 평가를 받는 것처럼 보였다.[11] 자신의 말마따나 (난해한 금융상품을 취급하는 사람들과는 대조적으로) "물건을 만드는 저기 저 세계에서" 경력을 쌓았고, 그 덕분에 전임자들과 달리 미국 경제의 중요한 측면을 이해하고 있었기 때문이다.

그러나 오닐과 투자자들의 밀월 기간은 그가 취임하기도 전에 끝나고 말았다. 순전히 환율 발언에 대한 월가의 과민 반응과 신임 행정부가 과거처럼 다시 달러 가치를 공격적으로 통제할 것이라는 전망 때문이었다.

2001년 1월 인준 청문회 전날, 2000단어짜리 기사의 끝 문장이 전 세계 금융시장을 공포로 몰아넣었다. "그는 수출입자이기에 달러 악세를 선호할 것으로 예상되지만 이러한 의문에 대해 그 어떤 발언도 하지 않았다"[12]라는 문장이었다. 이 기사는《뉴욕타임스》1면에 실렸고 오닐에게 큰 해를 끼쳤다.

투자자들은 즉시 역정을 냈고 달러를 대량으로 매도했다.[13] 이로써 달러는 한 달 만에 가장 큰 일일 하락 폭을 보였다.

트레이더들은 금융시장 경험이 없다는 사실 때문에 오닐에게 찬사를 보냈지만, 막상 그가 취임을 앞두자 바로 그 이유로 갑작스레 걱정에 빠졌다. 그가 재무부 장관으로 취임하면 수십 년 동안 제조업에서 익힌 습관을 버리지 못하고 달러 약세를 선호할까 봐서였다. 1985년 미국이 달러 가치를 떨어뜨리겠다는 목표 하나만으로 플라자합의를 체결했을 때 오닐이 경영하고 있던 제지 기업은 협정의 결과물인 약弱달러 덕분에 엄청난 이득을 얻었다.

그 같은 논리에 따라 트레이더들은 재무부가 오닐의 지휘를 받는 순간 달러 강세 정책을 철회할지도 모른다고 우려했다. 오닐은 지명 사실이 발표된 이후 공개적으로 한마디도 하지 않기 때문에 트레이더들의 우려는 추측에 불과했다. 그러나 그들은 제조업 종사자 출신의 재무부 장관에게 어떻게 대응해야 할지 막막했다. 오닐은 본인들 말마따나 "시장 기반"의 재무부 장관[14]과는 판이했고 자신들 부류가 아니었다.

그뿐 아니라 트레이더들은 달러 강세 정책이 투자자와 노동자계층의 분열을 초래한 것이 맞는지 의문을 품었다. 월가의 애널리스트들은 오닐이 취임하는 순간 시장에 개입해 달러를 강제로 평가절하하리라는 판단을 근거로 고객들에게 투자 전략을 수정하라는 조언에 나섰다. 그 정도로 금융가의 불안감은 컸다. 도쿄부터 런던과 뉴욕에 이르는 금융 중심지의 전문가 수천 명이 오닐에게서 듣고 싶은 말은 딱 한 가지였다. 그것은 강한 달러가 미국의 국익에 부합한다는 말이었다.

어느 경제 전문가는 "그가 '미국은 강력한 달러를 원한다'는 원칙을 고수하는 한 시장 때문에 큰 고생을 할 일이 없다"[15]고 말했다. 그들이 보기에 루빈의 구호는 미국 소비자들이 계속해서 저렴한 외국산 제품을 마음껏 사들여 자본이 지속적으로 경제에 유입되도록 함으로써 경제 통합을 촉진하겠다는 공약을 대변했다.

대체로 시장은 행정부의 정책이 신뢰를 받고 있느냐 여부를 가장 명확하게 보여주는 지표이자 일종의 여론조사로서 정부 관료의 주목을 받는다. 신임 부시 행정부의 경제팀은 오닐이 월가의 신뢰를 얻는 것이 급선무라고 생각했다. 물론 그에 앞서 오닐은 대국민 홍보 차원의 얄팍한 검증을 통과해야 했다.

경제팀은 오닐의 인준 청문회가 달러에 대한 그의 의중을 보여주는 시험대 역할을 하도록 세계 각국의 투자자와 재무부 장관 들에게 청문회를 생중계하기로 했다. 청문회의 상당 부분이 달러 발언 자체에 집중될 터였으므로 오닐과 그의 보좌관들은 그에 맞춰 계획을 짰다.[16] 오닐은 워싱턴 정가 용어로 "살인적인 심사위원회 murder board"로 불리며 적대적인 국회의원인 척하면서 지명자에게 반대 심문을 하는 이들과의 연습을 통해 청문회를 준비했다. 그 과정에서 그들은 월가의 가장 큰 의문인 "오닐은 달러 강세 정책을 지지하는가, 반대하는가?"에 대한 답을 신임 재무부 장관의 첫 발언으로 내놓아야 한다고 판단했다.

오닐과 달러 드라마

―

부시의 대통령 취임식 사흘 전인 2001년 1월 17일 수요일 오전 9시 30분, 오닐은 워싱턴D.C. '헌법대로 Constitution Avenue'에 있는 더크슨 상원의원 회관 안의 청문회실로 들어섰다. 짙은 녹색 천으로 덮인 육중한 목재 탁자에 자리를 잡았다. 그와 마주한 자리에는 응원을 위해 참석한 자녀들과 손주들이 앉아 있었다. 오닐의 앞에는 온갖 사진기자들이 바닥에 웅크린 채로 기다리고 있었고, 그가 입을 여는 순간 그들의 카메라 셔터가 쉴 새 없이 찰칵거리기 시작했다.

수백만 달러의 부를 소유한 알루미늄 재벌 오닐은 15명 정도의 상원의원에게 자신이 공직계의 최고위직인 재무부 장관에 적합한 인물임을 증명할 준비가 되어 있었다. 그들은 재무부를 감독하는 상원 재무위원회 Senate Finance Committee 소속 의원들이었고 다른 사람들보다 최소한 60센티미터 정도 높은 말굽 형태의 단에 앉아 있었다. 한마디로 자신들의 목표물을 내려다보는 자리였다.

그 순간 오닐은 엄청난 성공을 거둔 기업의 수장이 아니라 면접을 보는 취업 지망생에 불과했다. 그리고 원하는 사람은 누구나 그 면접 내용을 청취할 수 있었다.

오닐은 아내와 가족에 대한 소개로 시작하는 관례를 따르지 않고 전날 연습한 바와 같이 곧장 본론으로 들어갔다. 보고 읽을 자료 한 장 준비하지 않은 채로 양 팔꿈치를 탁자에 대고 탁자를 씌운 천의 보풀을 가볍게 뜯어내더니 지명된 이후 세 번째 공식 발언을 내놓았다. "저는 제가 지명된 이후 지난 몇 주간 두세 가지 사안에 언론의 엄청난 관심이 쏟아졌다는 사실을 잘 알고 있습니다.[17] 그리고 텔레비전 영상을 너무 많이 낭비하는 일이 없도록 초반부터 단도직입적으로 말하고자 합니다. 저는 강력한 달러를 선호합니다. 어째서 사람들이 정반대로 생각하는지 이해할 수 없군요."

한 무리의 기자들이 순식간에 현장을 빠져나가더니 청문회실 바깥에 있는 전화기 쪽으로 달려가서 편집장에게 오닐의 발언을 보고했다. 몇 초 만에 "오닐의 발언으로 달러가 거의 1년 반 만에 엔화 대비 최고치를 기록하다"[18]라는 식의 헤드라인이 트레이더들에게 실시간으로 정보를 제공하는 블룸버그 단말기를 빠른 속도로 가로질렀다. 투자자들이 안도의 한숨을 내쉴 수 있는 명백한 신호였다.

오닐의 민첩한 발언으로 루빈의 달러 강세 원칙은 당파를 초월한 슬로건이 되었다.

그러나 오닐과 금융시장의 전쟁은 이제 막 시작되었을 뿐이다. 재무부 장관이 된 오닐은 그 후 23개월을 지속적인 갈등 속에서 보내면서도 자신에게 달러 강세 정책을 비롯해 경제 계획의 주요 과제를 성공적으로 뒷받침할 것을 주문한 대통령의 뜻을 따르고자 애썼다.

오닐의 임기 동안 달러는 8퍼센트 하락했는데 거의 전적으로 그의 통제 범위 밖에 있는 요인들 때문이었다. 그는 달러의 가치가 경제 펀더멘털을 반영하게 마련이라 생각했고, 재무부 수장으로서 미국 경제의 펀더멘털을 탄탄하게 만들고자 했다. 안타깝게도 그러한 생각은 부시 행정부의 경제정책과 어긋나는 것이었다. 행정부의 정책에는 재정 규율 fiscal discipline이 부족했는데 오닐은 재정 규율이 있는 경제정책을 시행해야 경제에 활력이 돌아 달러 가치를 반등시킬 수 있다고 생각했다.

투자자들이 간과하고 오닐이 제대로 전달하지 못한 사실은 부시의 경제 계획이 고의는 아니지만 자연스레 달러 약세로 이어질 수밖에 없는 정책이었다는 점이다. 부시와 오닐은 10년째 이어지던 미국의 경기 팽창세가 끝나가던 시점에 취임했다. 취임 2개월 차 정도였던 2001년 3월에는 8개월 동안 이어질 경기 침체가 시작되었고 실업률이 조금씩 상승하기 시작했다.[19] 부시 행정부는 경제에 활력을 불어넣기 위해 작은 정부를 선호하는 공화당이 자연스레 의존하는 경제 방면의 도구, 즉 세금 감면을 활용하기로 했다. 9·11 테러 때문에 만사가 뒤집히기 전인 평화기에 세금 감면은 (정부 지출의 자금줄인) 미국의 세금 수입을 1조 달러 이상 깎아 먹을 것으로 예측되었다.[20]

오닐이 겪은 달러 드라마는 일종의 게임이었다. 투자자들은 재무부 장관이 달러 관련 발언을 내놓았으면 했고, 그 덕분에 생긴 일시적인 변동성을 이용해 단시간에 막대한 수익을 얻고자 했다. 그들은 기자들을 부추겨서 오닐이 정확한 진실을 말할수록 상황이 더 나빠지기만 하는 일종의 중국식 손가락 함정(Chinese finger trap, 손가락을 바깥으로 빼내려고 할수록 죄어드는 장난감 — 옮긴이)을 만들어냈다. 월가의 집착은 부시의 임기 내내 해로운 영향을 끼쳤고 결국 달러 강세 정책의 명백한 결함을 노출시켰다. 부시 행정부의 재무부 장관은 기자와 투자자들에게 2000년대 초반 시점에서 달러 강세 정책이 내포한 결함을 알리려 애썼지만, 그들은 재무부 장관이 루빈의 여덟 단어짜리 구호를 로봇처럼 되풀이하기만을 바랐다.

오닐은 달러 발언이 지뢰밭 내딛기처럼 변해버린 상황에 좌절했고, 어느 날은 내심 약달러를 바라지 않느냐는 기자의 질문에 자신이 미국의 통화정책을 수정할 일이 있으면 야구장을 빌려 새로운 정책을 발표할 것이므로 기자들이 금세 알게 될 것이라고 답변했다. 달러 정책을 둘러싼 긴장감이 얼마나 첨예했는지를 보여준 발언이다. 또한 이를 통해 오닐이 민감한 정책 신호를 미묘하게 전달하는 법에 익숙하지 못함을 알 수 있다. 그 후 기자들은 가나·브라질·미국 국내 등을 순방 중인 오닐을 쫓아다니며 "아직도 양키 스타디움을 안 빌리셨어요?"[21]라고 외치곤 했다.

오닐은 그 질문에 웃지 않았다.

익명을 요구한 전직 재무부 관료의 말을 빌리자면 부시 임기를 거치는 동안 달러 강세 구호는 "합리성을 상실"[22]한 말이 되어버렸다.

제6장
전쟁 본부가 된 재무부
A WAR OFFICE FOR TREASURY

도쿄 히비야 지역의 제국호텔은 투숙객이 개인적으로 이용할 수 있는 다도실과 호화로운 사우나를 자랑한다. "사치와 안락함의 오아시스"[1]라는 평가를 듣는 호텔이다. 오닐에게 제국호텔은 상하이와 베이징에서 일주일 동안 연속된 회의와 네 시간의 비행 후에 만난 최종 목적지에 불과했다. 그는 그저 아내에게 전화해 생일 축하한다는 말을 전하고 나서 킹사이즈 침대에 뻗어 자는 것 외에는 아무것도 원하지 않았다. 그날은 2001년 9월 11일이었다.

오닐은 밤 10시에 (워싱턴보다 13시간 빠른) 도쿄의 호텔에 도착하자마자 넥타이를 풀면서 뉴스를 켰다. 그러고는 자신이 본 광경에 충격을 받았다. 그는 호화로운 호텔 객실의 침대 가장자리에 걸터앉은 채로 CNN 화면에 펼쳐지는 참혹한 장면을 보면서 본국의 미국인 대다수와 마찬가지로 항공 관제사들이 끔찍한 실수를 저질렀음이 분명하다고 생각했다. 구름 한 점 없이 맑은 아침에 여객기가 맨해튼의 고층빌딩에 충돌할 이유가 달리 무엇이 있다는 말인가?

초기 보도로 혼란이 일어난 가운데 정확한 답이 나오기까지는 시간이 걸렸다. 어쨌든 도쿄 시각으로 자정 즈음에는 미국이 공격받았다는 사실이 분명해졌다.

오닐은 텔레비전 화면에 시선을 고정한 채로 두 사람이 손을 잡고 세계무역센터 빌딩에서 뛰어내리는 광경을 두려움에 떨며 지켜보았다. 오닐의 수석보좌관으로 큰 키에 남부 억양이 묻어나는 부드러운 말투의 켄터키 토박이인 팀 애덤스Tim Adams가 그의 객실을 들락날락했다. 그러는 동안 (기자들을 비롯한) 나머지 수행원들은 호텔 로비에서 함께 뉴스를 시청했다. 애덤스는 자신이 해야 할 일을 알고 있었다. 일본 재무대신 및 일본은행 총재와의 회의를 취소한 다음 본국으로 돌아갈 방법을 찾아야 했다.

재무부, 최전방에 서다

테러리스트들은 그날 미국 경제의 심장부를 겨냥했다. 세계무역센터는 32개의 투자회사, 수천 명의 금융산업 종사자, 다양한 금융서비스 업체 등이 입주해 있는 곳이었다. 뉴욕 증권거래소에서 불과 여섯 블록 떨어진 곳이기도 했다. 첫 번째 여객기가 충돌한 때는 오전 8시 46분으로 거래 시작 45분 전이었다. 당연히 미국 금융시장은 그날

장을 열지 못했다. 그 후 엿새 동안 폐장에 들어갔다.

미국의 폐장은 세계 각국에 주가 급락을 불러왔고 궁극적으로 그 주에만 세계 금융시장에서 1조 4000만 달러가 사라졌다. 그다음 주에도 S&P500 주가지수가 추가로 14퍼센트 폭락했다. 온 세상이 테러리스트들에게 또 다른 계획이 있는지, 이번 사건이 미국의 다른 지역과 경제에 어떤 영향을 끼칠지 궁금해하는 상황에서, 런던에서 방콕과 오사카에 이르는 세계 각국의 주식 트레이더들은 거래를 중단했다.

세계에서 경제 규모가 가장 크고 강력한 미국의 자산은 예로부터 혼란한 시기가 찾아올 때마다 피난처 역할을 했다. 그러나 9·11 테러가 터지고 며칠 동안 미국의 주식시장이 대공황 이후 처음으로 문을 닫아버리면서 그 피난처는 갑자기 취약한 곳으로 인식되었다.[2]

어느 시장 전략가는 "미국의 통화에 상반된 힘이 작용하고 있다"면서 "미국의 전통적인 자산 피난처 역할이 미국이 직접 공격을 받았다는 사실과 충돌 중인 것이다"[3]라고 말했다.

오닐은 투자자들을 안심시키고 달러가 폭락세로 치달을 것이라는 추측을 잠재우기 위해 성명서를 발표했다. "오늘의 비극에 직면해서도 금융 시스템은 놀랍도록 훌륭하게 작동했으며, 나는 앞으로도 금융 시스템이 제대로 작동하리라 확신합니다"[4]라는 내용이었다.

다음 날 아침 도쿄의 미국 대사관은 오닐, 애덤스, 경제학자이자 재무부의 국제정세 담당 차관 존 테일러John Taylor, 재무부 수석 대변인 미셸 데이비스Michele Davis를 비롯한 몇 명을 태울 차량을 보냈다(나머지 사람은 나중에 워싱턴으로 돌아가게 된다). 연방정부는 오닐 같은 필수 인력을 위해 원래 분쟁 지역으로 화물을 나르는 용도로 생산되는 C-17 수송기를 항공편으로 준비했다.

몹시도 추운 12시간의 비행이었다. 그날 일행이 탄 것은 탱크를 싣도록 설계된 군용기로, 동체의 하부가 뻥 뚫려 있고 높이가 약 3.65미터에 이르는 데다 창문이 거의 없어 소리가 울리는 구조였다. 앉을 만한 곳이라곤 금속제 벽에 볼트로 고정되어 등받이를 젖힐 수 없도록 열 지어 있는 보조 좌석 아니면 알루미늄으로 된 차가운 맨바닥뿐이었다. 모든 이의 뇌리에 도시가 불타오르는 모습이 스쳐 지나갔고 일행은 또 다른 공포가 상공에 도사리고 있을지도 모른다는 생각을 떨쳐내기 위해 애썼다.[5]

재무부 장관은 작은 모직 담요만 덮고 기압이 낮아진 선실의 소음을 듣지 않기 위해 양쪽 귀에 귀마개를 끼운 채로 얼음처럼 차가운 알루미늄 바닥에서 지디 깨기를 반복하거나, 여객기 네 대의 조종석을 점령한 테러리스트들의 잔인하고 냉혹한 계산을 생각하고 괴로워하면서 그날 밤을 보냈다. 쓰라린 감정을 이겨내려고 애쓰는 동안에도 오닐의 애국심은 굳건했다. 훗날 그는 으스스했던 그날의 비행을 회고하는 과정에서 "미국 영토에 대한 공격은 우리 시스템의 비범성이 우리가 일하는 건물이 아니라 우리 국민의 마음과 생각 속에 있다는 사실을 이해하지"[6] 못해서 발생한 일이었다고 말했다.

조종사들은 워싱턴으로 더 빨리 귀환하기 위해 알래스카에서 날아온 공중 급유기를 상공에서 만나 연료를 보충했다. 그들이 미국 본토에 도착했을 때 레이더 화면은 거의 텅 빈 상태였다. 그 어떤 상용 항공기의 비행도 허용되지 않았기 때문이다. 그들이 재무부에서

24킬로미터 정도 떨어진 앤드루스 공군기지에 착륙했을 때 밖을 내다보던 데이비스의 눈앞에는 수백 명의 군인이 기관총을 손에 들고 수송기를 둘러싸는 모습이 펼쳐졌다.[7] 데이비스와 테일러 모두 부시 산하의 재무부에서 일하기 위해 계약을 맺었을 때만 해도 자신들이 이 정도의 최전방에 서리라고는 상상조차 하지 못했다.

미국은 바뀌어 있었다.

그다음에 일어난 일은 미국 달러가 얼마나 강력한 힘을 지녔는지를 온 세상에 보여주었다. 이번에는 달러가 환율 측면에서가 아니라 악한 자들을 징벌하고 미국의 대외정책과 세계 안보 목표를 추진하며, 무엇보다 미국 국민의 안전을 지키는 수단으로써 그 강력함을 떨쳤다. 미국군이 알카에다와 탈레반에게 실제 전쟁 무기를 발사하기 13일 전, 부시는 미국 재무부의 힘을 활용해 테러와의 전쟁을 시작했다.

2001년 9월 24일 오전 9시 35분, 부시는 백악관 장미정원에서 대통령 인장으로 장식한 연단을 앞에 두고 발판 위에 서 있었다. 거센 바람이 부는 아침이었고 잿빛 하늘은 그날 대여섯 차례에 걸쳐 그 지역을 덮칠 위험한 토네이도를 예고하고 있었다. 그러나 연단에 선 부시는 미국의 힘을 한껏 내보였다. 그는 여섯 개의 성조기에 둘러싸여 있었고, 그 뒤에는 집무실로 이어진 동쪽 유리문과 백악관을 상징하는 외관이 보였다.

부시는 오닐과 콜린 파월 국무부 장관을 양옆에 둔 채로 그날 자정쯤 "한 번의 펜 놀림으로" 테러와의 전쟁이 시작되었다면서 자신이 미국의 적들을 벌하기 위해 달러의 힘을 활용해서 "전 세계 테러 네트워크의 금융 기반"을 공격할 것이라고 온 세상에 선언했다.[8] 그는 국내와 국제 비상사태에 대한 법적 권한을 결합해 행정 명령을 선포했으며, 이로써 재무부는 그 즉시 테러리스트 개인, 테러 단체 또는 그들과 관련이 있다고 알려진 이들의 미국 내 자산을 동결하고 거래를 차단하는 권한을 얻었다. 이에 더해 부시는 테러리스트들의 자금을 남김없이 털기 위해 해외 테러리스트 자산추적센터Foreign Terrorist Asset Tracking Center를 신설했는데 이곳은 연방 기관과의 공조로 테러 자금의 출처를 파악하고 또 다른 공격이 발생하기 전에 자금을 동결하는 역할을 맡게 되었다.

그뿐 아니라 부시의 행정 명령으로 미국 금융 시스템에서 차단되어 더 이상 달러에 접근할 수 없게 된 27개 단체와 기업의 이름이 공개되었다. 부시의 발표 직후 오닐은 테러리스트들에게 직접 말하듯이 "우리는 자원을 제공함으로써 그 같은 악행을 가능하게 한 당신들을 응징할 것"[9]이라고 단언했다.

미국의 수도 워싱턴D.C.에 거센 바람이 불던 9월의 그날, 대통령은 세 번의 대규모 전쟁(남북전쟁과 제1·2차 세계대전)을 겪으면서 우뚝 선 달러의 지배력과 루빈이 고안한 달러 강세 원칙 덕분에 미국 역사상 가장 암울한 시기에 세계 금융을 대외정책의 중요한 방편으로 이용할 수 있었다. 부시는 경제 제재를 확대했으며 적들을 벌하고 자신이 이끄는 민주주의 국가를 보호하기 위해 이제 세계 준비자산인 달러의 힘을 빌리려 하고 있었다.

세계무역센터와 두려움에 떠는 투자자들

―

9·11 테러 이후 며칠 동안 오닐에게는 한꺼번에 처리할 과제들이 있었다. 재무부는 백악관 바로 옆에 자리 잡고 있었고 실제로 두 건물 사이에는 약 137미터의 길과 약 3.65미터 높이의 '자유의 종' 복제품만이 놓여 있었다. 그처럼 가까운 탓에 백악관이라는 더 큰 목표물이 공격을 받으면 재무부도 위험에 빠질 수 있었다. 재무부와 백악관 앞에 서 있는 군용 탱크들을 보면 곧 닥칠지 모를 위협이 끊임없이 상기되었다. 연방정부는 재무부 건물이 파괴될 경우에 대비해 비상 대피 계획을 세웠다. 그 가운데는 펜실베이니아 대로가 공격당할 때 외환안정기금을 관리하는 재무부 직원들이 대피할 경로도 포함되어 있었다. (그 당시 300억 달러에 이르렀던) 외환안정기금의 활용 능력을 보호하는 것[10]은 꼭 필요한 일이었다. 또 다른 공격이 일어나 금융시장이 무질서해질 경우 외환안정기금의 활용이 필수였기 때문이다. 당시는 재무부 공격 같은 대형 사태가 임박한 듯한 분위기였다.

9·11 테러 직후 주식·채권·통화 거래소에는 테러 공격이 미국의 거대한 금융시장을 떠받치는 배관망을 심각하게 훼손했다는 두려움이 확산되었다. 수십만 개의 전화선과 4억 개의 데이터 회로가 두절되어 증권·채권·선물상품·옵션 등의 주요 금융상품 거래에 차질이 빚어졌다.[11] 세계무역센터 남쪽 타워의 컴퓨터 기록은 북쪽 타워에, 북쪽 타워의 기록은 남쪽 타워에 저장하는 형태였기 때문에 통신과 거래에 필요한 자료들이 증발했다.

테러 이후 거의 일주일간 문을 닫은 뉴욕증권거래소도 문제였다.

설상가상으로 맨해튼 남부가 파괴됨으로써 3조 달러 규모인 '거비(govvy, 시장 내부자들이 재무부 발행 국채를 일컫는 별칭)' 시장의 물리적 기반 역시 타격을 입었다. 미국 국채는 가장 광범위하게 보급된 채권 상품으로 세계 금융시장에서 가장 중요한 역할을 해왔으며 여전히 그러하다. 재무부가 그러한 국채를 발행하므로 그 산하의 국내금융실Office of Domestic Finance은 뉴욕 내 금융 업무 재개에 깊숙이 관여해야 했다. 그에 따라 이곳은 (투자자 보호와 효율적인 시장 유지를 담당하는) 증권거래위원회와 더불어 뉴욕증권거래소의 재개장에 큰 역할을 하게 된다.

매우 급박한 상황이었다. 오닐은 대통령에게 미국의 힘과 지속성을 보여주려면 시장을 성공적으로 재개장할 기회가 단 한 번뿐이라고 보고했다. 이토록 취약한 시기에 실패를 거두면 미국의 이미지를 강화하기 위한 활동에 타격이 갈 터였다. 그러나 증권거래소 재개장은 감정적으로나 물류 측면으로나 복잡하기 이를 데 없는 직업이있다. 뉴욕증권거래소에서 일하는 사람들에게는 저마다 바로 얼마 전에 죽은 친구와 점심을 같이 먹던 지인이 있었다. 맨해튼에서 테러로 목숨을 잃은 사람들 가운데 약 75퍼센트가 금융계 종사자였다. 불에 탄 고무 냄새, 한때 세계무역센터의 터전이었으나 지금은 연기가 솟아오르는 구덩이, 대규모로 배치된 경찰 인력 때문에 세계에서 가장 막강한 금융 지구는 마치 전쟁터 같은 느낌을 풍겼다.

미국 전역에서 뱅크런(수많은 고객이 예금과 수표 계좌에서 동시에 돈을 인출하는 현상)이 일어날 수 있다는 우려가 언론의 헤드라인으로 보도되자 정부는 강력하게 조치하기로 했다. 하루 정도 지났을 때 연준은 "열려 있으며 활동 중"이므로 투자자의 유동성 수요를 맞출 준비가 되어 있다고 발표했다. 미국 국민이 예금과 수표 계좌에 둔 돈을 지급 보장하는 연방예금보험공사는 그 시기 동안 모든 이의 "돈이 안전하다"[12]고 선언했다.

뉴욕증권거래소는 증권거래위원회, 민간 부문 공학자, 채권 운용을 담당하는 (그리고 당시에 은색의 단단한 서류 가방과 보안 장치가 된 전화기를 쥔 모습으로 자주 눈에 띄었던) 피터 피셔 Peter Fisher 차관 등 재무부 관료들의 도움을 받아 밤낮없이 작업했다.

그들은 새 전화선을 설치하고 임시 사무 공간을 마련한 다음 데이터 센터에 용케 저장된 9월 11일의 거래 정보를 분석해 주문은 나갔지만 체결이 되지 않았거나 장부에 기록되지 않은 거래 내용을 재구성하기 시작했다. 투자자들은 두려움에 차 있었다. 장이 다시 열린다 해도 간신히 복구된 시장이 하루 동안 문제없이 버티리라는 보장은 없었다. 기술 장애가 일어나면 금융시장에 중요한 영향을 미치는 투자 심리가 꺾일 수 있었다. 모두가 대규모 투매에 나설 준비가 되어 있었다. 경기 침체 전망이 나온 가운데 미국 주식은 10퍼센트 하락할 것으로 예상되었다. 이 같은 주가 하락에는 무엇보다도 여행객들이 항공기 이용을 꺼린 데 따른 항공사 주식 급락과 소비 심리 약화가 크게 작용했다.

정부는 드러내놓고 모든 이에게 평정을 유지하라고 설득했다. 테러 이후 시장 혼란으로 자신이 운영하는 투자회사가 24억 달러의 손실을 입은 워런 버핏 등의 투자자들은 뉴욕증권거래소 재개장 하루 전에 텔레비전에 출연해 시장 개장 후에 자신들이 주식을 매도하는 일은 없을 것이라고 미국 국민에게 약속했다. 특히 버핏은 "일주일쯤 전에 느낌이 좋았던 기업의 주식을 한 주라도 보유하고 있다면 [지금] 매도하는 것은 미친 짓"[13]이라고 말했다.

오닐은 뉴욕증권거래소가 문을 열기 몇 시간 전에 투자자들에게 "미국 주식을 매수하라"는 메시지를 전달하기 위해 금융 전문 방송국이 아닌 지상파 방송국의 주류 프로그램 ABC 방송국의 〈굿모닝 아메리카Good Morning America〉에 출연해 "내가 만약 주식을 살 수 있는 입장이라면 몽땅 다 사들일 텐데요."라고 말했다. (그는 경제를 좌지우지할 수 있는 장관 자리에 있었으므로 주식을 적극적으로 거래할 수 없었다.)

9월 17일 월요일, 그린스펀 연준 의장은 주식시장 종이 울리기 한 시간 전에 연준의 대출 금리를 0.5퍼센트포인트 인상해 3퍼센트에 이르게 했다. 투자 심리와 소비 심리를 한층 더 북돋우려는 조치였다. 그때쯤 오닐의 차량 행렬은 신고진주의 양식의 뉴욕증권거래소 건물이 있는 맨해튼 남부의 월가 11번지에 가까워지고 있었다.

뉴욕주 상원의원 힐러리 클린턴과 척 슈머Chuck Schumer, 뉴욕증권거래소의 리처드 그라소Richard Grasso 회장, 뉴욕시 경찰 및 소방 당국 관계자들은 오닐과 함께 객장에 서서 2분 동안 묵념했다. 약 1490제곱미터 면적의 객장에 모여선 그들은 주식 이름과 시세를 쏜살같이 보여주는 대형 스크린에 둘러싸여 〈신이여 미국을 축복하소서 God Bless America〉를 불렀고 정확히 오전 9시 30분에 개장을 알리는 종을 울렸다. 오닐은 손에 쥔 소형 성조기를 흔들었다.

나스닥종합지수Nasdaq Composite index와 S&P500 지수 둘 다 5퍼센트 정도 하락하는 등 미국 주식은 오전 장에서 급락했지만 정부가 우려했던 최악의 상황에 비하면 훨씬 적은 낙폭이었다. 오닐은 트레이더, 경찰관, 소방관 들에 둘러싸여 "미국 경제는 탄탄하며 (중략) 우리 상황은 좋아질 겁니다"라고 말했다. 그의 뒤에는 커다란 국기의 붉고 하얀 줄무늬가 선명하게 보였다. 그에 이어 "우리는 전 세계에 회복력을, 진정한 회복력이 어떤 것인지를 보여줄 것이며 그 역겨운 인간들을 반드시 잡아낼 것입니다"[14]라고 선언했다.

금융전쟁의 작전실

―

부시 행정부는 국가 안보를 강화하기 위해 2001년 제정한 '미국 애국법 USA PATRIOT Act of 2001' 등의 법 시행에 전속력을 냈다. 미국 애국법은 정부의 감시 권한을 확대함으로써 사생활 보호를 외치는 이들의 반발을 사는 등 논란을 불러일으켰다. 그러나 재무부가 해당 법을 통해 자금 유입을 차단하고 자금 경로를 추적할 수 있는 권한을 얻게 되면서 테러 활동을 파악하고 테러 공격을 미연에 방지할 수 있게 된 부분은 비교적 논란이 덜했다.

대규모 파괴 행위를 사전에 저지하려면 자금 추적이 필수였다. 부시 시절 백악관과 재무부에서 일했던 후안 자라테 Juan Zarate는 그의 책 《재무부의 전쟁 Treasury's War》에서 테러리스트 집단이 자살 폭탄 테러 한 건을 일으키는 데 드는 비용은 100달러 정도지만 이외에도 고난도의 훈련 비용과 사망한 테러리스트의 유가족에게 지급할 연금이 필요하다고 지적했다. 자금을 옮길 때는 항상 흔적이 남는다. 특히 은행이 자금을 이체할 때는 자기들끼리 주고받은 서면 기록이 남는다. 여기에는 자금이 이체된 시각, 이체 금액, 은행 이름, 예금주 정보 등의 세부 사항이 포함된다. 자금 흐름의 각 단계를 통해 재무부의 수사관들은 악당들의 움직임을 추적한다.

유나이티드항공 175편과 아메리칸항공 11편 및 77편을 공중에서 납치한 19명의 테러리스트는 송금과 미국 은행의 계좌에 있는 예금, 여행자 수표 사용 등의 방법으로 미국 영토에서 3000명을 대량 살상했다.

대략 30만 달러가 미국 내 계좌를 통해 누구든 마음만 먹으면 확인할 수 있었을 정도로 대놓고 흘러들어 왔다.[15] 테러리스트들은 실명을 사용해[16] 플로리다의 선트러스트SunTrust[17]를 비롯한 미국 내 은행에 몇 개의 계좌를 개설했고 공격 자금으로 필요한 40만 달러 정도만 이체했다.[18] 5000달러에서 7만 달러 정도의 금액이 미국 내 은행이나 독일, 아랍에미리트연합국의 은행 사이를 이동했다. 게다가 이들은 미국 비자를 신청했고 플로리다의 항공훈련학교에 등록한 다음 최후의 살인 비행을 위해 아메리칸항공과 유나이티드항공의 항공권을 샀다.

나중에 알고 보니 미국 정부가 접근 가능한 다수의 데이터베이스에 그러한 정보가 충분히 저장되어 있었고 그 정보들을 연결하기만 했다면 테러 계획을 저지할 수 있었을 것이다. 미국을 운영하는 사람들 입장에서는 생각만 해도 심란한 일이었다.

재무부는 9·11 테러가 무슨 자금으로 실행에 옮겨졌는지 조사하면서 얻은 정보와 증거 자료를 활용해 테러리스트와 관련 조직의 명단을 작성해 공개했고, 미국 은행들에 테러 관련 계좌를 식별하고 동결하라고 지시했다. 한발 나아가 그 같은 사태의 재발을 막기 위해 준법 감시 기능을 강화하라고 금융회사들을 압박했다. 준법 감시에 실패한 은행과 그 외 금융회사는 요주 대상으로 낙인이 찍히는 것은 물론 거액의 벌금을 내야 했다.

부시는 금융전쟁의 지원군이 필요했다. 그러한 방면으로는 오닐과 함께 일하는 국제정세 담당 차관 테일러가 적임자였다. 테일러는 이미 전 세계적인 통화정책 전문가로 정평이 나 있었으며, 1992년 테일러 준칙 Taylor's Rule이라는 경제 규칙을 설계해 당시 세계 각국 중앙은행의 통화정책 운용 방식을 획기적으로 바꾼 인물이다. 그러나 9·11 테러로 말미암아 그는 금융전쟁의 투사로 변신했고, 조국에 봉사하며 세계에서 가장 부유하고 영향력 있는 국가들로 구성된 G7과 공조하기 위해 통화이론과 거시경제이론을 뒤로했다. G7은 금융 정보 등의 자료를 공유하기로 약속했고 돈세탁에 대응하기 위해 국제자금세탁방지기구 Financial Action Task Force, FATF를 확대함으로써 테러 자금 조달 방지를 임무에 포함시켰다. 전용 '작전실'도 마련되었다.

그렇게 재무부는 미국 국민 대상의 실체적 위협에 대응하는 국가안보기구로 탈바꿈했으며, 달러는 재무부의 무기 가운데 하나가 되었다. 재무부 내에서 경제 제재 조치를 고안한 전쟁 본부가 달러라는 무기를 현재와 같은 위치로 연마하기까지는 그 후로도 몇 년이 걸렸다. 마지막 단계로 달러의 힘을 행사할 부서의 구축은 재무부의 215년 역사를 통틀어 가장 큰 규모의 확장으로 이어졌다. 2004년 미국 재무부는 금융 관련 정부 부처로는 세계 최초로 (그리고 수십 년 동안 유일하게) 정보 부서를 갖추기에 이르렀다. 작은 규모였던 재무부 내 법 집행 부서가 부시와 의회가 주문한 총체적 테러 대응의 일환으로 테러금융정보국(Office of Terrorism and Financial Intelligence, 이하 TFI)으로 확대된 것이다. 신설된 TFI에는 해외자산통제국(Office of Foreign Assets Control, 이하 OFAC)과 '오야oya'라는 별칭이 붙은 정보분석국(Office of Intelligence and Analysis, 이하 OIA)이 포함되었다. OIA는 다른 관련 부서와 공조해 테러자금과 금융범죄에 초점을 맞추게 되었다. 이렇게 해서 재무부의 주요 부서는 국내 금융과 국제 정세 등 두 개에서 세 개로 확대되었고 차관이 그 각각을 담당했다.

TFI의 신설로 재무부는 대테러 부서와 더 많은 집행 역량을 갖추게 되었다. TFI는 해외의 유관 기관이 비슷한 기능을 도입하도록 도왔고, G7과 G20의 경제 관료, IMF, WB에 각국 재무부가 테러와의 전쟁에서 승리를 거두기 위해 필요한 금융 정책 운영 기술의 최전선에 있다는 사실을 알리기 위해 노력했다.

이 모든 조치가 재무부를 부풀리기 위해서만은 아니었다. 국가 안보 인프라가 새로워지면서 워싱턴D.C.의 완고한 기관들은 대대적인 개편이 필요했다. 그에 따라 해밀턴 시대 이후로 미국관세국경보호국U.S. Customs and Border Protection, USCBP의 상급 기관이기도 한 재무부는 가장 오래된 산하 기관인 미국 비밀경호국(United States Secret Service, 이하 USSS)을 신설한 국토안보부에 빼앗기게 되었다. USSS의 주요 업무는 미국 대통령, 부통령, 그 가족을 경호하는 것이지만 링컨이 설립했을 때만 해도 남북전쟁 이후에 만연해진 위조 달러를 수사하는 기관이었다. (다만 USSS는 아직도 대통령 승계 서열 5위인 재무부 장관을 경호하고 있다.)

USSS는 재무부에서 가장 큰 관심을 받는 부서일 것이다. 대통령의 수호자로서 그 역할은 할리우드 영화를 통해 낭만적으로 그려졌다. 1992년 개봉해 선풍적 인기를 끌었으며 휘트니 휴스턴이 출연하기도 한 영화 〈보디가드〉에서 케빈 코스트너가 맡은 USSS 전직 요원 역할이 그 한 예다. 재무부 건물이 부분적으로 개조된 것은 환영할 만한 일이었으나 (과거 일부 관료들이 '권총과 명찰guns and badges'이라는 별칭으로 불렀던) USSS가 재무부를 떠나는 것은 큰 손실이었다. 그 일은 재무부가 해체되고 있다는 인상을 주었으며, 그렇지 않아도 재무부 관료들이 경제전쟁이라는 도전과제를 떠맡았던 때에 USSS의 이전은 내부의 사기를 떨어뜨렸다. 어쨌든 이 새로운 유형의 전쟁은 달러 관리자들을 복잡하게 얽히고설킨 금융 시스템의 비밀스러운 코너로 몰고 갔다.

달러의 무기화라는 발상을 극대화하면 미국 정부의 제재라는 결론에 도달하게 된다. 외교술이 실패한 지난 수십 년간 국면 확대를 위해 차선으로 택할 수 있는 수단은 전쟁뿐이었다. 20세기 경제 제재는 쿠바에 대한 조치에서 보듯이 대개 국가 차원의 금수 조치trade ban로 이루어졌다. 이러한 방법은 정확도가 떨어졌으므로 효율적이지 못했다. 그러나 국제 금융 시스템에서 달러가 지닌 중요성 덕분에 재무부는 금수 조치라는 무기를 날카롭게 연마할 수 있었다. 달러는 세계 외환 거래 대다수의 한쪽 편에 있었으며 (가장 중요한 에너지원인)

원유의 거래는 대부분 달러로 결제되었다. 이와 같은 달러의 침투성은 미국 정치인들에게 다른 나라를 상대로 자신들의 대외정책 목표를 강요할 수 있는 힘을 제공했다. 단 한 나라만이 그 힘을 지닌다. 그리고 2000년대 초에 그 힘은 테러에 대항하는 힘을 의미했다.

테러 행위를 일으키거나 주식시장 폭락을 유발하는 용도로 사용될 자금 수십억 달러를 동결하는 등 (억만장자, 러시아의 올리가르히, 초대형 요트 등을 포함한) 개인 또는 기업에 금융 차원의 사형선고를 내리면 재무부는 경제 제재에 그치지 않고 더 큰 힘을 발휘할 수 있을 터였다.

제7장
수정 구슬 역할을 한 SWIFT
THE CRYSTAL BALL OF TERROR

미국 내 거주자 2억 8500만 명은 테러리스트들이 상상을 초월한 계획으로 네 대의 여객기를 공중 납치한 이후 또 어떠한 위협이 도사리고 있는지 알고 싶어 했다. 어느 잡지는 '생화학 테러: 우리는 어느 정도로 두려워해야 할까 Biological and Chemical Terror: How Scared Should You Be?'라는 요란스러운 제목의 기사를 실었다.

고층빌딩에 거주하는 미국인들은 낙하산을 구매했다. 어떤 이는 고무장갑을 낀 손으로 우편함을 열었고 방탄조끼와 방독면을 착용하고 다니는 사람도 있었다. 어둡고 덥수룩한 턱수염이나 짙은 피부색의 사람 등 거의 날마다 저녁 뉴스에 사진으로 나왔던 알카에다 테러리스트들과 조금이라도 비슷해 보이는 사람에게 엉뚱한 분노를 표출하는 이들도 나타났다. 모든 사람이 9·11 테러의 배후 조종자로 지목된 오사마 빈 라덴의 이름을 어떻게 발음하는지 알게 되었다. 맨해튼에서는 세계무역센터의 잔해 더미에서 흘러나온 불에 탄 플라스틱의 악취가 대기를 떠돌면서, 남성과 여성 들이 그 건물에서 뛰어내렸던 참혹한 장면이 사람들의 기억 속에 되살아났다. 그 악취는 《뉴욕타임스》의 말대로 "떠도는 혼령들unsettled souls"[1]의 냄새였다.

금융 데이터의 보물 창고
—

테러 공격 이후 몇 달 동안 미국 국민을 엄습한 그 생생한 공포는 재무부의 수석 법률 고문인 데이비드 오프호저David Aufhauser의 뇌리에서도 떠나지 않았다. 그는 대여섯 차례에 걸쳐 비밀 대표단을 이끌고 벨기에 브뤼셀 외곽의 철통 보안을 갖춘 건물로 떠났다. 정부와 금융업계는 또 다른 돌발 사태에 대비해 테러 집단을 응징하고 테러리스트들이 의존하던 글로벌 네트워크를 무기화하는 일에 힘을 합쳤다.

재무부는 부시가 9·11 테러 직후에 지시한 정보 취합 활동을 공격적으로 벌였고, 오프호저가 벨기에 라윌프La Hulpe의 목가적이고 숲이 울창한 저택으로 향한 것도 그 활동의 일환이었다. 그곳에는 국제은행간통신협회(Society for Worldwide Interbank Financial Telecommunication, 이하 SWIFT)라는 금융 협동조합의 본부가 있다. 무선 통신이나 전신을 대체하기 위해 1973년에 설립한 SWIFT는 은행이 아니므로 자산이나 예금 계좌를 보유하고 있지 않다. 그보다는 금융회사들이 다른 금융회사와의 소통을 위해 사용하는 시스템으로서 200여 개 나라에 걸친 금융회사 1만여 곳의 메시지를 안전하게 전송한다.

SWIFT는 국제 수출입 대금, 유가증권 거래, 외환 거래 등의 주문 처리와 결제 확인을 담당하며, 2001년에는 SWIFT를 통해 일일 평균 6조 달러가 결제되었다.[2] 한마디로 그곳은 금융 데이터의 보물 창고였다.

뉴욕 브루클린 토박이이며 1992년부터 2007년까지 SWIFT의 최고경영자를 지낸 레너드 슈랭크Leonard Schrank는 "베를린·브뤼셀·보스턴에서의 폭탄테러를 막으려면 대인 정보·신호 정보·금융 정보가 필요하다"고 말했다. 슈랭크는 "폭탄을 막으려면 지상의 첩보원 말고도 필요한 것이 많다. 금융 정보가 있어야 한다. 9·11 테러 같은 공격을 실행하는 데는 돈이 들었다"면서 "SWIFT는 그와 관련한 모든 금융 데이터의 집결지였다"고 말했다.[3]

콘크리트 외관과 방대한 규모가 특징인 SWIFT 본사 건물 안에서 재무부 사람들은 테러리스트들이 자금을 확보하기 위해 이용한 은행, 예금주의 실명과 연락처, 거래가 일어난 정확한 시간과 날짜 등의 정보를 입수할 수 있었다. 그러한 자금 거래는 공격의 준비 행위였으므로 해당 정보는 사실상 알카에다의 다음 활동을 미리 들여다볼 수 있는 수정 구슬이었다.

SWIFT는 연준, 일본은행, 잉글랜드은행을 포함한 몇몇 중앙은행의 감독을 받는 곳으로, 본래 지정학적 사안에서 중립적인 입장을 취해야 한다. 다시 말해 SWIFT는 특정 국가가 자국의 대외정책 목표를 달성하는 일에 자사의 데이터가 사용되는 것에 반대한다. 그러한 목표는 대개 정치적 동기가 뚜렷하기 때문이다. 그러나 9·11 테러로 상황이 뒤바뀌었다. 슈랭크는 몇 년 후 "우리는 원래 국제적인 조직이었지만 9·11 테러 이후에는 회원 모두가 미국인이 되었다"고 말했다. 그의 회고에 따르면 당시에는 영국 여왕 엘리자베스조차도 미국 국가〈성조기여 영원하라The Stars and Stripes Forever〉를 따라 불렀다고 한다.

회색 정장 차림의 게릴라들

미국이 아무것도 몰랐던 상태에서 테러자금에 대한 집착으로 급선회한 속도만 보더라도 9·11 테러의 고통이 얼마나 극심했는지를 알 수 있다. 2001년에는 FBI에도, 법무부에도 테러자금에 초점을 맞춘 부서가 없었다. 9·11 테러가 일어나기 불과 2개월 전 오닐 재무부 장관이 "자금 흐름을 끊겠다고 제재 위협을 가하기보다 국제 협력에 의지"[4]하기 위해 미국의 규제 체제를 완화하는 방안을 언급하기도 했다. 그러나 9·11 테러로 말미암아 정부는 그와 정반대 조치를 할 수밖에 없었다. 재무부는 불법 범죄 자금을 찾는 일에 그치지 않고 그 이상의 방법을 찾아야 했다. 실제로 알카에다는 테러 행위에 사용한 자금을 숨기려고 하지도 않았다. 오프호저는 "우리는 겉보기에는 깨끗하지만 살상에 사용될 돈을 찾아 나서야 했다"[5]고 말했다.

전환은 신속하게 이루어졌다. 우선 중앙정보국(Central Intelligence Agency, 이하 CIA)은 SWIFT에 저장된 해당 데이터를 비밀리에 접근하는 방법을 검토했다. 이미 몇 년 전에도 같은 방법을 시도했지만 재무부 관료들이 알아채고 막아선 적이 있었다. 이는 자유롭고 공정한 달러 기반의 금융 시스템 내에서 미국에 대한 각국의 신뢰를 떨어뜨릴 수 있는 행위였다. 2001년 가을에도 CIA는 같은 일을 되풀이하려 하고 있었다. 그러한 가운데 슈랭크는 자신의 고향인 뉴욕에서 세계무역센터가 무너지는 광경을 본 순간부터 예상하고 있었던 전화를 받았다.

그는 재무부가 SWIFT에 즉각 소환장을 보내는 등 공격적으로 조치하지 않은 사실에 감사했다. 그러나 그 대신 재무부의 고위 지도부 사람들이 그에게 전화를 걸었다. 슈랭크는 수백만 명의 다른 미국인과 마찬가지로 세계무역센터가 공격을 받았을 때 자신이 어디에서 무엇을 하고 있었는지 정확하게 기억한다. 그때 그는 아일랜드의 회의실에서 SWIFT의 아일랜드 회원사들과 회의를 하면서 샌드위치를 먹고 있었다.

슈랭크는 오프호저와 재무부 관료를 비롯한 정부 관계자들에게 SWIFT의 데이터는 지구상에서 가장 은밀하고 민감한 상업용 자료라고 설명했다. 19개국의 은행 간부 25명으로 이루어진 SWIFT 이사회는 각자의 조국에 대한 마음과 상관없이 그 데이터를 보호하는 임무를 충실히 수행한다고도 했다.

특히 그린스펀 연준 의장이 매우 조심스러워했다. 그는 누군가의 표현대로 "신사는 다른 신사의 편지를 읽어서는 안 된다"[6]는 입장이었다.

이러한 상황에서 미국 정부가 SWIFT의 금융 데이터에 접근하기 위해 SWIFT 이사회의 신뢰를 얻어내는 일은 오프호저에게 달려 있었다. 그의 팀은 SWIFT에 제시할 다섯 가지 사례를 비밀리에 작성했다. 이들의 목표는 재무부, 국무부, CIA, FBI가 테러 행위를 막기 위해 어떤 방법으로 그 귀중한 금융 데이터를 사용할지를 설명하는 것이었다. 그러다 2002년 초가 되자 오프호저는 (극히 민감한 문서를 가득 채운 서류 가방과 자신의 손을 수갑으로 연결한) 정부 요원과 함께 브뤼셀로 날아갔다.[7] 얼마 후부터 '테러자금 추적 프로그램 Terrorist Financing Tracking Program'으로 불리게 될 조치의 합당한 근거를 설명하기 위해서였다.

그 이름은 해당 프로그램의 혁신성과 수백만 명의 목숨을 보호하기에 이르게 된 그 중요성을 감안할 때 밋밋한 편이었다.

미국이 설득력을 발휘하는 힘은 달러가 세계 금융 시스템의 중심축이라는 사실에서 비롯되었다. SWIFT가 어느 정부에든 그처럼 크나큰 접근 권한을 부여하는 것은 어마어마한 신뢰의 표현이있으며 그처럼 맹목적인 신뢰는 개인 간의 관계를 바탕으로 했다. 오프호저를 포함한 재무부 관료들은 SWIFT가 정치적인 중립을 유지할 뿐 아니라 공정한 금융 통신 시스템으로서 역할을 지속할 수 있는 프로그램을 만들기 위해 슈랭크와 협력했다. SWIFT는 시스템 남용을 차단할 정교한 방어책을 통해 미국의 접근을 허용하면서도 SWIFT 회원사의 데이터를 보호하기로 했다. 재무부는 SWIFT에 금융 데이터를 요청할 때마다 SWIFT와 외부 감사의 검토를 거친 소환장을 통해 그 근거를 제시해야 했다.

재무부는 자신들이 원하는 테러리스트의 정보를 열람할 수 있었으나 슈랭크의 표현에 따르면 "그 한 조각 이외에는 불가능"[8]했다.

다른 목적으로 SWIFT의 정보를 조회하는 것은 금지되었다. 소환장을 통해 미국에 불필요한 정보가 입수되었을 때는 담당자가 재무부 시스템에서 해당 정보를 삭제하고 향후에 요청할 정보의 범위를 좀 더 구체적으로 규정했다. 슈랭크는 해당 프로그램이 "국가 안보, 데이터 보호, 시민의 자유가 조화를 이룬 황금 표준"이라고 평가했다.

프로그램의 공식 명칭은 테러자금 추적 프로그램이었지만 발각되기 전까지는 ('민첩하다'는 뜻이며 SWIFT와 철자가 같은 영어 단어 'swift'와 반대되는) '거북이turtle'라는 암호로 불렸다. 부시 시대에 공직에 있었던 전직 관료 누구라도 해당 프로그램이 얼마만큼 효과적이었는지 정확히 평가하기란 어려울 것이다. 다만 부시 내각에 몸담았던 사람 하나는 "목숨을 구한" 프로그램이었다고 주장했다. 비밀 유지가 핵심이었다. 미국이 금융 거래 데이터에 실시간으로 접속할 수 있다는 사실이 알카에다든 어디든 테러를 감행하려는 주체에게 발각되는 순간 그들은 자금을 이체할 다른 방법을 찾아낼 것이 분명했다. (테러자금 추적 프로그램은 2006년 6월 《뉴욕타임스》를 통해 일반인에게 공개되었으나 그 후로도 어느 정도는 정부 메커니즘으로서의 효력을 유지했다.)

재무부-SWIFT 협력체에 의해 무산된 음모 가운데 상당수는 아직도 비공개 상태지만 최근 몇 년간 테러자금 추적 프로그램이 수천 가지의 단서를 제공해 미국·독일·스페인·영국에서의 테러 공격을 좌절시키는 일에 도움을 주었다는 정부 관료들의 공식 확인이 잇따랐다. 이를테면 2005년 7월에 일어난 런던폭탄테러와 관련해 유용한 정보와 그 외에도 1500개가 넘는[9] 귀중한 단서를 영국 정부에 제공했다. 그뿐 아니라 2002년 인도네시아 발리폭탄테러의 기획자로 추정되는 알카에다 조직원 리두안 이사무딘Riduan Isamuddin을 검거하고 2007년 뉴욕 JFK국제공항을 겨냥한 폭탄테러 음모를 적발하는 데도 도움을 주었다.

9·11 테러 이후 몇 주 동안 미국 국민이 곳곳에서 상상을 초월한 위협에 둘러싸여 오싹한 공포심을 극복해야 했던 그때 부시는 정부가 "테러리스트의 행방을 추적하는 단서로서 자금을 추적할 것"[10]이라고 국민을 안심시켰다. 정보 공동체와의 심도 높은 협력으로 수행한 재무부와 SWIFT의 공조는 부시의 계획을 추진하기 위해 없어서는 안 될 요소였다.

그전 수십 년 동안 국가 안보기구에는 CIA, FBI, 국방부, 국가안전보장회의National Security Council, NSC 등의 몇 안 되는 주요 기관만이 포함되었다. 그러나 테러 공격 이후 이 배타적인 공동체에 새로운 구성원이 추가되었다. 연방정부 역사상 가장 오래된 기관 가운데 하나인 미국 재무부다. 재무부는 국무부와 더불어 경제 제재와 테러리스트 자금 추적으로 이루어진 쇼를 진행하게 되었다. 어느 전직 재무부 관료는 자신이 몸담았던 경제 제재 팀을 "회색 정장 차림의 게릴라들"[11]로 묘사하면서 20여 가지의 관련 프로그램을 동시에 운영해야 했다고 말했다. 달러는 계속해서 세계 최고의 안전자산 역할을 담당했으며 그 덕분에 미국은 경제 성장을 추진할 채무를 막대한 규모로 쌓을 수 있었던 한편 지정학적으로는 자국의 대외정책 목표를 수출할 수 있었다. 세계 각국의 금융회사, 기업, 경영인 들은 미국이 달러 접근을 허용하는 조건으로 충성심을 기대한다는 경각심을 지니게 되었다.

9·11 테러로 말미암아 달러의 지배력은 권력의 정점에 도달했다. 그리고 그처럼 달러의 권력이 강화되면서 재무부 고위 관료들의 임무는 한층 더 까다로워졌다. 원래도 재무부 장관의 실언 한마디가 잘못된 신호를 주어 시장을 혼란에 빠뜨릴 수 있었지만, 이제는 재무부 장관이 미국을 보호하기 위해 달러의 용도까지 단속해야 했다. 그로 인한 압박감은 날이 갈수록 커지기만 했다.

제8장

재무부 장관 2인의 몰락
A SECRETARY'S DOWNFALL, IN TWO ACTS

오닐은 가나의 북적거리는 노천 시장에서 장신구 매대 위로 몸을 기울였다. 시차 때문에 그의 정신은 혼미한 상태였다. 그 날은 2002년 5월 22일이었고, 오닐 장관은 어린 소녀 한 명이 목걸이를 고르는 것을 도와주고 있었다. 넥타이를 매지 않은 채 회색 정장 바지를 입고 푸른색 셔츠 소매를 팔꿈치까지 걷어 올린 차림의 오닐은 그날 오후 가나의 수도 아크라에서 높은 습도와 32도가 넘는 기온을 견디려 애썼다. 그의 옆에 서 있었던 소녀는 부끄러운 나머지 오닐에게 자신이 원하는 목걸이가 무엇인지 선뜻 말하지 못했다. 그래서 보노Bono가 아이의 선택을 도와주었다.

사람들은 이때의 순방을 "안 어울리는 두 사람의 아프리카 여행"으로 불렀다. 그도 그럴 것이 그중 한 사람은 온통 검은색 옷으로 차

려입은 아일랜드 출신의 록스타 보노였고, 다른 한 사람은 버튼다운 셔츠를 입은 정치인이었다. 둘 다 어마어마한 부를 쌓았지만 그들의 업적은 판이했다. 두 사람은 함께 가나·우간다·에티오피아·남아프리카공화국에서 현지 기업, 에이즈 치료 병원, 학교, 수천 명이 가난 속에서 사는 마을들을 방문했다. 두 사람이 'U3'라는 별칭의 전용기로 아프리카를 순방하는 동안 미국의 음악 전문 방송국인 MTV는 록밴드 U2의 핵심 멤버로서 직전에 네 개의 그래미상을 수상한 보노를 촬영하기 위해 카메라를 보냈다.

신뢰를 잃은 폴 오닐

미국 재무부 장관이 선진국과 신흥국 경제 수장들을 만나 미국 정부의 원조를 분배하는 방안이나 세계경제를 제대로 돌아가게 하는 방안을 논의하기 위해 전 세계를 다니는 것은 일반적인 일이다. 그러나 음악계의 상징적인 인물이 그 여행에 동반한 것은 처음 있는 일이었다. 순방 내내 U2의 히트곡 〈I Still Haven't Found What I'm Looking For〉의 코드 진행이 공기 중에 맴돌았다. 보노가 같이 여행하는 사람들에게 들려주기 위해 그 곡을 무반주로 부르곤 했기 때문이다.

부시가 거느린 경제팀의 분열이 눈에 띄게 분명해진 순간을 하나만 골라야 한다면 11일에 걸친 오닐의 아프리카 순방을 선택해야 할 것이다. 오닐이 보노와 함께 화려한 색상의 가나 전통 의상을 입고 보노의 그 유명한 선글라스를 빌려 쓰고 다녔을 때는 이미 그의 위신에 여러 차례 균열이 생긴 상태였다.

2002년 5월 오닐은 부시의 경제 계획에 집중하기보다는 연민에 넘치는 공인으로서의 모습을 보여주려 했다. 아프리카 전역에서 인간이 고통을 겪는 상황에 정면으로 대응하고 깨끗한 식수의 이용 여부와 보육원 상태를 걱정하는 박애주의자로의 이미지 변신을 감행한 것이다. 이때의 순방은 그가 자신의 직무에서 얼마만큼 멀리 벗어났는지를 보여주는 사례로서, 이를 계기로 그는 결국 6개월 남짓 후에 해임되고 말았다.

재무부 장관의 직무는 미국의 경제 성장과 일자리 창출을 달성하는 것이다. 그러한 장관의 역할을 대외적으로 홍보하는 것은 재무부 설립 이후 오늘날까지 필수적인 일이다. 유능한 재무부 장관은 자신감을 내뿜을 뿐 아니라 금융시장에 대한 심도 높은 지식이 있으며 대통령의 경제 목표를 충실하게 대변한다. 9·11 테러 이후에는 이 같은 과제에 한 가지가 더 추가되었다. 바로 전쟁 무기로서 달러의 우월한 위치를 유지하는 임무다.

재무부 장관은 취임 첫날부터 재난을 제압할 준비가 되어 있어야 한다. 재무부라는 부처 자체가 경제 위기 발생 시 무조건 최전선에 서야 하기 때문이다. 재난 대응의 가장 중요한 부분은 통화정책의 안정에 만전을 기하는 것으로서 이는 국채 시장을 질서정연하고 위험성 없이 유지하기 위해서다. 재무부 장관 개인의 성실함과 진정성이 필요한 일들이다.

오닐이 투자자의 신뢰를 잃었던 시점은 루빈의 달러 강세 정책이 "완전히 허튼짓"[1]이라는 비공식 발언을 했을 때부터 우간다에서 보노와 길거리 음식을 맛본 때까지의 어느 시점으로 보인다.

이처럼 미국 재무부 장관의 위신이 추락하면 달러의 완전무결한 위상에도 금이 갈 위험이 있다. 실제로 이는 부시 시절 두 명의 재무부 장관에게도 일어난 일이었다. 오닐은 자기 방식대로 일하려다가, 다시 말해 재무부 지도자로서의 위치와 임무에 따른 요구 사항을 충족하지 못해서 해임되었다. 그의 후임은 (자기 뜻에 따라 사임했지만 아직도 루빈의 기준에 미치지 못했다는 평가를 듣는 인물이며) 정책 입안자가 아니라 경제정책의 치어리더로 불렸다. 두 경우 모두 통화정책에 대한 잘못된 개념이 문제의 근원이었다. 또한 그 두 명이 재무부 장관으로 있었을 때 달러의 신성함에 대한 반발이 달러 제국 내에서 일어났다는 공통점도 있다.

1999년부터 2001년까지 재무부 장관을 역임한 서머스는 어느 인터뷰에서 "금융 공황이나 위기가 갑자기 닥친다는 사실과 사람들을 안심시키기 위해 재무부 장관의 발언이 필요할 때가 있다는 점을 감안할 때 신뢰성은 재무부 장관에게 꼭 필요한 자질이다"라고 말했다. 그에 이어 "그러한 순간이 닥치면 재무부 장관은 과거의 잘못된 주장, 과한 정치적 예측, 부적절한 견해를 펼친 것을 후회할 것"[2]이라고 지적했다.

오닐의 임기는 그처럼 개인적인 의견들로 점철되었다. 한번은 자신의 가장 중요한 봉사 대상을 조롱했다. 그는 금융시장의 추상적인 본질에 대해 개인적으로 불평한 정도가 아니라 주식·채권·외환 트레이더들이 자금 거래를 할 때 그저 "번쩍거리는 초록색 화면 앞에 앉아"³ 있을 뿐이라면서 트레이더들이 하는 일을 대놓고 깎아내렸다. 임기 초기에 내뱉은 그 경박한 발언이 전조가 되어 월가는 오닐의 임기 내내 그를 전혀 신뢰하지 않았다.

그 이외에도 오닐은 중요한 관련 집단 하나를 더 적으로 돌렸다. 재정 지출에 대해 의사결정을 내리며 그가 경제정책을 제안할 때 승인을 해주는 국회의원들이었다. 그의 전설적인 전임자 루빈은 상·하원 의원들과 인맥을 쌓고 유지하기 위해 엄청난 노력을 기울였다. 반면 오닐은 그들이 하는 일을 "보여주기"⁴라는 말로 폄하했다.

부시가 첫 번째 임기 당시 유능한 경제팀을 꾸리려고 했으나 실패한 사례는 무능한 재무부 장관이 존재할 때 어떤 문제가 발생하는지를 제대로 보여주었다. 오닐은 미숙한 발언과 부시 시절 백악관 내의 치열한 역학관계에 따라 몰락했으며 그의 재임 기간은 23개월에 불과했다.

또한 그는 자신이 훨씬 더 막강한 사람의 이상을 수호해야 하는 자리에 있다는 사실을 이해하지 못했다.

가벼운 실언과 트레이더들의 불신에 더해 자신이 온전히 지지하지 않는 경제 목표를 옹호해야 하는 까다로운 과제가 그의 위상을 더욱 떨어뜨렸다. 오닐의 관점에서 대통령이 세금 감면 정책을 원한 이유는 선거 때문이었지만, 그는 결코 그 정책을 지지하지 않았기에 재무부의 최고경영인으로서 자기가 하고 싶은 일만 하기로 작정한 사람처럼 보였다. 그는 사석에서 (그리고 공적인 자리에서도 넌지시) 부시 행정부가 기존에 제안한 세금 감면의 일부를 폐지해야 한다고 주장했다. 눈덩이처럼 불어난 연방정부의 적자가 걱정된다는 이유에서였다. 이외에도 그는 재무부 영역 밖에 있는 계획을 떠맡았고, 자신이 아직도 800도가 넘는 금속과 팔 전체를 잘라버릴 수 있을 정도로 강력한 장비가 있는 공장에서 노동자들의 부상을 줄여야 하는 입장에 있는 사람처럼 말해 재무부 사람들을 난처하게 만들었다. 워싱턴 D.C.의 재무부 사무실에 앉아 있는 화이트칼라 직원들에게 정부 부처 근로 환경의 안전성도 중요하다는 말을 되풀이한 것이다. 그의 머릿속에는 자신이 아직도 10년 넘게 경영해 온 알루미늄 대기업 알코아의 최고경영자라는 생각이 뇌리에 박혀 있었던 것 같다.

부시는 자서전《결정의 순간 Decision Points》에서 오닐과 "뜻이 맞지 않았다"면서 "그는 내 신뢰를 얻지 못했다"고 밝혔다. 부시를 잘 아는 사람에게는 빤히 보이는 사실이었다. 별명 붙이기를 좋아하는 부시가 오닐을 다정한 느낌의 '파블로'라고 부르다가 다소 짜증이 섞인 말투로 '빅 오 Big O'라고 부르기 시작한 것만 보더라도 누구나 재무부 장관의 운명에 변화가 머지않았음을 알 수 있었다.

게다가 부시는 연준 간부인 래리 린지 Larry Lindsey와 재무부 관료를 역임한 글렌 허버드 Glenn Hubbard를 포함한 자신의 첫 번째 경제팀이 "인사 측면에서 부조화"를 이루었음을 뒤늦게 인정했다. 그러한 역학관계는 처음부터 오닐의 운명을 방해했다. 백악관의 권력 다툼 과정에서 으레 그러하듯이 누군가 경제 목표가 정해지는 백악관 고위 관료 회의에 오닐이 참석하지 못하도록 차단했다. 그뿐 아니라 시장에 비밀로 해야 하는 그의 백악관 보고 내용 가운데 일부가 언론에 유출되었다.

오닐은 부시 행정부 경제정책 입안자들의 모임에서 신뢰받는 내부자가 되지 못했다. 그렇게 되려면 동료들과 협력관계를 쌓고, 대통령과 어울리고, 대통령을 대선 승리로 이끈 공약에 충성심을 보여야만 했으나 오닐은 그러지 않았다. 그 때문에 오닐의 재무부 장관 활동은 방해를 받았다.

그렇게 부시는 오닐을 해임했다. 그러나 그를 대신할 사람을 구하기 전에는 그럴 수 없었다.

투자자들에게 가장 인기 없는 대통령

2002년 부시는 존 F. 케네디 이후로 유권자들에게 가장 인기 있는 대통령이 되어 있었다. 미국이 9·11 테러 직후 테러와 맞서 싸우자는 부시의 뜻에 따라 집결한 때였다. 그러나 부시에게는 골칫거리가 있었다. 투자자 집단 사이에서는 그가 거의 사반세기 만에 가장 인기 없는 대통령으로 꼽혔다. 재무부 장관이 말이 너무 많고 실수로 시장을 요동치게 하는 버릇이 있는 것은 여러 원인 가운데 하나에 불과했다. 그보다 더 큰 문제는 미국 경제가 부시의 부친이 재선에 실패한 1992년과 거의 같은 상황이라는 사실이었다. 경제 성장률은 미미해 연간 1.5퍼센트를 간신히 이어나갔고 실업률이 조금씩 상승하고 있었다. 전쟁 위험 때문에 S&P500 주가지수가 2002년에만 23퍼센트 하락했다. 이는 제럴드 포드 대통령이 두 자릿수 물가상승률과 싸워야 했던 1974년 이후로 가장 큰 하락 폭이었다. 8.5퍼센트라는 달러 하락 폭도 아버지 부시의 임기 이후로 가장 나쁜 성적[5]이었다.

부시는 아버지가 대통령 임기 동안 맞이한 운명을 지켜보면서 경기 침체에 따라오는 위험이 무엇인지 잘 알고 있었다. 지금 부시에게 필요한 것은 신임 재무부 장관이었다. 특히 경제 성장률을 끌어올리고 일자리를 창출한다는 자신의 계획을 뒷받침할 의원들을 구슬릴 수 있을 정도로 관록을 갖춘 사람이 필요했다. 그는 투자자들에게 재정적자 확대가 파국의 서막이 아니라는 것을 성공적으로 설득할 사람이 필요했다.

그에게 필요한 사람은 공화당 지지자이며 루빈처럼 금융시장에 마법을 부릴 수 있는 이였다.

백악관 사람들이 보기에 한 가지는 분명했다. 신임 재무부 장관은 누구든 오닐과는 정반대되는 사람이어야 했다. 부시가 재선에서 승리하려면 백악관과 발맞춰 협력하는 재무부 장관이 필수였다.

월가에서 찾으면 될 정도로 쉬운 일은 아니었다. 부시와 엔론의 최고경영자를 지낸 케네스 레이 Kenneth Lay의 친분은 정치적 부담으로 작용했으며 기업 수장들에 대한 조롱 섞인 서사를 만들어냈다(엔론은 역사상 가장 악명 높은 회계 조작을 저질러 2001년 말 충격적으로 무너졌다). 그런데도 부시의 보좌관들은 월가 사람에게 마음이 동했다. 그들은 내심 '찰스 슈왑 주식회사'의 찰스 슈왑과 '골드만삭스'의 헨리 행크 폴슨에게 눈독을 들이고 있었다.

2002년 11월 부시는 증권거래위원회를 이끌 사람을 구한다는 핑계를 대며 미국 3위의 철도회사 회장인 존 스노를 백악관으로 초대했다.[6] 초대는 비밀리에 이루어져야 했고 실제로 스노조차도 면접 초반에는 자신이 재무부 장관으로 검토되고 있다는 사실을 알지 못했다. 임기 중반에는 재무부라는 정부 부처에서 변화의 낌새만 풍겨도 시장이 움직일 수 있었다. 따라서 백악관의 면접은 은밀한 형태로 치러져야 했다. 그처럼 민감한 시기에는 후보자들이 웨스트윙(West Wing, 서관)에 출입하는 기자들의 호기심 강한 눈을 피하기 위해 비밀스럽게 이스트윙(East Wing, 동관)으로 안내되는 것이 일반적이다. 스노는 그 후 몇 주 만에 오닐 장관의 자리를 꿰찼다.

퓰리처상을 수상한 론 서스킨드Ron Suskind 기자가 부시의 임기를 주제로 쓴 책 《충성의 대가Price of Loyalty》에 따르면, 딕 체니 부통령은 오닐에게 자발적으로 사직서를 냈다는 거짓말을 하라고 요구했지만 오닐은 "난 이제 거짓말을 시작하기에는 너무 늦었다"며 거부했다(이 책은 진실성 여부에 논란이 제기된 가운데 2004년 출간되었으며, 주로 오닐이 제공한 인터뷰와 문서를 바탕으로 집필되었다). 오닐은 서스킨드에게 자신이 부시 행정부를 떠나기로 결심했다고 발표했다면 아무도 믿지 않았을 것이라며 "나를 잘 아는 사람은 그 말이 진실이 아니라고 말했을 것이다. 그리고 나를 잘 알지 못하는 사람은 '오닐은 겁쟁이라서 일이 잘 풀리지 않으니 대통령을 버리고 탈출했구나'라고 떠들었을 것이다"[7]라고 말했다.

서류상으로 스노와 오닐을 구별하기란 어려웠다. 두 사람 모두 중서부 출신에 60대였으며 큰 공업 기업의 최고경영자였다. 게다가 1970년대 포드 행정부 시절 같이 몸담은 적이 있어 서로 안면이 있는 사이였다. 또한 둘 다 아버지 부시와의 인맥을 이어오고 있었다.

금융시장에 대한 깊은 지식이 재무부 장관의 필수 요건이라고들 하지만 둘 다 그러한 지식을 갖추지는 못했다. 월가 금융회사의 어느 임원은 지명 소식을 듣고는 "잘됐네, 철도회사 출신이라니 딱 우리가 원하던 사람이지"라고 비아냥거리며 "전쟁에서 군대가 승리하려면 훈련을 받은 장군이 필요하다고. 재무부에도 같은 원칙을 적용해야 해"[8]라고 말했다.

오닐 때 그랬듯이 투자자들은 또 다른 중서부 출신 기업인이 재무부를 지휘하게 된다는 소식에 불안감을 감추려 하지도 않았다. 부시가 스노의 지명을 발표한 날 주요 지수에 포함된 주식이 2~4퍼센트 하락했다.[9] 장관 교체는 상징적일 뿐 실질적인 조치가 아님을 투자자들이 눈치챈 것이다.

비판적인 사람들은 부시에게 일관성 있는 경제정책이 없다고 지적했다. 또 스노의 지명만 보더라도 (그것이 무엇이든) 부시가 현재의 목표를 유지하되 좀 더 유능한 세일즈맨을 내세우겠다는 뜻이 아니냐고 말했다. 그럼에도 스노는 재무부의 업무를 감독하는 금융위원회 소속 상원의원 대부분과 긴밀한 관계를 맺고 있었다. 게다가 부시 행정부에 대한 월가의 불신을 해소하기 위해 그의 팀은 루빈의 옛 근거지로 눈길을 돌려 골드만삭스의 공동회장을 지냈던 스티븐 프리드먼 Stephen Friedman을 백악관 국가경제위원회의 위원장으로 선정했다.

그뿐 아니라 스노는 전임자 오닐이 단 한 번도 들어본 적 없었을 조언을 얻었다. 그의 임무는 정책 수립이 아니라 민주적으로 선출된 대통령의 구상을 실행에 옮기는 것이라는 조언이었다. 그 교훈은 스노의 임기 첫째 주에 조지 슐츠 전 재무부 장관이 펜실베이니아 대로 1500번지에 있는 장관 사무실을 방문했을 때 전달되었다. 그들은 부시가 새로운 재무부 장관을 원하는 이유를 압축적으로 보여주는 대화를 나누었다.

슐츠는 "존, 자네는 '장관님의 달러 정책은 무엇입니까? 장관님의 세금 정책에 대해 말씀해 주세요. (중략) IMF의 금 보유고에 대한 정책은요?'라는 질문을 받을 걸세. 어떤 질문이든 정답은 '대통령님의 정책이 무엇인지 말씀드리죠'라고 대답해야 하네"[10]라고 충고했다.

존 스노, 부시의 세일즈맨

―

스노는 인상적으로 무성한 눈썹과 중서부 사람 특유의 매력으로 유명했으며, 노동자계층이 많이 살고 제2차 세계대전 종전 후 황금기를 한껏 누린 공업 도시 오하이오 톨레도에서 성장했다. 다수의 현지인은 고등학교나 직업학교에서 수학과 공학을 공부한 다음 다이(die, 나사를 만드는 공구 ― 옮긴이) 등의 공구 제작자로 부자가 되었다. 이곳의 고숙련공들 덕분에 이리호Lake Erie 건너편의 75번 주간고속도로를 타고 북쪽으로 130킬로미터 정도만 가면 나오는 디트로이트에서는 자동차 대량 생산이 용이해졌다. 그러나 이 지역 토박이인 스노의 부모는 제조업의 일원이 아니었다. 스노에 따르면 그의 부모는 지식인들로 아버지는 변호사, 어머니는 고등학교 교사였다. 스노는 두 명의 노벨상 수상자가 있는 버지니아대학교에서 경제학을 전공하기 위해

하버드대학교 입학을 포기했으며, 교수와 변호사를 거쳐 마지막에는 철도산업 종사자와 공직자가 되었다.

스노는 박사학위를 받은 경제학자이기도 했다. 그러나 이러한 학력을 갖췄어도 그는 재무부 장관 취임 후 석 달이 되지 않아 다수의 재무부 장관을 옭아맸던 달러 함정에 걸려들고 말았다. 시장 교란을 일으키지 않고 달러 관련 발언을 내놓아야 하는 함정을 피하지 못한 것이다.

그가 추구한 바는 미국의 통화정책에 대한 경제학적 근거를 제시하는 것이었지만 얻은 결과라고는 몇 달 동안 달러가 1퍼센트 정도 하락한 것이었으며, 그 과정에서 그의 신뢰도에 금이 갔다.

스노는 약이 올랐다. 그러다 시트콤에서나 볼 법한 웃을 수만은 없는 사건이 2003년 프랑스 해안 도시 도빌에서 펼쳐졌다. 그때 도빌에는 G7 재무부 장관회의 취재를 위해 스노 및 재무부 사람들과 동행한 기자들이 있었다. 도빌은 행운이 깃든 장소였다. 그곳은 1944년 브레턴우즈 회의에서 달러가 제왕으로 등극하기 몇 주 전에 일어난 노르망디 상륙작전 지점에서 불과 약 43킬로미터 떨어져 있었다.

G7 회의 시작을 앞두고 스노는 르 루와얄 도빌 호텔에서 《블룸버그 뉴스》의 사이먼 케네디Simon Kennedy를 비롯한 기자들을 상대로 달러 정책에 대한 설교를 시작했다. (단 한마디도 뉴스에 보도되어서는 안 되는) 이 비공식 회의에서 스노는 10여 명의 기자를 앞에 두고 수출과 통화 교환 가치의 관계가 무엇이고, 통화가 어떻게 해서 시장이 정하는 가치의 저장 수단이 되는지를 설명했다. 쾌활하고 학문에 관심이 많은 경제학자 입장에서 그것은 그저 교역 조건과 통화가 작동하는

방식을 통해 최근의 달러 하락을 설명하는 강의였다. 그러나 케네디 기자는 그 설명을 듣고 재무부 장관이 달러 강세 정책의 종말을 고했다고 생각했다.

스노가 한 말 중에 틀린 것은 없었다. 그러나 그는 규범이 된 루빈의 여덟 단어짜리 달러 발언을 넘어서 지나치게 자세한 설명을 함으로써 달러 강세 정책에 불쾌감을 드러냈다는 의심을 받았다. 사실 그의 발언은 트레이더들이 재무부가 더 이상 외환시장에 적극적으로 개입하지 않는다는 것을 아직 확신하지 못한 상황에서 나왔다.

케네디와 나머지 기자들은 세계에서 가장 막강한 재무부 장관에게 강의를 듣고 몇 시간 후 화려한 태피스트리와 푹신푹신한 소파로 장식한 도빌의 호텔 로비에 모여 앉아 외환시장이 루빈의 전설적인 정책으로 간주해 온 달러 강세 정책에 대한 재무부 장관의 재해석을 보도할 방법을 찾아내고자 머리를 싸맸다. 그들은 G7 회의가 막을 내린 후에 있을 (실시간으로 전송되기 때문에 완전한 보도가 가능한) 기자회견에서 스노를 유도해 그가 비공식적으로 한 발언을 다시 이끌어내기로 결정했다.

기자회견장에 들어간 케네디는 녹음기를 켠 상태로 "'달러 강세'에 대한 장관님의 정의를 들려주실 수 있을까요?"라고 질문했다.

스노는 재무부 홍보팀이 재무부 장관으로서 바람직하다고 생각하는 수준을 넘어선 장황한 답변을 내놓았고, 그의 말은 전 세계 트레이더와 정책 입안자 들에 의해 단어 하나하나까지 분석되었다.

"우리는 국민이 우리의 통화에 대한 확신이 있기를 바랍니다. 우리는 국민이 통화를 훌륭한 교환의 매개로 인식하기를 바랍니다. 또

한 통화가 양질의 가치 저장 수단이자 소유하고 싶은 대상이 되기를 바랍니다."

케네디는 호텔에 임시로 마련된 기자회견실 맨 앞줄에 앉은 채로 공책에 연필을 바삐 놀렸다.[11] 추가 질문에 답하면서 스노는 지난해 유로 대비 달러의 하락 폭 21퍼센트가 "꽤 적당한 수준"이라는 생각을 밝히고 말았다.

모든 것을 종합할 때 케네디 기자에게는 미국이 최근의 달러 약세에 대해 갑자기 만족하게 된 것으로 보였다. 달러 약세가 이어지면 해외에서 미국산 제품의 가격이 떨어지고 달러로 환산할 해외 매출액이 증가하게 되므로 미국의 제조업자들에게는 이익이 될 터였다.

어느 외환딜러는 "시장은 달러 강세 정책이 정말 존재하기는 하는지 의문을 품어왔는데 이제는 존재하지 않는다는 것이 매우 분명해졌다"고 말했다. 또 다른 외환딜러는 투자자들이 보기에 루빈의 구호는 외환시장에서 달러 강세를 유지할 의도로 고안된 것인데 그 구호가 방금 "버림"을 받았다고 평가했다.

재무부의 대외 홍보실 입장에서 《블룸버그 뉴스》에 실린 케네디의 기사 헤드라인[12]은 악몽이 현실로 나타난 사건이었다. "스노가 재정의한 '달러 강세' 때문에 달러의 하락세가 연장될 가능성이 있다"는 헤드라인이었다. 《월스트리트 저널》은 한술 더 떠서 "스노 재무부 장관은 지난 주말 부시 행정부가 외환시장에서의 달러 '강세'를 구두 지지하는 전략을 8년 만에 포기했다는 것을 시사했다"[13]고 보도했다.

두 기사는 달러에 대한 '새로운 전략'이 그렇지 않아도 약세인 달러의 대량 매도를 일으킬 것을 예고했다. 실제로 기사를 접한 트레이더들이 재무부가 달러 가치를 끌어올리는 조치를 하지 않으리라는 전망을 받아들였다. 그들이 보기에 재무부가 달러 강세를 포기하면 자본이 미국에서 빠져나가 주식과 채권의 가치가 떨어질 수 있으며 결과적으로 민간 부문의 경제 투자 여력이 위축될 터였다.

뉴스 기사에는 부시 취임 이후 재무부 대변인들이 수백 번이나 되풀이한 말도 실려 있었다. "달러 정책에는 변화가 없다"는 말이었다.

그러나 재무부의 부인을 믿은 사람은 거의 없었다.

도빌에서의 일화는 루빈이 베트남에서 경험한 일을 비롯해 그동안 수없이 전개된 상황과 마찬가지로 달러 강세 정책이 얼마나 미숙한지를 보여준다. 수십 년 후 당시에 대한 질문을 받은 스노는 금융기자와 외환딜러들이 공모 관계에 있다고 주장했다. 그는 한 인터뷰에서 "기자들은 현직 재무부 장관에게서 전임자들이 했던 말과는 판이한 발언을 듣고 싶어 하며, 금융시장은 그런 발언이 시장에 요동을 일으키기 때문에 좋아한다"면서 "그들은 시장이 상승하든 하락하든 상관하지 않지만 변동성이 존재하는 한 만족해한다"고 말했다. (그가 보기에 금융상품의 가격 상승이나 하락은 트레이더가 베팅을 하고 수익을 거둘 수 있는 기회다.) 임기 동안에는 그러한 주제가 그에게 좌절감을 안겼지만 결국 스노는 투자자와 기자들이 밀어 넣은 달러 함정을 생각하면 웃음을 터뜨릴 수 있게 되었다. 그러고는 "그들 사이에는 공생 관계가 존재한다"고 덧붙였다.

달러의 위상에 중대한 역할을 담당하는 금융시장과 재무부의 신뢰가 그때처럼 절실한 적은 거의 없었다. 9·11 테러 이후 달러는 온전한 전쟁 무기로 탈바꿈했을 뿐 아니라 갈수록 통합되어 가고 있던 세계경제 내의 상거래 대부분에서 핵심 요소의 위치를 유지했다. 달러 자산의 관리자 역할을 맡은 남성(몇 년 후에는 여성이 맡게 되지만)이 금융시장의 존경을 얻으려면 시장의 힘을 직관적으로 이해할 수 있어야 했다.

스노는 신뢰가 가고 따라 할 수 있는 강달러 구호를 고안하기 위해 수석보좌관인 크리스 스미스Chris Smith를 비롯한 참모들과 함께 전략 회의를 열었다. 시장은 부시가 달러를 떨어뜨리고자 한다고 확신하고 있었기에 달러 발언을 완전히 중단하는 것은 불안을 고조시킬 뿐이었다. 수익을 얻으려고 혈안이 된 외환딜러들이 스노에게 달러에 대해 질문하라고 기자들을 부추기는 것도 상황을 악화시켰다. 스노는 정확성을 기하려고 애썼지만 트레이더들이 루빈과 서머스에게 길들어 로봇 같은 정밀함을 기대하고 있는 상황에서 달러 강세 구호를 엄밀하게 전달하기란 불가능했으며, 그 결과 예기치 못한 시장 변동성이 지속적으로 초래되었다.

《월스트리트 저널》은 "과거에는 대통령이 무심코 한 발언으로 달러 변동성을 유발하면 재무부 장관이 시장을 진정시키는 게 일반적이었다. 그런데 스노 재무부 장관이 달러의 최근 하락세가 '질서정연'하게 이루어지고 있으며 달러가 여전히 과거 대비 높은 수준을 유지하고 있다는 발언으로 달러 가치를 떨어뜨리자 부시는 금요일에 시장을 진정시키기 위한 성명서를 발표했다"[14]라는 기사를 내보냈다. 스노가 취임한 지 딱 11개월째 되던 때였으며 그동안 그는 달러 정책과 관련해 여러 번의 실수를 저질렀다.

부시는 달러 정책과 관련한 소동에 휩싸였음에도 스노를 지명하면서 그에게 요구했던 바를 얻을 수 있었다. 그것은 바로 부시의 경제 계획을 응원하는 치어리더 역할이었다. 그해 11월 유권자들에게는 또다시 부시를 대통령으로 뽑느냐와 민주당의 존 케리 의원을 백악관으로 보내느냐 하는 선택지가 놓여 있었다. 제73대 재무부 장관인 스노는 2004년 해외 출장을 대부분 중단하고 미국의 절반 정도 되는 지역을 방문했다. 재무부의 언론 홍보 자료에 따르면 장관은 미주리·오하이오·오리건·몬태나·메인·노스다코타를 방문해 경제 현황을 알리고[15] "부시의 경제정책을 홍보"[16]했다.

스노는 전국을 순방하는 동안 공사 현장을 돌아다니고 학교, 지역 노인 시설, 호텔은 물론 빌더베어Build·A·Bear라는 장난감 상점까지 들렀다. 그의 임무는 플로리다에서 네바다에 이르는 각 지역에서 부시의 두 번째 임기를 긍정적인 모습으로 전달하는 것[17]이었다. 네바다를 방문한 스노는 현지 기업 경영인들을 상대로 네바다가 당시 3800개의 새 일자리를 창출했다는 사실을 전달했으며, 호텔 소유주 등이 테러 보험에 가입할 수 있도록 지원하는 연방 규정을 홍보했다. 전 지역을 순방하는 동안 휴식 시간에는 기자며 USSS 요원들과 농구를 즐겼다.

그렇다고 해서 그 무서운 달러 관련 질문을 피하지는 못했다.

스노는 클리블랜드의 한 학교 체육관에서 만난 학생 한 명에게서 달러 강세 정책에 대한 견해를 질문받았을 때 고개를 돌려 자신을 뒤따르고 있던 기자들을 노려보았다.[18] 기자들이 그 학생에게 자신이 가장 증오하는 질문을 던지는 과제를 떠넘겼다고 짐작했기 때문이다.

선거운동 형태의 전국 순방으로 말미암아 스노의 평판은 정책 입안자가 아니라 부시의 세일즈맨으로 굳어질 뿐이었다. 그는 팀을 중요시하는 사람이었기에 정책 입안자 역할을 하기보다는 자신이 관여하지도 않은 정책을 홍보하고 다녔다. 정치계와 금융계 모두 스노가 재무부 장관의 위상을 메신저 역할로 떨어뜨렸다고 비난했다. 그들은 백악관 내에서 그의 영향력이 약해지고 있으며 그가 의사결정을 내리는 핵심 권력층의 주변부에 있다고 판단했다. 스노 시대에 골드만삭스의 경제 전문가였던 (그리고 훗날 뉴욕 연방준비은행 총재가 된) 윌리엄 더들리 William Dudley는 당시 월가에는 "가장 중요한 경제 전략이 재무부에서 나오고 있지 않다는 추측이 팽배했다"[19]고 말했다. 기자들이 그에게 했던 시험을 스노가 계속해서 통과하지 못하는 것도 문제였다.

바람직한 일은 아니었다. 드물게나마 미국 재무부 장관의 목소리가 흔들리는 시장을 잠재우기 위해 필요한 때가 있었다. 오닐은 단 한 번도 그러한 힘을 발휘하지 못했다. 그리고 부시는 스노 역시 미국 재무부 장관의 주요 직무 요건을 충족하지 못한다는 사실을 2005년에 이르러 점점 더 깨달아가고 있었다.

스노가 투자자와 의회의 신뢰를 완전히 얻지 못한 가장 큰 이유는 그가 시장을 움직이는 실수를 저질렀기 때문이었는데, 이는 오닐의 임기를 어지럽혔던 것과 똑같은 실수였다.

루빈의 그늘은 그가 떠난 지 한참 뒤까지 크게 자리 잡고 있었다.

부시가 스노를 교체하고 싶어 한다는 소문이 돌자 홍보계의 솜씨 좋은 거물인 토니 프라토Tony Fratto는 스노가 재무부에 그대로 남을 것이라고 세상을 안심시키는 임무를 떠맡았다. 프라토는 스노의 장래에 그림자를 드리우는 헤드라인들과 차례로 맞서 싸웠다.[20] 2004년 11월의 어느 헤드라인은 "재무부의 스노, 부시의 지지에도 여전히 의혹에 직면하다"라는 내용이었다. 프라토와 언론과의 전쟁은 18개월 동안 이어졌다.

대통령이 재무부 장관에게 공개적으로 보여주는 신뢰가 미약하다는 점도 상황에 도움을 주지 못했다. 《워싱턴 포스트》와 《뉴욕타임스》는 대통령은 몇 달 내에 새로운 사람이 재무부의 지도자가 되기를 원한다는 행정부 관료들의 발언을 익명으로 인용했다. 부시가 스노를 버리려고 한다는 뉴스 보도가 나갔는데도 백악관 측이 무려 열흘 동안 해명하지 않고 미적거렸던 것은 스노를 특히나 괴롭게 했다.

전문가들은 스노의 신뢰도에 금이 간 이유는 그의 자리가 불안정했기 때문이라고 평가한다. 프라토는 "모든 사람이 그의 임기가 얼마 남지 않았다고 생각하는 상황에서 스노가 어떻게 [의원들이며] G7과 협상을 할 수 있었겠는가?"[21]라고 회고했다.

이제는 대통령 본인이 전 세계 재무부 장관, 투자자, 국회의원 들 앞에서 재무부의 위상을 땅에 떨어뜨리는 역할을 하고 있었다. 그러한 상황은 몇 달 동안 계속되었다.

그러나 배후에서는 큰 변화가 일어나고 있었다. 부시는 적극적으로 스노의 대체자를 찾고 있었다. 그 이전에 이미 스노 장관은 하루 빨리 민간인의 삶으로 돌아가고 싶다는 뜻을 대통령에게 개인적으로 전달했고, 대통령은 그 뜻을 받아들였다. 달러를 관리할 차기 재무부 장관은 취임 직후에 전례 없이 극심하고 파괴적인 금융위기의 지휘관이 될 운명이었다. 그토록 전면적인 재앙에서 경제를 구제하려면 혁신적인 정책 수립만이 정답이었다. 그 당시에는 아무도 알지 못했지만 부시는 강력한 재무부 장관이 필요하다는 사실을 인식하고 있었다.

문제는 그 일에 안성맞춤인 사람이 계속해서 거부하고 있다는 사실이었다.

제9장
'행크'라고 부르세요
"JUST CALL ME HANK"

폴슨은 다트머스대학교에서 미식축구 선수치고는 작은 키로 공격 라인맨(offensive lineman, 미식축구에서 일종의 인간 방패 역할을 하는 선수 — 옮긴이)을 맡았던 시절부터 문제를 보면 피하지 않고 정면으로 돌진했다.

1960년대 후반, 그는 76번이 인쇄된 초록색과 흰색 줄무늬 유니폼 차림으로 90킬로그램의 몸을 힘껏 던져 상대방에게 달려들었을 때도 어떠한 도전이 기다리고 있는지 알고 있었다. 강력한 태클과 꺾이지 않는 공동체 정신으로 무장한 폴슨은 팀에서 가장 더러워진 유니폼으로 경기를 마치기 일쑤였다. 거친 몸놀림으로 쿼터백(quarterback, 미식축구에서 팀의 공격을 지휘하는 선수 — 옮긴이)을 보호하고 돕는 일을 미안해하지 않았기에 그는 '망치 행크 Hank the Hammer'라는 별명을 얻었다. 다트머스에서 4년을 보내는 동안 폴슨은 단 네 경기만 졌는데 이 같은 업적 덕분에 그는 아이비리그의 스포츠 전설 사이에 이름을 올렸다.

그처럼 문제에 돌진하는 버릇은 40년 후에 그가 (직업 특성상 미식축구 유니폼보다 한층 더 근엄한 제복인) 짙은 정장과 넥타이 차림을 하고 재무부 장관으로서 첫 출근을 했을 때도 쓸모를 발휘하게 되었다.

거번먼트 삭스에서 온 망치 행크

—

2006년 월가는 치열한 이윤 경쟁을 벌이고 있었다. 금융 대기업과 그 외의 금융회사들은 미국 주택시장과 자동차 부문의 이례적으로 강력한 신용 팽창 추세에 편승해 이윤을 극대화할 수 있는 복잡한 금융상품을 개발하는 중이었다. 2003년 12월부터 2006년 말까지 미국 주식시장이 28퍼센트 상승함에 따라 수만 달러에 달하는 돈이 수백만 미국인의 퇴직연금 계좌에 추가되었다(적어도 서류상으로는 그러했다). 집을 사서 더 부유한 미래로 나아가는 식의 아메리칸 드림을 실현하는 일이 그때처럼 수월했던 적은 없었다.

그 배후에 있는 은행가들은 개인과 회사 차원에서 막대한 부를 쌓고 있었다. 당시 골드만삭스의 수장이었던 폴슨의 연봉은 무려 3700만 달러에 달했고,[1] 골드만삭스의 주가는 사상 최고치를 찍었다. 월가 종사자 모두의 부러움을 샀던 폴슨의 관점에서 삶이 그보다 더 좋을 수는 없었을 것이다.

재무부 장관들은 보통 강인한 사람들이다. 그들은 막대한 책임을 떠안기 때문에 이념 논쟁이라는 정치적 덤불을 뚫고 들어가 세계 금융 시스템과 입법 절차의 깊숙하고 미묘한 곳까지 파헤쳐야 하는 임무를 수행한다. 우리는 미국 재무부가 경제와 금융을 제대로 이해하며 미국의 통화나 국채와 관련한 모든 사안에서 안정성과 예측 가능성의 중요성을 숙지하고 있는 사람들에 의해 운영되기를 바란다. 특정한 정책이 그 안정성과 예측 가능성을 해치는 상황일 때 우리에게는 자신의 신용을 걸고 국가의 가장 귀중한 자산인 달러를 보호할 수 있는 재무부 장관이 필요하다.

그러나 재무부가 나라에서 가장 많은 요구를 받을 때, 다시 말해서 미국 경제에 대한 신뢰가 흔들릴 때 재무부 장관이라는 직책에는 창의적인 사고를 마다하지 않고 장관으로서의 한계를 뛰어넘어 미식축구 경기장의 공격 라인맨처럼 재빨리 움직일 사람이 필요하다. 그 때문에 팀의 다른 사람보다 더 많이 고생하고 진흙탕에 서박이너라도 꺼리지 않을 사람이 요구된다. 민간 부문에는 재무부 지휘라는 독특한 임무에 적합한 기량을 연마할 수 있는 직업이 극히 드물지만 골드만삭스의 경영이야말로 그에 가장 근접한 일이라고 할 수 있을 것이다.

150년 역사를 지닌 골드만삭스는 월가에서도 동경의 대상이 되는 다국적 투자은행으로, 그 영향력은 매출만큼이나 엄청나며 전 세계 곳곳에 뻗어 있다. 공직자를 육성해 온 역사 역시 이례적이다. 맬컴 턴불Malcolm Turnbull 호주 총리, ECB 총재를 역임했던 드라기 등의 이탈리아 총리들 그리고 무엇보다도 루빈 등이 대표적인 사례다. 골드만삭스는 셀 수 없이 많은 국회의원, 대통령 경제 고문, 백악관 수석

보좌관, 연준 이사 들을 배출해 '거번먼트 삭스'(Government Sachs, 삭스 정부)라는 별명을 얻었다.

폴슨은 30년에 걸쳐서 이 권위 있는 금융 대기업의 꼭대기까지 올라가는 동안 회사가 제공한 직업적인 비장의 무기를 빠짐없이 획득하고 활용하며 연마했다. 그는 다트머스의 '망치 행크'로 불렸을 때처럼 두려움과 존경의 대상이었다. 이를테면 모든 고객에게 하늘 아래에서 가장 중요한 사람이 된 것 같은 기분을 느끼도록 하는 기업문화를 조성했다. 또한 경제 발전에 기여하기 위해서 더욱더 폭넓은 정책적 요구 사항에 초점을 맞추었다. 예를 들어 폴슨은 민간 기업에 대한 중국의 시장 개방을 유도하기 위해 최고경영자라는 자신의 위치를 활용했다. 그뿐 아니라 골드만삭스가 비공개 합자회사 private partnership에서 증권사 역사상 가장 큰 분기 이익을 낸 주식회사로 탈바꿈하는 데도 중요한 역할을 했다.[2] 그가 183센티미터가 넘는 키에 운동선수 같은 체격을 유지한 것도 사람들에게서 즉각적인 경외심을 이끌어내는 요소였다.

폴슨의 과거를 좀 더 자세히 살펴보면 그가 열심히 노력해서 운명을 바꾼 사람임을 알 수 있다. 플로리다 태생인 그는 1940년대 후반과 1950년대에 중서부 일리노이 배링턴에서 성장했다. 까마귀와 미국너구리를 반려동물로 키웠고 가족에게 우유를 주는 소를 돌보았다.[3] 열네 살에 이글스카우트로 활동했으며, 곤궁한 가정환경 속에서 버터를 얻기 위해 크림을 젓는 일도 했다.

그 모든 경험 덕분에 그는 부시를 임기 내내 괴롭혔던 골칫거리에 대해 완벽한 해결사 역할을 할 수 있었다. 부시는 자신이 처음 임명한 재무부 장관을 해임했으며, 두 번째 장관인 스노는 백악관이 원하는 대로 행동했다. 백악관의 보좌관들이 수립한 정책을 앞서서 홍보하는 역할을 했다는 뜻이다. 그러나 결론적으로 그러한 접근법은 금융계의 신뢰를 얻지 못했다. 재무부 장관은 경제 대변인에 그쳐서는 안 된다. 경제정책을 추진하고 수립해야 한다. 부시는 전 세계 금융 공동체가 거부한 인물들을 연이어 선택했다. 그러나 금융 공동체의 동의는 경제정책의 성공에 필요한 요소였다.

'미스터 마켓'이라는 별명으로도 불리는 억만장자 투자자 버핏은 "단기적으로 주식시장은 투표 집계기"[4]라는 비유를 들었다. 그의 비유가 옳다고 가정할 때 부시에게는 월가에 즉시 위엄을 떨칠 수 있는 재무부 장관이 필요했다. 연방정부 채권, 즉 국채 시장에서 재무부가 담당하는 역할은 점점 더 중요해지고 있었다. 국채 시장은 그때까지 20년에 걸쳐 25퍼센트 넘게 성장해 그 규모가 8조 2000억 달러에 이르렀다.

이런 상황에서 미국 국채 판매의 총책임자인 재무부 장관에게는 그 어느 전임자들보다 훨씬 더 큰 임무가 따라왔다. 2006년 세계는 달러로 돌아가고 있었고 달러의 연결망은 고도로 통합되고 새로워진 세계경제 속에서 거의 모든 사람에게 뻗어 있었다. 미국은 민주적인 정부, 법치주의, 독립된 사법부의 뒷받침을 받으며 권력의 정점을 향유하는 중이었다. 미국처럼 너무 크고, 너무 중요한 나라가 휘청거렸다가는 세계가 동반 추락한다는 것이 그 당시의 경제적 신조였다.

폴슨은 어떤 면에서 의외의 후보자였다. 일단 그는 금융계의 거물이었지만 월가의 왕족 행세를 하지 않았다. 그가 중요한 고객이든 용감한 기자든 다른 사람과 나눈 대화는 대개 "저를 그냥 '행크'로 불러주시면 한결 수월하게 대화를 나눌 수 있을 것 같습니다"라는 문장으로 시작했다. 이처럼 그는 자신의 공식 직함에 연연하지 않고 격식을 차리지 않는 행동으로 자신에게는 지위보다 지식이 더 중요하다는 사실을 대놓고 전달했다.

무엇보다도 폴슨은 자신의 주위에 있는 사람이라면 누구나 덥석 받아들일 자리를 계속해서 거부했다. 한 가지 이유는 그 제안에 그리 구미가 당기지 않아서였다. 이미 2006년 봄 부시는 9·11 테러 직후에 누렸던 양당의 지지를 잃은 상태였다. 미국 국민은 갈수록 이라크 침공을 어리석은 짓으로 여기는 반면 부시는 이라크 침공을 고집했기 때문이었다. 게다가 부시가 그렇게 이라크에서 찾아내야만 한다고 강조했던 대량살상무기가 발견되지 않은 것으로도 모자라 허리케인 카트리나에 엉망진창으로 대응함으로써 그러지 않아도 낮았던 지지율이 크게 떨어졌다. 갤럽 여론조사에 따르면 미국 국민 가운데 59퍼센트가 부시의 직무 수행을 부정적으로 평가했다.[5] 그해 3월 부시가 모터사이클 애호가이며 '주의력 결핍장애 Deficit Attention Disorder'라는 록밴드 활동을 한 적 있는 조슈아 볼턴 Joshua Bolten을 신임 수석보좌관으로 선택한 데도 신선한 관점이 필요하다는 이유가 작용했다.

볼턴은 행정부 참모들을 평가하다가 경제팀이 눈에 띄게 아픈 손가락이라는 사실을 깨달았다. 경제팀은 대통령 임기 초기부터 인물들 간의 첨예한 갈등으로 점철되어 있었다. 볼턴은 그들이 예기치 못한 상황에 대처할 준비가 되어 있지 않은 것도 걱정스러웠다. 부시의 취임 이후에 상상을 초월한 재난이 이미 여러 차례 발생했다. 두 건의 기업 스캔들과 경기 침체는 말할 것도 없고 항공기가 맨해튼 고층빌딩을 무너뜨린 사건, 파괴적인 자연재해 등이 잇따랐다. 볼턴은 그동안의 재난들을 돌이켜보다가 머피의 법칙(잘못될 가능성이 있는 일은 결국 잘못된다는 법칙)을 떠올렸다.[6] 그가 보기에 마지막으로 일어날 재난은 금융 문제 같았다.

재무부의 영광을 되돌릴 사람

9·11 테러 5주기가 가까워질 즈음 달러는 전쟁 무기로 완성되어 있었다. 이에 힘입어 미국은 세계 다른 지역에 자국의 대외정책 목표를 강요할 수 있었다. 금융전쟁이라는 신종 전쟁은 세계 상거래에서 달러가 지닌 힘과 그 필수 불가결함을 십분 활용했다. 그때부터는 외교 전략이 실패했거나 미국이 군사 행동에 나설 태세가 되어 있지 않을 때, 재무부가 혁신적인 금융 기법을 활용해 금융전쟁을 벌일 수 있게 되었다. 2006년경 재무부가 이라크의 사담 후세인 대통령이 소유한 것으로 파악한 자산은 100억 달러에 이르렀다.

그러나 폴슨은 부시의 뜻에 따른 재무부의 권한 축소를 우려했고 자신이 연임된 행정부 말기에 얼마나 많은 성과를 올릴 수 있을지 회의적인 입장이었다.

그런 그의 마음을 바꾸는 데는 다소 기발한 방법이 동원되었다. 그 성공적인 활동은 재무부 출신 노장의 힘을 빌려 이루어졌다. 그는 각기 다른 세 개의 행정부에서 공직자를 지냈으며 워싱턴 정가에서 저명인사로 영향력을 발휘해 온 베이커였다. 특히 그는 재무부 장관 시절인 1980년대 다른 나라들을 설득해 달러의 약세를 이끌어냈다. 두 사람이 만난 자리에서 베이커는 폴슨에게 어떤 조건을 제안받아야 재무부 장관직을 수락할 것인지 열거해 보라고 조언함으로써 폴슨의 우려를 단번에 해소했다. 베이커의 조언은 재무부 장관이 미국 대통령에게 보고하는 경제 수장으로서의 존중과 자율권을 보장받아야 성공할 수 있다는 것이었다.[7] (그 조언을 머리에 새긴 폴슨은 결국에는 대통령을 정기적으로 만날 수 있는 권한, 자기 직원을 직접 선택할 수 있는 자율권, 스노의 발목을 잡았던 정치 집회에 참여하지 않을 자유를 요구해 받아냈다.)

볼턴 역시 폴슨을 영입하기 위해 지속적인 압박을 가했지만 그는 계속해서 거부했다. 가족에게 어떻게 그 소식을 알릴 수 있겠는가? 폴슨의 가족은 모두 강성 진보주의자였다(나중에 그의 어머니는 아들에게서 부시 내각에 합류할 것이라는 이야기를 듣고 울음을 터뜨렸다고 한다).[8] 그뿐 아니라 폴슨은 현실적인 생각을 하고 있었다. 월가 왕족인 자신의 현재 지위를 포기하고, 연임 이후 레임덕 시기에 가까워지고 있으며 지지율이 터무니없이 낮은 행정부에 합류하면 골드만삭스에서와는 너무도 대조적인 삶을 살게 될 터였다. 연봉만 해도 수천만 달러에서 20만 달러 밑으로 깎이는 데다 주가 변동이나 회사의 비공식 절차 등을 통해 간접적인 감시만 받던 삶에서 벗어나 국민과 의회의 직접적인 감시 속에 놓이게 될 것이었다.

이러한 상황에서 볼턴은 영입을 달가워하지 않는 목표물을 유인하기 위해 똑똑한 계략을 생각해 냈다. 백악관이 후진타오 중국 주석과의 공식 오찬에 폴슨을 초대하도록 한 것이다. 골드만삭스의 최고경영자로서 중국을 여러 차례 방문해 중국 지도부와 친분을 쌓은 폴슨에게 후진타오와의 오찬은 완벽한 자리였다.

부시는 세 개의 대형 샹들리에가 드리워진 백악관에서 가장 상서로운 장소 가운데 하나인 이스트룸East Room에서 오찬을 주최했다. 이스트룸은 백악관에서 가장 널찍한 곳으로 18세기 후반의 건축 양식, 천장의 테두리 장식, 참나무 재질의 바닥, 조지 워싱턴 대통령의 전신 초상화가 특징인 장소다. 임기 중에 세상을 떠난 대통령 일곱 명이 이 장중한 곳에 안치된 바 있다. 게다가 민권법이 서명된 곳이자 훗날 버락 오바마 대통령이 오사마 빈 라덴의 죽음을 발표한 곳이기도 하다. 그러나 2006년 4월 20일 목요일에는 중국 고위 관리를 대접하는 오찬회장 겸 부시가 폴슨 부부의 비위를 맞추는 장소로 사용되었다.

150명 정도의 엘리트 초청객 명단에 포함된 폴슨 부부[9]는 내슈빌 밴드의 블루그래스(bluegrass, 전통적인 악기로만 연주하는 미국 남부의 컨트리 음악 — 옮긴이)를 즐겼고 알래스카의 자연산 넙치, 생강 향이 나는 만두 등의 음식을 들었다. 그 웅장한 행사는 폴슨의 관심을 사로잡았다. 폴슨의 회고록 《일촉즉발의 순간On the Brink》에 따르면 오찬 후에 그와 아내 웬디는 워싱턴D.C.의 그 유명한 벚꽃이 만개한 광경을 즐기기 위해 바로 옆 재무부 건물까지 짧은 산책을 즐겼다. 그는 산책 도중 장관직을 거절하는 것이 실수일지도 모른다고 생각했다. 친한 친구한 명은 그에게 "넌 정말로 일흔다섯 살에 남들한테 '나는 재무부 장관이 될 수도 있었던 사람이야'라고 말하고 싶어?"[10]라고 반문했다.

세간의 이목을 끈 후진타오 주석의 백악관 국빈 방문 이후 논객들은 부시가 미국과 중국 간의 막대한 무역 불균형에 대해 별 진전을 이루어내지 못한 것을 비판했다. 그러나 그날의 국빈 방문은 부시가 폴슨의 마음을 얻어낸 날이라는 점에서 완전한 실패작은 아니었다.

그럼에도 폴슨은 몇 주가 지나서야 장관직을 수락했다. 그 같은 조심스러움 덕분에 폴슨은 유리한 입장에 설 수 있었다. 그는 부시에게 자신이 경제정책을 실질적으로 책임지고 대통령과 직접 면담하는 권한을 얻어야만 그 자리를 받아들이겠다고 말했다. 부시는 폴슨 같은 사람이면 기존에 마련된 경제정책을 충실히 수행하고 취임 첫날부터 대표팀 선수처럼 전면전을 치러낼 수 있겠다고 직감했다.

부시는 폴슨이 제시한 조건을 모두 받아들였다.

2006년 7월 10일 월요일 오전 11시 20분경 존 로버츠John Roberts 대법원장은 월가가 부시의 경제팀에 걸었나 싶은 저주를 푸는 데 도움을 주었다. 폴슨이 미국의 제75대 재무부 장관으로 선서한 취임식 장면은 실시간으로 생중계되었다. 행사 참석을 위해 재무부로 걸어온 부시는 신임 장관이 행정부 경제정책의 "최고 대변인"[11]이 될 것이라고 전 세계에 밝혔으며 폴슨을 "모든 미국인이 신뢰할 수 있는 인물"로 묘사했다. 폴슨의 "세계 시장에 대한 심도 있는 지식"을 내세운 것만 보더라도 부시가 투자자들에게 시달린 전임 장관 두 명을 겪으면서 얻은 교훈은 명확했다. "재무부 장관은 제가 구성한 경제

팀을 지휘하는 인물이며 제 경제정책의 최고 대변인입니다"라는 대통령의 발언은 지난 6년간 재무부 장관들을 방해했던 경제팀의 다른 구성원들에게 전달하는 메시지처럼 들렸다.

폴슨은 탄탄한 경제를 물려받았다. 앞선 3년 동안 540만 개의 새 일자리가 창출되고 실업률은 경제학자 대다수가 건강한 경제의 징표로 간주하는 수준인 4.7퍼센트로 하락한 가운데 미국 경제는 대략 5.6퍼센트의 고속 성장을 보였다. 폴슨이 중점을 둘 평화 시대의 목표에는 공정 무역 정책을 유지하기 위해 국제 공동체를 설득하고 세금을 감면하는 일이 포함되었다(휘청거리는 경제를 구제하기 위한 싸움은 18개월 후에 전격적으로 시작되었다). 그러나 돌이켜보면 7월의 그 무더운 날 대통령이 한 발언은 불길한 느낌을 자아낸다. "미국 경제는 강력하고 생산적이며 번성하고 있습니다. 그리고 저는 이 기조를 유지하기 위해 폴슨과 함께 일하기를 기다리고 있습니다."

부시가 폴슨에게 한 약속은 재무부의 영광과 힘을 다시 세운다는 취지로 재무부 장관에게 권한을 부여하겠다는 것이었다. 그 약속은 얼마 후 미국이 강력한 재무부와 노련한 달러 운영 솜씨를 가장 절실히 필요로 하게 될 때 실행에 옮기게 되었다. 폴슨은 자신의 첫 번째 과제 가운데 하나가 금융시장, 워싱턴, 전 세계를 상대로 재무부를 향한 신뢰를 되살리는 일임을 알고 있었다.[12] 그는 자리를 수락하기 전에 조건으로 내걸었듯이 주기적이고 용이한 면담을 통해 대통령과 탄탄한 관계를 맺어야 한다는 점을 분명히 밝혔다. 모두가 대통령의 최고 경제 고문이 누구인지 알았다. 폴슨은 훗날 "재무부가 행정부의 정책 수립 과정에서 뒷전으로 밀려나 백악관의 지시를 기다리기만 하는 일은 더 이상 없었다"[13]라고 말했다. 폴슨이 말하면 투자자, 입법부, 행정부 관료, 세계 각국의 재무부 장관 들이 모두 귀를 기울였다. 루빈 시대와 마찬가지로 재무부가 폴슨 밑에서 실수로 시장의 변동을 초래하는 일은 드물었고, 그는 그러한 상황을 유지하기 위해서라면 무슨 일이든 기꺼이 했다. 폴슨은 취임 후 첫 번째 주요 연설[14]을 통해 달러 강세 원칙에 대한 재무부의 충성을 재확인했다. "저는 달러 강세가 우리 미국의 국익에 부합한다고 생각하며, 통화 가치는 근본적인 경제 펀더멘털을 반영해 공개적이고 경쟁적인 시장에서 정해져야 한다고 봅니다"라는 말이었다.

그는 오닐과 스노를 차례로 무너뜨린 발언을 전달했으나 시장은 그의 의도에 의혹을 품지 않았다. 당시 어느 투자자는 신임 재무부 장관의 연설을 돌이켜보면서 폴슨이 "신중했고 옳은 내용만 말했다"고 평가했다. 어쨌든 폴슨도 투자자들과 같은 서식지 출신이며 결과적으로 그 같은 사실은 달러에 대한 시장의 불안을 잠재우는 역할을 했다.

마침내 월가는 더 이상 루빈의 귀환을 갈망하는 목소리를 내지 않았다.

흑백 격자무늬 대리석이 깔린 재무부의 3층 복도를 걷다 보면 백인 남성의 200년 복식사를 보여주는 전시장에 온 기분이 든다. 그곳에는 식민지 시대의 가발과 폭이 넓은 실크 넥타이를 착용한 남성들의 유화가 걸려 있다. 남성들은 붉은색의 풍성한 벨벳 커튼과 재무부 건물의 큼직한 그리스식 복고풍 기둥에 둘러싸여 뽐내는 자세로 선

모습이다. 그중 어떤 사람은 1800년대에 유행했던 것 같은 색상의 상하의에 조끼, 무릎길이의 연미복, 바지로 구성한 정장 차림이다. 실물 크기보다 더 큰 초상화들은 하나같이 위풍당당한 자세를 취한 남성들을 담고 있다. 그중에는 서류뭉치를 쥔 채로 마호가니와 가죽으로 만든 안락의자에 앉아 반짝이는 황금 사슬에 연결된 회중시계를 착용한 사람의 초상화가 있다. 그런가 하면 한쪽 팔꿈치를 창틀에 올리고 다른 손에는 파이프 담배를 쥔 인물의 뒤로 백악관이 그려져 재무부가 미국의 권력 중심지 바로 옆이라는 사실을 드러내는 초상화도 있다. 초상화에 담긴 거의 모든 남성이 완벽한 정장과 넥타이를 착용한 차림이다.

그러다가 만난 초상화에는 키가 크고 머리가 벗겨진 다소 단정치 못한 남성이 안경을 쓰고 정장 상의를 입지 않은 채 스트레스와 불안한 기색이 역력한 얼굴로 두 손을 주머니에 쑤셔 넣은 모습이 그려져 있다. 그 그림은 화가가 셔츠 자락이 삐져나온 채로 화장실에서 나와 허둥지둥 자리로 돌아가려는 사람을 멈춰 세우고 서둘러 자세를 취해 보라고 애원하면서 그린 것 같은 인상을 준다. 게다가 배경에는 실제 풍경이 아니라 이끼 느낌의 수수한 녹색이 칠해져 있다.

폴슨 장관의 초상화 속 모습에는 재임기에 이어진 역동적이고 긴급한 경제정책 수립과 외교 활동의 흔적이 반영되어 있으며 '행크'라는 애칭을 선호하는 사람의 소탈한 태도가 드러나 있다.

폴슨이 재무부 장관으로 선택되고 압력을 받은 후에 결국 그 자리를 수락한 것은 그 시대 세계경제 측면에서 가장 다행한 일이다. 그가 금융시장에서 실무 경험이 없고 경제정책의 지휘에 필요한 위엄이 부족했던 전임자들에게서 자리를 이어받은 지 채 1년 반도 지나지 않아 한 세기 만에 최악의 금융위기가 발생했다. 폴슨은 불쾌하고 정치적으로도 위험한 선택지를 고안했고, 그의 설득에 행정부 동료뿐 아니라 공화당과 민주당 의원들은 그것만이 미국과 전 세계를 총체적인 혼란에서 구할 유일한 방법임을 납득했다.

마크 소벨의 전략

―

위풍당당한 유화 속에 그려진 미국 재무부 장관 한 명 한 명마다 무명의 남녀 수십 명이 달러의 개발, 육성, 활용에 기여했다. 그들은 외교와 경제 분야 바깥에서는 대부분 알려지지 않은 인물들이었다. 더 나아가 관료 기구의 톱니바퀴가 공화당과 민주당 행정부 사이를 오가는 가운데에도 8만 명에 이르는 재무부 직원들이 시대를 막론하고 달러의 안정성 유지라는 중요한 업무를 수행해 왔다.

그 대표적인 사례가 마크 소벨이다.

소벨은 40년간 재무부에서 일하면서 공개 석상에서 즉흥적인 말을 거의 내뱉지 않았으며 정무직 인사들에게 대부분의 발언을 맡긴다는 규칙을 철저히 준수했다. 늘 안경을 쓰는 그는 카터 행정부 시대였던 20대에 경력직 공무원으로 채용되었으며 공무원으로 일하는 동안 다양한 직무를 맡아왔다. 그의 직책들은 '국제통화금융정책 담당 부차관보'와 같이 길고 복잡했다. 그보다는 달러 전문가라는 표현이 더 적합할 것이다. 폴슨은 "미국 정부에서 소벨만큼 [통화정책에 대해] 풍부한 지식이 있으며 적절한 분석으로 그 지식을 뒷받침할 수 있는 사람은 없을 것이다"[15]라고 말한 바 있다.

세인트루이스와 탤러해시 둘 다 자신의 고향이라고 말하는 소벨은 겸손하고 사생활을 중시하며 신랄한 유머 감각을 지녔다. 그는 오랫동안 검은색 카시오 시계를 착용해 왔으며 고양이와 대학 농구를 좋아한다는 사실 말고는 자신의 사적인 정보를 남들에게 알려주려 하지 않았다.

소벨은 새로 온 재무부 수장들에게 자신이 가장 좋아하는 스포츠팀인 플로리다 스테이트 세미놀스의 유니폼 색깔처럼 석류색과 금색이 섞인 점프수트나 턱받이를 전달하는 전통을 오랫동안 고수해 왔다. 그의 상관들은 대부분 월가 출신의 억만장자였고 고된 상원 청문회를 거쳐 장관이나 차관으로 인준받은 이들이었다. 그러나 그들이 제아무리 대단한 거물이라고 해도 소벨에게는 다년간의 경제외교를 통해 익힌 제도적·문화적 지식과 더불어 일곱 개 행정부를 거치고도 꺾이지 않은 용기가 있었다. 그뿐 아니라 그는 어느 재무부 장관이 자신의 보좌관이 작성해 준 연설 초고가 마음에 들지 않는다고 어린아이처럼 성질을 부리며 종이를 짓밟아댔는지도 알고 있었다. (그 사람이 누구인지 궁금하면 당사자에게 직접 물어보는 수밖에 없다. 훌륭한 공직자는 정보를 누설하지 않는 법이니까.)

다수의 관료가 소벨과 일한 시간을 애정 어린 시선으로 회상한 바에 따르면 그는 약간 "괴팍한 사람"[16] 또는 "알면 알수록 좋아지는 사람"이지만 동시에 G7과 G20 회담 현장에서 타협하지 않으면서도 성과를 이끌어내는 미국 측 협상가이기도 했다. 그 같은 면모는 특유의 솔직함과 행정부에 입성한 거물급 인사들 앞에서도 주눅 든 적 없는 그의 당당함에서 비롯되었을 것이다. 소벨이 미국의 정책 수립 중심부에서 관료인 자신이 이룬 업적에 대해 얼마나 큰 자부심을 품었는지는 그가 자기 경력의 백미로 꼽은 이야기에서 잘 드러난다. 가이트너는 재무부 장관 시절 소벨을 오바마 대통령에게 소개하면서 그를 가리켜 "관료 중의 관료이며 뛰어난 직업 공무원"이라고 했다. 그러면서 그 말이 칭찬이자 모욕이라고 농담했다.

무엇보다도 소벨은 미국 경제 역사의 중요한 순간에 그 숙련된 능력을 활용했다. 2008년 봄 미국의 경제 전망은 위태로웠다. 특히 대형 투자은행인 베어스턴스가 그해 3월 파산한 후에는 전망이 한층 더 어두워졌다. 추가적인 파산을 막기 위해 연준은 금리를 인하했고 그 결과 달러 가치가 떨어졌다. 달러의 폭락에 프랑스와 독일 등 해외 경제 관료들의 경각심은 커져만 갔다. 미국은 달러 폭락을 방치했다는 이유로 공식적으로나 비공식적으로나 유럽 관료들의 비난을 받았다. 유럽 국가들은 달러 약세가 자국의 경제 전망에 끼칠 피해를 우려했다. 달러 가치가 떨어지면 (미국인들 입장에서 외국산 수입품의 가격이 올라가므로) 미국으로의 수출이 어려움을 겪기 때문이었다.

소벨은 유럽 관료들과의 사적인 대화 중에 걱정되는 말을 들었다. 관료 가운데 한 명이 미국의 통화정책을 "자비로운 방임"이라는 말로 표현한 것이다. 일반인들에게는 이렇다 할 의미가 없는 표현이었지만 그는 그 말을 듣고 1940년대에 수립된 브레턴우즈 체제가 종말을 맞이한 (미국이 금본위제를 폐지한) 닉슨 시대가 떠올라 경각심을 느꼈다. 소벨에 따르면 그 유럽 관료의 말은 "미국이 세계 다른 나라들을 개의치 않는다는 느낌을 주었으며 경멸의 뜻을 함축하고 있었다."[17] 게다가 미국은 세계 대부분의 지역에 타격을 준 금융·경제 위기를 유발한 나라였으니 통화정책은 특히나 민감한 주제였다.

그때는 환율 개입이 더 이상 표준적 관행이 아니었다. 실제로 재무부 관료들은 부시가 취임한 2001년 1월 이후로 달러를 사거나 파는 식의 환율 개입을 하지 않았다.[18] 달러 관련 발언에 대한 집착은 루빈과 폴슨뿐 아니라 성공적인 환율 개입이라는 개념이 우스워질 정도로 크게 성장한 세계 외환시장의 규모 때문에 잠잠해진 상태였다.

그러나 달러가 2008년 5월까지 12개월 동안 13퍼센트 정도 급격하게 하락한 사실은 재무부와 연준 관료들에게 불안감을 안겼다. 달러 폭락은 미국과 좋은 관계에 있는 나라들의 심기를 건드렸고 이에 더해 원유 가격을 끌어올렸기 때문에 미국 내 인플레이션에도 좋지 않은 영향을 미쳤다.

소벨은 (나중에 재무부에서 국제경제정책을 담당하게 된) 경제학자 네이선 시츠Nathan Sheets와 함께 작성한 이례적인 제안을 재무부와 연준의 최고위 관료들에게 전달했다. 소벨이 보기에 그때야말로 벤 버냉키 연준 의장이 달러 발언을 하지 않는다는 전통을 깨뜨리고 달러에 대해 이야기해야 할 때였다.

소벨은 그때까지 재무부에서 여섯 개가 넘는 직무를 담당해 왔다. 그는 30년 동안의 경험을 바탕으로 언론이 훗날 달러의 "언어적 생명줄rhetorical life"[19]로 표현한 제안을 전달할 기회를 발견했다. 우선 그때는 연준이 금리를 기존 수준으로 유지하기로 결정한 상태라 금리 인하를 통해 달러 가치가 추가로 하락할 가능성이 일시적으로나마 배제되었다.

둘째로 유럽과 미국이 심각하게 떨어진 달러를 놓고 서로를 헐뜯고 있었다. 미국 경제가 신속하게 회복되리라는 기대는 거의 존재하지 않았지만 그 미약한 기대감이라도 유지하려면 단결된 모습을 보여줄 필요가 있었다. 세계경제가 두루 취약했던 그 시기에 미국 달러에 대한 확신을 심어주는 발언은 가장 손쉬운 해결책이었다. 폴슨 재무부 장관에게만 달러 발언을 맡기는 일은 너무 뻔한 조치처럼 보였다. 금융시장은 재무부 장관의 달러 발언에 어느 정도 면역이 된 상태였다. 따라서 소벨은 달러 반등을 위한 두 가지의 연속적인 전략을 생각해 냈다. 유럽 각국의 정부와 시장이 환영할 만한 형태의 전략이었다.

소벨의 계획은 다음과 같이 전개되었다. 우선 폴슨이 6월 1일 아랍에미리트연합국에서의 연설에서 재무부의 케케묵은 원칙(앞선 전임자 둘을 무너뜨린 발언)을 좀 더 보강한 형태로 전달했다. "나는 달러 강세가 우리 미국의 국익에 부합한다는 말을 되풀이해 왔다"는 말이었다.

그 말에 달러는 상승하기 시작했다.

이어서 폴슨은 "달러는 제2차 세계대전 이후로 세계의 지급준비통화 지위를 유지해 왔으며 거기에는 합당한 이유가 있다"고 덧붙였다. 그는 그 이유로 미국의 거대한 경제와 안전한 자본시장을 꼽은 다음 미국 경제를 강화할 정책에 대한 자신의 의지를 되풀이해 강조했다.[20]

그런 뒤 폴슨은 한층 더 극적인 발언을 이어갔다. "미국 경제의 장기적인 건강과 탄탄한 기초 펀더멘털은 계속해서 빛을 발할 것이며 통화 가치에 반영될 것"이라는 말이었다.

남은 한 방은 버냉키가 날렸다. 소벨의 은밀한 지휘에 따라 연준과 재무부가 공들여 작성한 발언이었다. "우리는 재무부 동료들과 협력해 앞으로도 외환시장의 동태를 면밀하게 검토할 것"[21]이라는 버냉키의 말은 위성을 통해 스페인 바르셀로나에서 열린 회의에 전송되었다. 이어서 버냉키는 미국 경제의 어려움을 인정했으며 그에 따른 달러의 하락을 "달갑지 않은 일"로 표현했다.

그의 메시지는 통했다. 달러 발언으로 시장을 자극하자는 소벨의 아이디어는 이후 몇 주 달러 가치의 반등을 일으켰고, 그 이전 몇 주에 걸쳐 외환시장을 들끓게 했던 변동성을 잠재웠다. 미국 경제가 취약한 순간에 있었고 길수록 커져가는 달러 불안정성 문세에 내해 신속한 해결책이 필요했던 연준과 재무부에 미국의 통화를 보호할 묘안을 제시한 사람은 소벨이었다.

그러나 소벨에게 '행크 시대'에서 가장 마음에 드는 일화가 무엇이냐고 물어보면 다른 달러 일화를 들려줄 것이다. 그가 폴슨과 남아프리카공화국을 방문했을 때의 일이다. 그때 폴슨은 G20 정상회의 후에 기자들에게 할 말을 준비하고 있었다. 소벨은 기자들에게서 반드시 받게 될 달러 관련 질문에 대답할 준비가 되어 있느냐고 장관에게 물었다. 폴슨은 준비를 마쳤다고 말하더니 갑자기 조니 캐시Johnny Cash의 노래 〈Ring of Fire〉를 부르기 시작했다. "나는 활활 타는 불의 고리 안으로 들어갔어. 내려가면 갈수록 불꽃이 더 높이 타올랐지"

라는 가사로 유명한 노래다.

그 노래에 폴슨 자신만큼 크게 웃은 사람은 없었다.

소벨은 트럼프 행정부 초반 64세로 은퇴할 때까지 재무부에 남아 그 누구도 아닌 기자들에게서 달러를 보호했다. 그가 보기에 달러 강세 정책을 통제 불능 상태로 만든 주범은 기자들이었다. 소벨은 "기자들은 늘 논평을 이끌어내거나 도발하려고 애쓴다. 논평이 시장을 움직이고 자신들에게 엄청난 관심이 쏟아지게 만들 수 있다는 사실을 잘 알기 때문이다. 달러 발언은 기자들에게 기삿거리를 제공한다"면서 "나 같은 사람들이 항상 기자 주변에서 장관 옆을 맴도는 이유도 그 때문이다"라고 말했다.

펠로시 앞에 무릎 꿇은 행크

—

2008년 9월은 미국의 대통령 선거전과 세계금융위기가 한창 진행 중이던 때였다. 대통령 선거의 경쟁자는 오바마와 존 매케인이었는데 매케인은 같은 공화당 출신인 부시가 경기 침체를 모면하기 위해 수용해야 했던 고약한 금융 해결책과 자신은 상관이 없다고 거리를 두고 있었고 그런 만큼 난처한 입장에 빠져 있었다. 매케인과 오바마가 첫 번째 대선 토론에 나섰던 때쯤 금융위기는 정점에 달했다. 리먼브라더스가 파산해 버렸고 연방정부는 대형 모기지 업체인 패니메이와 프레디맥의 소유권을 떠안아야 했다.

워싱턴에서 벌어지는 일은 모두 논란거리가 되었다. 폴슨 장관은 정부가 7000억 달러를 들여 월가를 구제한다는 내용의 조치를 추진 중이었다. 그러한 구제금융 조치는 자신의 집과 평생 모은 저축을 날린 국민들에게 큰 비난을 받았다. 그 계획을 시행하려면 금융회사의 부실자산과 지분을 사들이기 위해 세금을 사용해야 했다. 부실자산 구제 프로그램(Troubled Asset Relief Program, 이하 TARP)이라는 명칭이 붙은 자산 매입 대책의 목표는 급속도로 무너지는 금융 부문을 안정화하는 것이었다. 아무도 그 대책을 좋아하지 않지만 폴슨의 설명에 따르면 그것이 총체적인 경제 파탄에서 미국을 구할 유일한 수단이었다.

폴슨은 부시에게 그러한 점을 성공적으로 전달했다. 애당초 폴슨이 장관 자리를 맡아달라고 그토록 열렬하게 구애를 받은 까닭도 바로 경제 위기에 대응할 수 있는 자질 때문이었다.

볼턴은 "금융위기가 닥쳤을 때 부시와 폴슨 재무부 장관의 관계처럼 중요한 것은 세상 어디에도 없었다"고 말했다. 10여 년 후 볼턴은 폴슨과 함께 팟캐스트에 출연해 폴슨에게 이렇게 말했다. "장관님에게는 '우리는 앞으로 두 시간 내에 엄청난 일을 해야 합니다. 그러니 저를 믿으셔야 합니다. 이 방법이 옳습니다'라고 대통령에게 말할 수 있는 자신감이 있었습니다."[22]

고약한 문제에는 불쾌하고 불완전한 해결책이라도 필요하다. 이는 폴슨이 대통령, 의회, 미국 국민에게 끊임없이 했던 말이었다. "불완전한 계획이 무계획보다 낫다"는 말은 폴슨이 정보를 빠짐없이 수집하는 데 필요한 시간을 확보할 수 없어서 서둘러 의사결정을 내려야 했을 때 좌우명이 되었다.

특히 그의 카리스마와 자신감을 똑똑히 보여주는 순간이 있었다. 그해 9월 폴슨은 TARP를 통과시키기 위해 의회의 지지를 끌어모으려 애썼지만 어째서 그처럼 불쾌한 대책이 세계 금융 시스템을 구할 수 있는 최선책인지 설명하기란 쉽지 않은 일이었다. 부시는 백악관의 캐비닛룸(Cabinet Room, 내각실)에 의회와 정당 지도자들을 소집했다. 그들 가운데는 대선 후보인 매케인과 오바마, 낸시 펠로시 하원의장, 존 베이너 John Boehner 공화당 하원 원내 대표, 상원의원인 미치 매코널 Mitch McConnell과 해리 리드 Harry Reid가 있었다. 의기소침해진 폴슨도 그 자리에 있었다.

부시는 모인 사람들에게 "자금이 풀리지 않으면 이 녀석[미국 경제]은 무너질 수 있다"[23]고 말했다. 오바마는 민주당 의원들이 TARP 법안 통과에 필요한 표를 제공할 준비가 되어 있다고 답했다. 그러나 회의에 참석한 공화당 의원들이 법안 서명에 거부하면서 그날의 회의가 언쟁으로 이어지자 당황한 부시는 갑자기 일어나더니 "더 이상 통제가 되지 않는 상황이군요. 오늘 회의를 마치겠습니다"[24]라고 선언하면서 회의를 끝내버렸다. 폴슨은 공화당이 걸림돌이 될 수도 있다는 사실에 충격을 받았다. 캐비닛룸이 텅 비자 폴슨은 복도를 따라 루스벨트룸으로 향했다. 그곳에서는 부시의 초대를 받은 민주당 의원들이 오바마 주위에 모여서 성난 어조로 토론을 벌이고 있었다. 폴슨은 펠로시에게 다가가 그 앞에 잠시 서 있다가 스스로도 놀라서 웃음을 터뜨리는 행동을 했다. 무릎을 꿇고는 펠로시를 올려다보며 "이 일을 망치지 말아주세요"라고 호소한 것이다. 펠로시는 일을 망치고 있는 쪽은 공화당이라는 사실을 폴슨에게 상기시켰다.

그것은 폴슨이 일부러 가볍게 보이려고 한 행동이었고 제법 효과적이었다. 펠로시가 민주당의 지지 세력을 그대로 유지함으로써 폴슨은 공화당 의원들의 지지를 충분히 끌어모을 여유가 생겼고, 결국 2008년 긴급경제안정법 Emergency Economic Stabilization Act of 2008이 통과되어 TARP도 승인을 받았다.

폴슨은 거세게 반대하던 의회를 설득하는 데 성공했으며, 특유의 위신과 위풍당당함에 힘입어 그들의 신뢰를 얻었다. 부시 행정부가 끝날 때까지 폴슨은 세계 금융 시스템의 균열로 미국의 가장 크고 전통적인 금융회사 몇 곳이 파산하자 그로 인한 경제 마비를 막기 위해 논란의 여지가 있는 조치를 했다. 'JP모건'의 '베어스턴스' 인수를 돕고, '패니메이'와 '프레디맥'에 수백조 달러를 투입했으며, '리먼 브라더스'가 파산하도록 내버려둔 것이 대표적이다. 그 시기는 훗날 할리우드가 마이클 루이스의 저서 《빅 쇼트》를 영화화했을 때 극적인 내용을 추가할 필요가 없었을 정도로 파란만장한 때였다.

폴슨은 금융위기 동안 속사포처럼 내린 결정 때문에 찬사만큼이나 많은 비판을 받았다. 어떤 이는 '망치 행크'가 중대한 조치를 신속하게 취해서 세계경제를 구원했다고 말한다. 반면 그가 문제를 처음 유발한 금융회사들에 세금을 퍼주었다면서 "구제금융님 Mr. Bailout"이라는 조롱 섞인 별명을 붙인 사람들도 있었다. 여론조사에 따르면 TARP는 '관타나모'에 이어 미국에서 두 번째로 인기 없는 단어였다. 참고로 관타나모는 미군이 테러에 연루된 것으로 추정되는 적국 전

투원들을 고문하는 데 사용해 논란을 일으킨 수용소 이름이다. 반대파는 폴슨이 2008년 9월 곤경에 빠진 주택금융 업체 패니메이와 프레디맥을 사실상 국유화한 것을 예로 들면서 그가 무모하게 행동했다고 비난했다(이 두 곳이 보증한 주택담보대출은 미국 내 전체 주택담보대출의 절반이 넘었다). 오늘날까지도 패니메이와 프레디맥에 대한 공적자금 투입은 쓰라린 상처로 남아 있으며 지금껏 재무부를 난처하게 하는 문제다.

그러나 폴슨이 지휘한 재무부는 권력이 최고조에 달한 곳이었다. 그의 정책 수립 능력과 금융 관련 전문성은 그 어떤 전임자도 경험하지 못한 검증을 거쳐야 했다. 폴슨은 미국 금융회사와 달러가 시련으로 내몰리기 직전, 순식간에 재무부의 신뢰성을 되살렸다. 게다가 달러 제국에서 발생한 금융위기 때문에 세계가 신음하는 동안에도 달러의 힘은 약해지기는커녕 오히려 강력해졌다. 달러는 세계를 연이어 강타한 위기 속에서도 계속해서 안전한 피난처 역할을 했다. 투자자들이 미국이 민주주의와 더불어 살아남을 것이고 따라서 달러의 힘도 온전히 유지되리라 확신했기 때문이다.

결국 부시가 세 번째이자 마지막으로 선택한 재무부 장관은 자신이 직면한 위기에서 해결책을 찾는 일에 가장 적합한 인물로 판명되었다. 폴슨은 달러의 권력이 어마어마한 위협을 받았을 때 장관을 지냈다. 그의 지도력과 행정부, 의회, 월가, 연준에서 그를 도왔던 사람들의 행동에 잘못된 점이 없지는 않았지만 그들은 영웅적이었다. 폴슨은 자국에서 발생한 금융위기와 그에 따른 정치계의 극한 정책이라는 명백한 위협에 성공적으로 대응할 수 있었다. 그러나 뚜렷이 보이지 않은 위협의 대응에는 실패한 것으로 보인다. 그 위협은 이제 막 강력해지기 시작한 어느 아시아 강국의 힘과 영향력이었고, 서서히 위축되던 미국 중서부는 그 탓에 빠른 속도로 상황이 악화하고 말았다.

제10장
오하이오의 닭발 요리와 중국의 천년 계획
CHICKEN FEET IN OHIO AND CHINA'S 1000 YEAR HORIZON

 오하이오 모레인에서 하루를 보내다 보면 미국 중부에 위치한 그곳이 달러의 고환율을 지지하는 정부 정책 때문에 얼마나 큰 타격을 입었는지 몸소 체험할 수 있다. 주위에 보이는 모두가 달러 강세 원칙에서 버림을 받은 이들, 즉 세계화의 피해자들이다.

 반세기가 넘는 기간 동안 오하이오 남서부의 소도시 모레인에서는 유리 제조가 지역 경제에 1만 3000개 정도의 일자리를 창출해 온 주요 분야였다. 모레인은 제2차 세계대전 종전 후의 호황에 편승해 프리지데어Frigidaire의 가전제품을 생산하기 시작했고 미국 전역의 가정에 전자레인지와 냉장고를 공급했다. 1980년대와 1990년대에 들어서는 모레인의 공장들이 자동차 산업에 합류해 올즈모빌·GMC·쉐보레·뷰익 등 지극히 미국적인 자동차 제조업체에 차대를 납품했다.

그러나 모레인은 부시와 클린턴 당시 무역협정이 체결된 이후 중국이 WTO에 가입하기까지의 시기에 절정을 맞이했다가 추락했다. 모두 한 세대 만에 일어난 일이었다. 그것은 위스콘신·미시건·펜실베이니아·웨스트버지니아 등에서도 펼쳐진 운명이었다. 그처럼 제조업에 주력하는 미국 전역의 주에서는 수많은 미국인이 가장 기본적인 생필품을 구매할 수 있을 정도의 임금을 제공하는 일자리조차 찾지 못해 하루 벌어 하루 먹고살아야만 했다. 세계금융위기로 그 같은 현상이 심화했다. 2만 4000명의 노동자를 고용하고 있던 모레인 공장은 세계금융위기를 감당하지 못하고 2008년 크리스마스를 이틀 앞둔 날에 문을 닫았다.

모레인을 위협하는 위안화

―

모레인의 문제는 달러 강세에서 비롯되었다고 할 수 있다. 미국의 경제정책 입안자들은 무역 개방의 어두운 면, 즉 외국의 경쟁자들에게 효과적으로 대응하지 못했다. 그 전에 그들을 제대로 파악조차 하지 못했다. 국내에서는 미국의 과도한 리스크 감수에서 비롯된 금융위기가 터졌고, 이는 전 세계 다른 국가들로 확산했다. 그러는 동안 세계화에서 소외된 미국인들의 경제적 고통은 무심하게 방치되었다.

그러나 미국의 또 다른 위협은 극동에서 발생했다. 1970년대 후반부터 중국은 경제적 결정권이 독재 정부에 있는 '통제경제 command economy'에서 수요와 공급으로 결정되는 시장경제 체제로 서서히 바뀌고 있었다. 시장경제로의 전환은 빠르게 성장한 중국으로서는 엄청난 도전과제였으며 중국 정부는 그 과정을 면밀하게 관리했다. 1989년 베이징에서 일어난 일을 돌이켜보면 중국 정부가 국제 관계의 관점에서 볼 때 나무늘보처럼 느린 속도로 성장하더라도 안정을 유지하고자 기를 쓰는 까닭을 이해할 수 있다.

톈안먼天安門 6·4 항쟁이 일어나기까지 여러 해에 걸쳐 중국 국민 수백만 명은 정부에게서 농촌을 떠나라는 강요를 받았다. 익숙한 환경을 떠나 불확실성으로 넘쳐나는 도시 생활을 해야 했다는 이야기다. 농촌 인구의 도시 이주는 가계 소득 증가와 일반 국민의 생활 수준 향상으로 이어졌다. 그러나 그에 따른 인플레이션과 준비가 덜 된 이들이 신新경제 체제의 노동 인력으로 편입된 현상은 사회 불안정을 초래했다. 중국 정부 지도부의 부패도 국민의 반감을 키웠다. 1989년 5월 수천 명이 시위와 단식 농성을 하기 위해 톈안먼 광장으로 모여들기 시작했다. 수백 년이 된 톈안먼은 자금성으로 이어지는 출입문이었으며 현재도 베이징 중심부에 자리 잡고 있다. 6주 가까이 이어진 톈안먼 6·4 항쟁은 (시위 기간에 수백 명이 목숨을 잃은 탓에 흔히 '학살'로도 불리며) 계엄령이 시행되고서야 끝났다. 그때부터 중국 정부 지도부는 권위주의적 통치와 경제 성장으로 사회 안정과 유지를 꾀해 왔다. 중국이 유지해 온 공공질서의 토대는 중국 공산당과 중국 국민 사이의 대타협이라 할 수 있다. 정치인들이 국민에게 개선된 생활 수준을 제공하는 대가로 권력 독점을 유지하는 것이다.

이 내용은 중국이 세계화 국가 대열에 합류했을 당시 어떻게든 경제적 성과를 보호하려 한 동기를 이해하는 데 필요한 역사적 교훈이다. 중국 지도자들은 그 후 10년에 걸쳐 계속해서 경제의 현대화를 진행했고, 2001년 마침내 WTO 회원국이 되었다. 그 후 15년간 미국은 제조업 비중이 전체 노동인구의 12퍼센트에서 9퍼센트 아래로 줄어들 정도로 자국의 제조업이 파괴되는 과정을 지켜봐야만 했다.[1] 반면 중국의 제조업 비중은 15퍼센트에서 20퍼센트로 증가했다.[2] 중국의 운명은 변화하고 있었다. 세계 제조업에서 중국이 차지하는 비중은 1991년에서 2012년까지 4퍼센트 정도에서 약 25퍼센트로 확대되었다. 그 결과 경제가 호전됨에 따라 수백만 중국인이 가난에서 벗어났다.

한편 세계 무역정책의 기념비적인 두 가지 변화(NAFTA 체결과 중국의 WTO 가입)는 캐나다·멕시코·중국과의 무역 개방을 한층 더 촉진했고, 그로 말미암은 경제적 충격은 특히 미국의 중서부에서 생생하게 느껴졌다. 세계화가 남긴 깊은 상흔을 밝힌 획기적 연구로 유명한 경제학자 데이비드 오터David Autor에 따르면 중국 제조업의 급격한 발전은 미국 중서부에 "지진 같은 충격seismic shock"[3]을 일으켰다. 중국 제조업으로 인해 2000년부터 2007년까지 미국 제조업 일자리의 40퍼센트에 해당하는 200만 개 정도가 소멸했다. 그 가운데 극히 일부만이 대체되었다. 게다가 연방정부는 그 고통을 완화할 방법을 찾지 못했다. 임금 보험(wage insurance, 이전 직장보다 더 적은 임금을 받는 근로자를 지원하는 보험제도 — 옮긴이) 시행이나 부가가치세 부과가 국내 제품의 수입품 대비를 위해서 공평한 경쟁의 장을 만드는 데 도움이 될 수도 있었지만 말이다. 그뿐 아니라 오터의 연구에 따르면 NAFTA 체결과 중국의 WTO 가입은 미국 블루칼라 가정의 전 세대에 상처를 안겼다. 그러한 일들은 경제학자들이 시장 개방과 자유무역이 모든 사람의 부를 증진할 것이며 세계화에서 소외된 이들도 재교육을 받으면 새로운 직업을 얻을 수 있다는 견해를 고수한 가운데 일어났다. 재교육이 가능하다는 생각은 근본적으로 잘못된 생각이었다. 간단히 말해 늙은 개에게 새로운 재주를 가르치기란 불가능하기 때문이다. "무역은 경제 규모를 키운다. (중략) 그러나 그와 더불어 대체로 국민 중 일부의 몫이 줄어든다"는 오터의 말이 상황을 가장 적절히 설명한다.

그 예로 모레인을 살펴보자. 2008년 크리스마스 직전에 문을 닫은 모레인의 대형 공장은 그 후 7년 동안 폐쇄된 채 남아 있었다. 지역 경제는 침체되었다. 2015년 공장은 다시 문을 열었지만 과거 미국의 상징과도 같았던 그곳은 그때부터 중국 기업의 중국인 관리자들에 의해 운영되었다. 그러한 특권은 중국인들이 공장을 매입하고 재가동하는 데 4억 6000만 달러를 투입했기에 가능한 일이었다.

모레인의 전성기에 그곳 공장은 미국의 자동차 제조업체인 제너럴모터스에 의해 운영되었고 공장 노동자들의 소득은 연간 12만 5000달러를 넘어섰다(이는 장기간의 인플레이션을 보정한 수치다). 그러나 모레인 공장을 넘겨받은 세계 최대의 자동차용 유리 제조업체 푸야오 글라스Fuyao Glass는 그 절반 정도만 지급하기 시작했다. 더욱이 직원 중에는 영어에 서툰 중국 국적자 수백 명이 포함되어 있었고, 이들이 오하이오 주민들에게 자동차 전면 유리를 조립하는 법을 가르쳤다. 중국인 직원들이 고향을 그리워하기 시작했을 때 공장 인근에 닭발 요리를 취급하는 식당이 새로 생겼다.

중국이 위협으로 떠오르면서 미국 유권자들에게는 외국이라는 만만한 악역이 생겼다. 그러나 미국 내에도 문제가 존재했다. '플라이오버 스테이트'로 불리는 지역의 블루칼라 노동자들이 하는 말에 진지하게 귀를 기울이면 그 문제가 무엇인지 알 수 있었다.

1990년대 강달러 선호 정책은 세계화의 원칙으로서 시행되었으나 미국 노동자들에게 부정적 영향을 끼쳤다. 미국 산업의 경쟁력 약화를 불러왔고, 다른 나라들이 환율을 조작해 미국 노동자들에게 타격을 가하는 수준으로까지 수출을 확대할 기회를 제공했다(사실상 무역협정의 일부 규정을 준수하지 않고 우회한 것이다).

환율 조작은 다음과 같은 과정으로 이루어졌다. 어떤 나라가 자국 통화의 가치를 떨어뜨리기 위해 자국 통화를 팔고 다른 나라의 통화(주로 달러)를 사들인다. 수요 공급의 법칙에 따라 그 나라의 통화는 매력을 잃고 가치가 떨어진다. 이러한 행위는 대부분 양자 간 또는 다자간 무역협정에 위배된다. 환율 조작국의 수출품 가격이 인위적으로 하락해 경쟁을 저해하기 때문이다.

중국의 놀라운 경제 성장 속도는 대체로 이와 같은 행위를 통해 이루어진 것이다.

이제까지 전 세계 지도자들이 서명한 모든 무역협정은 각국이 환율 조작을 묵인했을 때 그 의미를 잃었다. 게다가 폴슨과 그의 후임들 치하에서 미국 재무부는 환율 조작에 거센 반격을 가하지 않았다.

일단 재무부는 국내 제조업체를 돕기 위한 외환시장 개입을 하지 않았다. 재무부의 지급준비금 자체가 일일 거래량이 수조 달러에 달하는 외환시장에 영향을 주기에는 충분치 않았으니 놀라운 일도 아니었다. 그러나 그보다 더 효과적인 반격은 환율 조작국의 이름을 공개적으로 거론해 망신을 주는 것이었고 의회도 그러한 조치를 소리 높여 요구했으나 결국은 이루어지지 않았다.

그 같은 상황에서 중국의 화폐이며 '위안'이라는 표시 단위로 잘 알려진 '런민비人民幣'가 부각되었다. 중국은 경제체제 전환을 시작했을 때 가난한 나라였다. 1970년대까지 중국 정부는 외국산 제품에 대한 의존도를 줄이기 위한 전략의 일환으로 위안화를 대폭 평가절하하는 정책을 유지했다. 통제경제에서 시장경제로의 전환이 막 시작되었을 때 중국 정부는 내수보다는 수출에서 성장 기회를 찾아야 했다. 정부가 계획하고 통제하는 경제체제에서 서서히 탈피하다 보니 환율 정책의 변화도 매우 느리게 이루어졌다. 1990년대에 중국은 이중환율제도(dual currency system, 무역 거래에는 1달러당 2.80 위안, 그 외 거래에는 1.5 위안으로 환율을 고정하는 제도 ― 옮긴이)를 도입해 외환시장을 점진적으로 확대해 나갔다. 위안화가 시장에 의해 가치가 결정되는 통화였다면 경제 요인의 변화에 따라 그 가치가 때때로 상승해야 했다. 그러나 중앙은행이면서도 연준과 달리 정부와 정치계에서 독립성을 확보하지 못한 중국인민은행(People's Bank of China, 이하 PBC)은 새로 찍어낸 위안화로 달러 자산을 대량으로 사들이거나 팔아치워 자국 통화의 수요를 조절하는 행위로 고정환율을 유지했으며, 수출 부문을 띄우기 위해 위안화 환율을 낮게 유지했다.

중국의 경우 위안화 환율이 후진타오 주석의 뜻에 달려 있었고, 그런 만큼 중국의 정책이 시행되고 시장이 돌아가는 방식은 미국과 극명한 대조를 이루었다. 중국의 환율 정책이 "주권적 사안sovereign matter"으로 간주되는 이유도 경제 관료뿐 아니라 정부 최고위층까지 최종 결정에 참여하기 때문이다.

PBC는 2005년 7월까지 고정환율제도를 유지하다가 교역 상대국들의 압력에 굴복해 관리변동환율제도managed peg system로 전환했다. 그에 따라 위안화는 중국 정부가 정한 가격 범위 안에서 변동이 가능해졌고, 중국은 개방경제에 한 걸음 더 가까워졌다. 그 후 8년 동안 위안화의 가치는 달러 대비 34퍼센트 상승했는데 이는 위안화가 그 이전에 얼마나 비정상적으로 평가절하되어 중국의 고속 경제 성장을 촉진해 왔는지를 보여주는 징표다.

미국 제조업의 쇠퇴를 미국 정치계 탓으로 돌리기 쉬운 이유는 다음과 같다. 노조원과 공업 기업인 등은 수출 수요 증진에 유리하기 때문에 달러 약세를 선호한다. 그러나 1990년대 후반에 들어 루빈의 강달러 원칙(과 그 원칙을 뒷받침한 경제정책)이 대세가 되었고 달러 가치가 상승세를 탔다. 블루칼라 노동자들은 워싱턴 정치인들이 실물경제에 유리한 정책보다 월가가 원하는 바, 즉 금융인들의 날로 늘어가는 자산 가치를 방어하기에 유리한 달러 강세에 더 치중한다고 외쳤다.

미국-중국 전략경제대화를 시작하다

―

미국과 중국은 서로 복잡하게 얽혀 있으며 위험천만한 공생관계를 맺고 있다. 두 나라는 여러 면에서 극과 극으로 딴판이지만 상대방에게 크나큰 고통을 가하는 동시에 상대방에게 필요한 것을 가져다줄 수 있다. 둘 중 한쪽은 이상주의에 따라 움직이는 젊은 나라로서 끊임없이 진화하는 민주주의에 바탕을 두고 있다. 다른 쪽은 독재국가로서 수백 년의 낡은 전통에 뿌리를 둔 지침에 따라 움직이며 천년을 아우르는 계획을 실행에 옮긴다. 두 나라의 관계는 오늘날의 지정학에서 큰 중요성을 지닌다. 한마디로 양국은 매우 위험하면서도 자국의 이익 추구를 우선시하는 관계를 맺고 있다.

(2023년 기준으로 세계경제의 34퍼센트를 차지하는) 미국과 중국의 운명은 거대한 신용 순환 구조로 연결되어 있다. 즉, 중국은 환율 약세에 힘입은 수출 호황 덕분에 이례적으로 높은 국가 저축률을 기록하고 있으며 그 막대한 돈을 미국에 투자해 왔다. 중국의 투자는 수조 달러에 이르는 미국의 공공 지출에 자금원이 되었고 수백만 미국인을 위한 주택담보대출에 사용되었다.

다시 말해 중국이 위안화 평가절하로 자국의 수출 산업을 촉진한 조치는 사실상 미국인의 생활 수준을 끌어올리는 결과로 이어졌다. 위안화의 가치가 시장 환경에 따라 정해졌다면 중국은 미국 국채에 지금같이 대규모로 투자하지 못했을 것이다.

이러한 상호 의존성이 부정적이기만 한 것은 아니다. 그 덕분에 미국은 여전히 해외 투자자들에게 매력적인 피난처로 남아 있으며 달러의 우월한 위상도 탄탄하게 유지되고 있다. 리처드 닉슨이 "세상을 바꾼 한 주"라고 불렀던 베이징에서 중국 지도자들과 함께했던 만찬 이후로 미국 의원들이 미중정책에 초당적으로 일관된 입장을 보인 보기 드문 순간이 있었으며, 중국과 직접적인 대결 직전까지 갔던 순간도 몇 차례 있었다. 미국과 25년간 수교 단절 끝에 1972년 닉슨과 닉슨 행정부 사람들은 베이징 인민대회당에서 5000명의 중국 고위 관료들과 만찬을 가졌다. 이때를 기점으로 중국은 공식적으로 국제사회에 합류했고 미국 국민의 시선을 끌기 시작했다. 2006년 12월 14일, 인민대회당은 다시 한번 동서양 화합의 장이 되었다.

그날 오전 9시 5분 폴슨 장관은 양국의 무역 관계를 저해하는 긴급 사안을 의논하기 위해 베이징에서 제1차 미국-중국 전략경제대회 Strategic Economic Dialogue를 개최했다. 훗날 이 회담은 간단하게 SED로 불린다. 부시는 SED의 창설이 모든 직급에 걸친 양국의 경제 관료가 공식적인 대화로 관계를 맺어가는 계기가 되리라 보았고, 폴슨은 중국에서 공식 사절로 인정받기 위해 임기 첫해에 "내각을 뛰어넘는" 수준의 권한을 받았다.

SED에는 많은 것이 달려 있었다. 폴슨은 중국의 불공정 무역 관행에서 미국의 일자리를 지켜내야 했다. 그 당시 미국 의회는 중국산 수입품을 저지한다는 목표로 30개에 가까운 법안을 검토 중이었다. 그중 가장 눈에 띄는 법안은 미국으로 수입되는 중국 제품에 27퍼센트나 되는 관세를 부과하자는 내용이었다. 폴슨 장관은 재무부에서의 첫 몇 달을 미국의 입법부, 투자자, 공장 소유주 들에게 중국 정부의 경제 개방을 유도하는 최선책은 경제 제재와 관세가 아니라 대화라는 것을 설득하는 데 보냈다.

폴슨이 공직자로서 중국을 처음으로 공식 방문한 목요일, 그는 SED 개회사에서 이틀간의 회의 목표를 단 7분 동안 세 가지로 간단하게 설명했다. 그 간결한 발언에는 "솔직하고 활력 있는"[4] 회의에서 자신이 섬기는 미국 국민을 위해 "실질적인 성과"를 거두고자 하는 그의 바람이 반영되어 있었다.

중국 주최 측은 그와 다른 생각을 하고 있었다. 그들은 1000년도 더 전에 일어난 사건을 시작으로 하는 장황한 발표에 돌입했다. 다수의 부시 행정부 관료, 버냉키 연준 의장, 수십 명의 재무부 직원, 통역사 들로 구성된 미국 대표단은 서구의 중국 지배에 대한 연설을 들었다. 슬라이드쇼로 된 발표 자료에는 1840년대 제1차 아편전쟁에서 딩하이定海 항구를 공격해 점령했을 때 이용한 것과 같은 옛 영국 군함이 그려진 유화도 포함되어 있었다.

개회사를 표방한 연설은 몇 시간이나 이어졌다. 따뜻한 미소가 돋보이는 남부 출신의 재무부 국제 담당 차관 애덤스는 그날 인민대회당에 앉아 있을 때 두 문화권이 달라도 너무 다르다는 사실을 새로이 인식했다. 미국에서는 중간 선거나 대통령 선거 때문에 정책이 2~4년마다 바뀌게 마련이지만 중국은 수백 년 앞을 내다보고 운영하는 독재국가다. 그렇기에 중국인들은 200년 역사에 불과한 민주주의 국가 미국의 충동적인 욕구를 달래준다는 이유로 정책을 조정할 의도가 없었다.

폴슨 장관의 주도 아래 제1차 SED가 개최되었을 때 미국 의원들은 그에게 구체적인 성과를 들고 귀국해야 한다는 것을 상기시켰다. 애덤스와 그의 동료들이 월가와 의회의 회의주의자에게 폴슨이 옳은 길을 가고 있다는 것을 보여주기 위해서는 이틀 내에 "결과물"을 확보해서 워싱턴에 귀환할 필요가 있었다. 특히 미국인들이 중요시하는 환율과 직접적으로 관련된 성과가 필요했다.

리처드 셸비Richard Shelby와 크리스 도드Chris Dodd 상원의원은 폴슨이 인민대회당에 걸어 들어간 바로 다음 날 그에게 보낸 공개서한에서 미국의 제조업 일자리 300만 개가 사라진 것은 중국 때문이라는 의견을 전달했다. 대통령의 내각 가운데 절반에 해당하는 사람들을 중국으로 실어 나르는 비용으로 수천 달러의 세금이 쓰였다. 그들 대부분은 그날 밤 숙소인 베이징 그랜드하얏트 호텔로 돌아가 중국 방문을 성공적으로 포장하기 위해 중국에게 어떤 약속을 이끌어낼 수 있을지 논의했다.

그러나 첫날 아침 이후 애덤스는 어떻게 하면 2000년 전 한漢나라 시대의 무역과 관련한 교훈을 논하는 데서 벗어나 앞으로 몇 달 내에 위안화를 3퍼센트 평가절상하는 방향으로 대화를 이끌 수 있을지 막막했다. 중국의 발표를 들은 애덤스는 "놀라운 강의였지만 나는 그 순간 중국과 시작한 경제 회담이 굉장한 도전과제가 될 것임을 깨달았다"[5]고 말했다.

당시 중국은 세계 2위의 경제 대국 일본을 따라잡지는 못한 상태였지만 이미 세계에서 가장 인구가 많은 나라였다(그로부터 4년 후 일본을 추월하게 되었다). 미국 정부는 이제 중국이 다른 나라와 똑같은 규칙을 따라야 할 때라고 판단했다. 중국 시장은 큰 수익성 때문에 미국을 비롯한 전 세계 다국적 기업들이 눈독을 들이는 대상이었다(예를 들면 그 후 얼마 지나지 않아 애플의 최고경영자 팀 쿡은 그 절실한 매출 성장을 실현해 줄 나라로 자사의 효자 상품인 음악 재생기기 아이팟의 생산국이기도 한 중국을 눈여겨보았다). 폴슨은 중국어를 구사하지는 못했다. 그러나 자신의 임무가 골드만삭스 임원 시절에 중국을 일곱 차례 방문하면서 쌓은 인맥을 활용해 중국 관료들을 투명성과 공정성을 원칙으로 하는 글로벌 리더십으로 유도하는 것이라고 생각했다.

중국은 미국과의 긴밀한 협력을 통해 미국 재무부와 비슷한 형태로 인사 조직을 구성해야 했고, 미국의 각급 정책 입안자들은 지구 반대편에서 자신들이 어떻게 비치는지 좀 더 심도 있는 통찰을 얻을 수 있었다.

회담은 기자회견, 7000단어짜리 공동 성명서, 모두가 몇 줄로 나뉘 앉아 두 손을 가지런히 맞잡고 미리 연습한 미소를 띠었다는 점에서 초등학교 단체 사진을 떠올리게 하는 "가족사진" 촬영으로 이어졌다. 그러한 과정은 양국의 최고위 관료들이 중요한 사안에서는 입장 차가 컸다 해도 자신들에게 공통점이 있다는 사실을 자축하기 위해 벌인 쇼였다. 이에 더해 중국은 세계 초강대국과의 동맹을 만방에 과시하는 이득을 얻었다.

폴슨은 회담 내내 세계에서 가장 영향력 있는 두 나라의 관계에 질서를 부여하고자 애썼다. 그 두 나라가 가장 중요한 사안에 합의하지 못한 상황에서 SED는 한층 더 큰 중요성을 띠었다. 그는 중국의 환율 정책과 중국 경제의 세계경제 통합 같은 주요 사안을 지속적으로 다루기 위해 미국과 중국의 각급 경제 관료들이 한데 모이는 회의를 연간 두 차례 개최했다. 양측은 상대국의 정치와 국내 경제라는 폭넓은 맥락에서 환율의 의미를 살펴보았다.

회의 덕분에 미국 정부는 정기적으로 중국 정부에 통일된 의견을 전달할 수 있었다. 몇 년 후 클린턴 행정부에서 재무부 장관을 지낸 서머스는 폴슨이 시작한 중국과의 회담에 대해 "근본적인 의견 불일치가 존재할수록 어떤 종류든 의사소통 수단을 마련하는 것이 중요하다. (중략) 잠재적인 위험을 관리할 수 있는 경로를 지속하는 것이 관건이다"[6]라고 말했다. 서머스는 클린턴 행정부 당시에 세계 금융 안정이라는 목표 아래 영향력이 큰 주요 20개국을 모아 G20을 결성한 경험을 통해서 대화가 중요하다는 사실을 깨달았다. G20은 2008년에서 2009년 세계금융위기와 이란의 핵 위협 같은 사태를 진압하는 데 도움을 주었다.

중국과 미국이 교대로 개최한 SED는 제아무리 까다로운 사안이라도 놓치지 않고 다루었다. 미국은 중국에 자유시장 경제학을 전도하면서 금융시장을 개방하라고 촉구했다. 그뿐 아니라 지적재산 보호를 허용하고 리스크 헤징(risk hedging, 잠재적인 손실을 줄이기 위해 기존 상품과 상반된 금융상품에 투자하는 행위 — 옮긴이)을 위한 금융상품을 확대함으로써 외국과의 경쟁을 받아들이라고 요구했다. 그러나 지켜보는 이들 입장에서 가장 큰 쟁점은 미국이 중국 정부의 시급한 환율 통제 완화를 요구하고 있다는 사실이었다.

미국 관료들이 환율 개입을 중단한 것은 분명 도움이 되었다. 그러지 않았다면 그들은 중국의 변화를 전혀 기대할 수 없었을 것이다(환율에 관한 한 어떤 나라에도 적용되는 내용이다). 폴슨의 재임기에 달러 정책은 그전과 마찬가지로 화두가 되었지만(어쨌든 달러 정책을 관리하는 것이 재무부의 소관이기도 했으므로), 더 이상 투자자·기자·장관 입장에서 끊임없이 백해무익한 갈등을 유발하는 주제가 아니었다. 폴슨은 금융 시장에서 쌓은 평판에 힘입어 환율 정책에 치우쳐 있던 달러 논쟁을 무역 정책, 금융 규제, 경제 외교 그리고 무엇보다 미국과 중국의 경제 관계와 관련한 사안으로 전환하는 데 성공했다.

후진타오가 중국 국민에게 내린 마지막 교시는 '팔영팔치(八榮八恥, 여덟 가지 영예로운 일과 여덟 가지 수치스러운 일)'라는 이름으로 발표되었으며, 특히 중국 청소년들을 겨냥한 것이었다. "고달프지만 노력하는 삶은 영예요, 사치와 방탕에 빠지는 삶은 수치다"라는 내용이었다. 중화인민공화국의 주석으로서 (또한 300년간 중국을 다스린 명나라 황실의 직계 후손으로서) 후진타오는 개혁 개방된 중국의 경제적 자유에 지나치게 익숙한 신세대의 해이해진 도덕관을 팽팽하게 바로잡는 것이 자신의 임무라고 본 듯했다.

폴슨이 재무부 장관으로 취임하기 불과 몇 달 전 발표한 후진타오의 마지막 가르침은 아시아의 강국으로 떠오른 중국이 다른 나라들의 바람과 달리 국가자본주의 문화를 포기하고 소비자 주도형 내수 경제로 전환하는 일은 결코 없으리라는 사전 경고였을지도 모른다. 국가 경제를 제품 소비에 의존하는 것은 후진타오의 표현에 따르면 "사치와 방탕에 빠지는 삶"이었다.

중국의 입장에서 환율의 전면 통제를 골자로 하는 통화정책은 중국식 국가자본주의의 핵심 원칙이었다.

폴슨은 외환 거래 자유화로의 전환 속도가 너무 느리다는 이유로 중국을 압박하긴 했지만, 그 자유화가 중국의 국내 과제 실현에 도움을 준다고 설득하는 편이 더 잘 먹히리라 판단했다. 중국의 환율 개입은 자국의 경제 상황을 복잡하게 만들 뿐 인플레이션 통제와 같은 통화정책의 주요 목표를 방해하고 있었다.

폴슨과 버냉키 연준 의장은 중국에 위안화 가치가 상승하도록 허용하라고 촉구했다. 위안화가 강세를 띠면 생활 수준 향상, 인플레이션 억제, 내수 진작, 세계 무역 불균형 완화로 중국 국민의 삶이 나아지는 등 모든 면에서 중국에 이득이 된다는 것이었다. 그는 중국이 위안화의 환율 변동 폭을 확대하면 한층 더 성숙한 자본시장과 금융상품 개발이 가능해져 기업과 금융회사의 변동성 대응에 도움을 줄 수 있다고 제안했다. 다른 미국 관료들도 중국이 소비와 서비스 지출로 국내 소비를 촉진하면 경제 성장을 수출에만 의존하는 문제를 해결할 수 있다고도 설득했다. 저축률이 높은 사회에서 소비 촉진은 일대 전환을 의미했으며, 후진타오가 '팔영팔치론'을 통해 경고한 내용을 거스르는 일인 만큼 문화적인 변화를 수반하는 것이었다.

PBC의 지도자들에게 시장결정환율제도로의 이행은 피할 수 없는 과제였지만 국내 경제 성장을 보호하는 일 역시 중요했다. 따라서 그들은 위안화를 자유롭게 거래할 수 있는 금융상품을 개발할 때 환율제도의 변화가 경제 활동에 타격을 주는 일이 없도록 신중을 기했다. 폴슨은 그들이 너무 지체하면 중국 국내 번영이 더 큰 위험에 직면하게 된다고 주장했다. 그러나 환율제도 개혁은 중국인들 입장에서 주권적 사안이었기에 전환은 천천히 이루어질 수밖에 없었다.

폴슨의 중국 환율 개입

―

2006년 폴슨이 취임하자마자 취한 첫 조치는 미중 관계에서 위안화 환율이 지닌 비중을 줄이는 것이었다. 거의 중국과 관련된 사안만을 언급한 어느 연설에서 그는 환율이 "불공정 경쟁의 상징"[7]이 되었다고 지적했다. 그가 보기에 환율 조작은 의회나 미국 국민이나 짧은 뉴스로 쉽게 이해할 수 있는 개념이기에 중국과 위안화는 세계 무역의 문제점이 거론될 때마다 손쉽게 공격 대상이 되었다. 그러나 폴슨은 위안화가 상승하더라도 중국 국내 경제 왜곡이 단번에 해소되거나 중국의 무역 흑자가 줄어들 것이라고는 생각하지 않았다. 둘째로 더 눈여겨볼 점은 그가 중국의 개입이 악의적이라고 생각하지 않았다는 사실이다. 그보다 중국의 환율 개입은 좀 더 광범위한 구조적 문제에 대응하기 위한 조치였으며, 그러한 구조적 문제는 수출 의존도가 높은 성장 모델에서 파생된 것인 만큼 미국 같은 소비자 주도형 경제와는 완전히 다른 관점으로 보아야 한다고 폴슨은 생각했다. 중국 국민은 건강보험과 국민연금 혜택을 제대로 받을 수 없기 때문에 이를 벌충하려면 저축을 할 수밖에 없다고도 보았다.

중국은 자국 통화 문제에 대한 폴슨의 깊은 이해를 치하하며 보상을 제공했다. 그가 베이징 인민대회당에서 제1차 SED의 시작을 알리며 연설을 하자 중국 중앙정부는 위안화 가격이 대폭 상승하는 것을 허용했고, 실제로 위안화는 2005년 7월 달러 연동 종료 이후로 가장 큰 상승 폭을 보였다.[8] 당시 어느 외환딜러는 그러한 상승이 "폴슨의 [베이징] 도착에 대한 반응"으로 보인다고 평가했다.

폴슨 재무부 장관은 중국에 변동환율제도로 이행할 것을 요구하는 와중에도 12월 베이징의 그랜드하얏트 호텔에 숙박했을 때 상원의원인 슈머와 린지 그레이엄 Lindsey Graham을 설득해 중국산 수입품에 27퍼센트의 관세를 매기는 법안을 철회하겠으며, 심지어 위안화 개입에 대한 강도 높은 비판의 수위를 낮추겠다는 약속을 받아냈다. 두 상원의원은 "전략적 포용 strategic engagement"을 시험해 보는 데 동의했다. 그러나 얼마 지나지 않아 그 결정을 후회하게 되었다.

베이징에서 열린 제1차 SED 이후에 일어난 일들은 향후 10년 동안 미중 관계가 어떠한 양상으로 전개될지를 미리 알려준다. 그 후 10년간 미중 관계는 평화를 지키고 싶어 하는 재무부 장관, 불만을 품은 국회의원들이 유권자의 분노를 대신 표출하는 현상, 천년 지평의 계획을 고수하는 중국 등으로 요약할 수 있다.

제1차 SED가 막을 내린 직후 폴슨이 발표한 의회에 제출하는 정례 보고서에는 환율 조작의 증거가 존재함에도 중국을 환율 조작국으로 공식 지정하지 않기로 한 결정이 담겨 있었다. 그뿐 아니라 그는 중국의 외환 정책에 대한 재무부의 비판 수위를 낮추었다. 의원들은 즉시 폴슨을 비난했고 노조와 제조업체 등도 그에게 윽박지르는 일에 동참했다. 어느 전문가는 중국의 환율 조작이 "세상에서 가장 공공연한 비밀"이라면서 폴슨의 조치가 "미국 중산층을 배신했다"[9]고 비판했다.

폴슨은 중국과 총 다섯 차례의 SED를 주도했다. 회의 때마다 200여 명의 미국 정부 관료들이 참석했으며, 대개는 화려하게 장식한 회의실에서 탁자에 나란히 앉아 중국 측 참석자들을 마주 본 채로 형식적이면서도 친근한 회의를 했다. 모두가 이름표를 뒤집은 다음에야 발언했고, 모든 발언은 통역되었다. 회의 별 안건은 크든 작든 사전에 합의되었으며, 모든 회의는 다음 정상회담에 앞서 6개월 이내에 진전이 이루어져야 할 몇 가지 과제를 도출하는 것으로 끝났다. 재무부 팀들은 회의 개최 1년 전부터 그처럼 규모가 크고 언론의 관심이 쏟아지는 회의 개최에 필요한 물류 문제 등을 해결하는 일에 협력했다. 오찬과 만찬을 들며 관람하는 중국 곡예단 공연, 과장된 협력 선언이 뒤따랐다. 폴슨의 2년 반 임기 동안 진행된 미국과 중국의 SED는 식품 안전, 에너지, 환경 협력에 대한 양국의 합의를 도출해 냈다.

그러나 쇼맨십과 가식으로 점철된 정중한 대화라는 허울 밑에는 불화가 존재했다. 중국 정부는 미국 의회와 유권자에게서 나오는 보호주의적 발언에 경계심을 품고 종종 보복 위협을 구사하곤 했다. 중국인들은 폴슨이 국내외 보호무역주의에 반대하는 연설에서 했던, "제 말만 믿으세요. 그것은 효과가 없어요."[10]라는 발언이 진실이 아닐지도 모른다고 생각했다.

중국 정부는 자기들이 위안화의 수요와 공급을 관리하면 위안화의 가치가 "시장에 따라 결정"되는 것이라고 믿었다. 미국의 거센 압력을 받은 IMF는 환율제도 감독을 강화함으로써 그 같은 착각을 깨뜨리기 시작했다. 로드리고 라토 Rodrigo Rato 총재는 미국이 계속해서 요구했던 것과 비슷한 절차를 강행했다. IMF는 마지막으로 중국의 환율제도를 면밀히 조사하기 시작했다. 실제로 미국 재무부는 중국의 환율제도가 중국 수출업체에 경쟁 우위를 제공하고 다른 나라들의 무역 조건을 불리하게 만들기 위해 의도적으로 설계된 것이라고 보았다.

이 같은 노력을 바탕으로 폴슨은 자신이 주최한 SED를 활용해 중국의 인플레이션 문제(2008년 전반기에 8퍼센트나 치솟은 물가상승률)와 환율제도 사이에 강력한 연결고리를 만들어냈다. 그는 위안화 가치가 어느 정도 상승한 것을 성과의 지표로 제시할 수 있었다. 위안화는 2007년 한 해에 6퍼센트 정도 상승했으며 그 후 2008년 중반까지 추가로 8퍼센트 상승했다.

그러나 중국의 환율제도에 폴슨이 끼친 영향력에 대해서는 평가가 엇갈렸다. 2008년 대선 기간에 오바마와 매케인 후보는 부시 행정부가 중국의 응석을 받아주었다고 비난했으며, 그에 따라 미중 관계를 안정화하려고 한 폴슨도 비난의 대상이 되었다. 한편 투자자, 미국 제조업체, 노조 등은 중국이 위안화 거래를 자유화하라는 미국의 요구를 무시했다고 보았다. 그들은 중국 금융시장의 개방이 지체되는 것을 비판했으며, 중국이 미국 상품의 진출을 막기 위해 애매모호한 규제를 활용해 왔다고 지적했다.

달러의 힘은 정점에 달해 있었지만 중국에 규칙을 따르라고 강요하거나 유인할 수 있을 정도는 아니었다. 그러나 중국의 환율 문제는 2008년 미국에서 서브프라임모기지 사태가 터지면서 뒷전이 되었고, 그 후 세계 경기 침체를 이겨내기 위한 기나긴 싸움이 이어진 6년 동안 미국과 중국은 서로를 어느 정도 동등한 존재로 대할 수밖에 없었다. 그 대신 미국의 정책 입안자들은 그 기간에 미국이 금융위기를 유발했다고 해서 달러의 힘이 약해진 것은 아니라는 사실을 전 세계에 재차 인식시켜야 했다.

제11장
불길했던 가이트너의 취임 연설
TIM'S CASH ROOM CRASH

2009년 1월 27일 아침 6시 30분 미국 재무부 건물에 들어선 가이트너는 1990년대에 그곳에서 일하면서 수천 번이나 그러했듯이 흑백 격자무늬로 된 대리석 바닥을 따라 걸었다. 그러나 겨울의 그날 아침은 달랐다. 가이트너는 과거에 정치와 무관한 공직자였고 남몰래 공화당원으로 등록한 적도 있었지만 이제 민주당 행정부의 재무부 장관이 되었다. 이번에는 USSS 경호원에게 '펜싱의 명수Fencing Master'라는 암호를 받았다. 누군가는 그가 공무원의 서열을 차근차근 밟고 올라가 최고의 자리에 도달한 것에 영광스러운 감정을 느꼈다고 생각할지 몰라도 가이트너 본인은 훗날 그때를 이렇게 회상했다. "짜릿한 기분은 느껴지지 않았다. 나는 매우 걱정스러웠고 아직도 나를 기다리고 있는 암울한 도전과제에 큰 부담을 느꼈다."[1]

그에게는 시작부터 고난이 기다리고 있었다.

겨울치고는 따스했던 2월 어느 날 오전 11시가 조금 지났을 때 CNBC 뉴스의 둘로 나뉜 화면에는 불길한 장면이 펼쳐지고 있었다. 오른쪽 화면에는 새로 임명된 재무부 장관이 나란히 배열된 미국 국기 앞에 서서 최초로 실시간 연설을 하고 있었다. 왼쪽 화면에는 주식 종목이 올라가고 있었는데 그가 한마디를 할 때마다 그 가치가 하락했다.

오바마 정부의 암울한 경제 전망
—

재무부 건물에 있는 캐시룸 Cash Room 은 복층 구조에 금박으로 장식되어 있으며 세 개의 커다란 황동 샹들리에가 달린 곳이다. 가이트너는 샹들리에 아래 서서 고개를 이쪽저쪽으로 돌리고 있었다. 그래야만 텔레프롬프터(teleprompter, 원고 내용을 모니터에 띄워주는 장치 — 옮긴이) 두 대를 보면서 연설문을 읽을 수 있었기 때문이다. 내용을 잘못 읽은 것은 문제가 아니었다. 오바마가 "멋지다"며 과장되게 칭찬했던 그날의 연설은 알고 보면 냉랭하기 그지없었고 마음을 사로잡는 이야기나 생계를 유지하느라 허덕이던 미국 가정에 대한 언급이 전혀 없었다. 가이트너는 새로운 행정부의 경제구제 계획을 전달하려고 했다. 그러나 부드러운 표현 대신 짧고 뚝뚝 끊기는 문장으로 암울한 전망을 설명했다.

"이 같은 전략에는 자금이 들어가고 리스크가 수반되며 시간이 소요됩니다. (중략) 우리는 실수를 저지를 수밖에 없을 것입니다"라는 식이었다. 연푸른 셔츠를 입고 진홍색 넥타이를 맨 가이트너의 목소리는 그의 불안감을 반영하듯이 자꾸만 갈라졌다. 어느 투자자의 표현대로 그는 너무 젊어 보였고 재무부 장관의 책임을 떠맡는 것을 너무 두려워한다는 인상을 주었다. 가이트너는 "우리는 상황이 점점 더 악화하고 발전이 불균등하거나 정체되는 시기를 겪을 것입니다"라고 연설을 이어갔고, "차입 비용이 가파르게 상승 중"이라거나 "은행이 대출을 축소하는 중" 같은 식으로 공황 상태에 빠진 일반 국민이 이해하기 어려운 전문 용어를 사용했다.

그의 연설은 오바마가 대선운동 때 내세웠던 희망의 메시지와는 거리가 멀었다.

가장 충격적인 순간은 연설을 시작한 지 15분 정도 지나서 그가 투자자들에게 제시할 만한 구체적인 내용이 없다고 인정했을 때였다. "우리는 해당 계획의 세부 사항을 [긴 침묵 후에] 향후 몇 주 내에 발표하고자 합니다."

그의 긴 침묵에 뉴욕 증권거래소의 객장에서 연설을 지켜보던 트레이더들은 두려움에 몸을 떨며 텔레비전 화면에서 눈을 뗐다. 가이트너의 연설이 끝났을 때 전 세계 금융시장이 대부분 급락했다(시장이 작은 우크라이나 국채마저 30퍼센트나 폭락했다).

그날 전 세계는 변화의 메시지에 힘입어 20여 일 전 백악관으로 입성한 신임 대통령에게 묘안이 없다는 사실을 깨달았다. 지금까지도 악명을 떨치고 있는 가이트너의 연설이 있고 몇 시간 후 어느 금융계 종사자는 "우리는 그때 마법의 탄환이 없다는 사실을 깨달았다"[2]고 말했다.

다른 금융계 관계자에 따르면 그쪽 사람들 모두가 구체적인 내용이 담겨 있지 않은 그의 연설에 실망했다.[3] 가이트너가 연설 장소로 유서 깊은 캐시룸을 선택한 까닭은 일곱 종류의 대리석이 사용된 그곳의 장엄함이 마음에 들어서였다. 캐시룸은 1860년대 율리시스 그랜트 대통령의 취임 기념 무도회가 열린 장소이기도 했다. 그보다 100년 전에는 시중은행이 맡긴 지폐와 동전을 처리하는 수납대가 나란히 배치되어 있었다. 그때는 미국의 일반인들도 캐시룸을 방문할 수 있었다. 그곳을 방문한 이들은 자신의 미래와 나라의 미래에 투자하기 위해 미국 국채를 매입했다. 그랬던 캐시룸에서 가이트너는 국민에게 금융위기에서 벗어나겠다는 목표에 힘을 실어달라고 호소하고 있었다. 금융위기는 교육 수준이 높고 유능한 미국인들의 일자리와 집마저 앗아가고 있었다. 그날 과거 농업경제의 번영을 상징하는 옥수수와 밀 모양의 황금 장식에 둘러싸여 있던 가이트너에게는 절망적이고 끝이 보이지 않는 위기 속에서 앞으로 나아갈 길이 무엇인지 제시할 것이라는 기대가 쏟아졌다.

그러나 금융시장, 즉 클릭 한 번으로 투자 상품의 가치를 평가함으로써 불만을 표출하곤 하는 자산관리자와 트레이더 등의 성가신 집단은 실망했다. 하루가 끝나갈 무렵 주식시장은 11퍼센트나 하락했다.

오바마가 취임했을 때 미국 경제는 참혹한 상태였다. 미국은 전 세계에 최악의 경기 침체를 초래했는데 그처럼 극심한 경기 침체는 최소한 25년 만에 처음 있는 일이었다. 미국 국내 실업률은 근 16년 만에 최고치인 17.2퍼센트로 순식간에 뛰어올랐지만, 그보다 더 무서운 일은 경제에 뚫린 구멍이 얼마만큼 깊은지 파악할 수조차 없다는 데 있었다. 오바마 행정부가 출범한 지 6개월도 지나지 않아 수천만 명의 미국인이 실직자가 되었다. 이들은 2007년 중반 금융시장에서 시작되어 광범위하게 확산된 경제 붕괴의 피해자였다.

전국에서 펼쳐진 경제 파탄의 양상은 50개 주 가운데 어느 지역을 확대해 들여다보더라도 익숙한 모습이었다. 예를 들어 2006년 어느 소기업 사장이 주택담보대출을 받으러 은행에 갔다가 대출 담당자에게서 더 많은 대출을 내줄 수 있다고 제안받은 상황을 가정해 보자. 담당자는 주택 가격이 계속해서 상승세를 탈 것이라면서 더욱 크고 멋진 집이 더 나은 투자 대상이며, 지금 꿈에 그리던 집을 사면 다시는 이사할 필요가 없다는 말로 사장을 구슬렸을 것이다. 그러니 그 집의 가격이 불과 1년여 만에 급락하고 경기가 침체에 빠져버리면서 새집을 마련한 그는 곧 둘째 아이가 태어날 상황에서 재정적 위기에 내몰렸다. 그가 아내와 함께 주택담보대출 계약에 서명할 때 머릿속에서 미약하면서도 잦아들지 않는 경고의 목소리가 들렸었다. 그때 그들은 너무 무리하고 있다는 그 경고를 들었어야 했다. 작은 사업체가 부진에 시달리기 시작했고 아내는 갑자기 해고당하면서 가족은 건강보험을 상실하는 처지에 놓였다. 이들은 주택담보대출을 너무 여러 번 연체해 살던 집에서 곧바로 쫓겨났다. 가족은 평생 저축한 돈이 바닥나자 안락한 삶을 누리던 중산층에서 빈곤층에 가까운 상태로 추락하고 말았다. 네 식구는 아내의 부모님 집 지하실로 이사했다. 어쨌든 그렇게 해서 부모님에게 아이들을 맡길 수 있어 다행이었다. 대학 교육까지 받은 부부가 먹고살기 위해 세 가지 일을 동시에 해야 했기 때문이다(택배 기사와 특별한 기술이 필요하지 않은 보건의료 종사자는 여전히 수요가 있었다). 그러나 적어도 부부에게는 의지할 가족이 있었다. 아내는 자신의 대학 시절 룸메이트가 개와 함께 차에서 숙식을 해결한다는 소문을 들었다.

모든 시선은 세계를 위기에서 벗어나게 해줄 미국의 신임 행정부에 쏠렸다. 오바마는 대공황 이후로 사상 최악의 경제 위기에 대응하기 위해 수단과 방법을 가리지 않겠다고 다짐한 바 있었다. 특히 위기 대응책의 골자로 8500억 달러 규모의 세금 감면과 재정 지출 확대를 내세웠다. 가이트너는 재무부 장관직을 수락했을 때 자신에게 승산이 없는 상황임을 확신했다.[4] 그럼에도 그는 경제구제 조치의 얼굴마담이 되는 일에 동의했다. 결과적으로 그때의 대응책은 거의 한 세기 동안 정부가 시행한 구제 조치 가운데 가장 민심을 얻지 못한 것으로 판명되었다. 그의 재임 기간은 현재까지도 악명을 떨치고 있는 캐시룸 연설이 예고했듯이 스스로도 훗날 "소통 실패"라고 인정한 일들로 가득했다.

연설이 끝나자 무자비한 논평이 이어졌다. 어느 논객은 가이트너가 좀도둑처럼 보인다고 말할 정도였다. 가이트너도 자신에게 혹독한 평가를 내렸다. 그는 회고록에서 특유의 직설적인 표현으로 자신의 연설은 "엉망"이었으며 자기가 "공연을 망쳤다"고 평가했다.

그가 재무부 장관에 임명될 때까지 쌓아왔던 평판은 바닥으로 떨어졌다. 월가는 가이트너가 구원자가 되리라 기대했고 2008년 추수 감사절 사흘 전에 47세인 그의 지명 소식이 발표되었을 때 금융시장은 S&P500이 6.3퍼센트 상승하는 보상을 제공했다.[5] 가이트너는 "소년 같은 테크노크라트(technocrat, 전문적인 지식을 통해 조직에서 중요한 역할을 하는 관료 ― 옮긴이)"라는 이야기를 들었으며 2007년과 2008년 뉴욕 연방준비은행 총재로 일하면서 신망을 얻었다. 그때 그는 폴슨 장관, 버냉키 연준 의장과 더불어 베어스턴스 구제와 대형 보험사인 AIG에 대한 정부의 인수를 주도했다.

가이트너는 IMF에서 근무한 데다 루빈 시절 재무부에서 일하면서 강달러 원칙 수립을 도운 만큼 워싱턴 정가의 사정에도 문외한이 아니었다. 그는 일본어와 중국어를 배웠고 동아프리카·인도·태국·중국·일본에 거주한 경험도 있었다.

그러나 2009년 2월 어느 아침의 연설은 재무부 장관이 자신이 처한 순간을 정확히 이해하지 못했기에 발생한 일이었다. 달러의 관리 책임을 맡은 사람은 차분함과 자신감을 불러일으켜야 하며 유능함과 통제력을 발휘해야 한다. "시장과 경제 문제에 대해 어느 정도의 신뢰성을 지녔다고 간주되는 사람이 차분하고 신중한 태도로 이야기한다면 (중략) 불안정한 시대의 심리에 긍정적으로 기여할 것"[6]이라는 루빈의 말이 적절하다. 1997년 10월 27일의 상황을 그 예시로 살펴보자. 투자자들이 동아시아 국가의 환율 전개에 불안감을 느끼면서 미국의 주식은 정책 입안자들에게 경각심을 일으킬 정도로 하락했다. 특히 다우존스 산업 평균지수는 7퍼센트 넘게 하락해 그 정도의 거래량으로는 사상 최고의 폭락을 기록했다. 루빈은 기자들을 재무부 정문으로 초대해 장관 집무실에서 바깥으로 나가자마자 보이는 장엄한 배경을 뒤로하고 섰다(오른편에는 백악관이 보였다). 그러고는 투자자들을 달랠 목적으로 150단어로 된 간결한 성명서[7]를 발표했다. 그는 석가모니와 같은 침착함으로 "알다시피 바깥 상황은 혼란스럽지만 우리가 금융시장의 내부 구조를 심층 조사한 결과 모든 것이 제대로 작동하고 있습니다. 우리는 시장을 계속해서 주시하겠지만 미국 경제는 탄탄하니 안심하십시오"라고 전 세계에 전달했다. 큰 수고를 들이지 않은 발언이었지만 그것이 효과를 거둔 까닭은 순전히 그 말을 한 인물의 마술적인 감각 덕분이었다.

그러나 전능한 달러를 관리하는 사람이 안심하라는 메시지를 구체적인 내용이 부족한 상태로 어설프게 전달했다가는 그러지 않아도 경제 및 금융위기에 직면한 시장을 주저앉힐 가능성이 있었다.

가이트너가 재무부 장관으로서 한 첫 연설은 번영의 약속에 감탄해 오바마를 뽑은 미국 국민의 불안감을 자극했다. 그 후 몇 주 후에 방영된 〈새터데이 나이트 라이브SNL〉는 재무부 장관을 무자비하게 조롱하는 내용으로 시작했다. 가이트너를 연기한 코미디언 윌 포테이Will Forte는 좌절한 나머지 한 가지 제안을 한다.[8] 자신이 제공한 번호로 전화를 걸어 금융위기를 해결하고 신임 행정부를 구제할 방안을 제시하는 첫 번째 사람에게 4200억 달러를 지급하겠다는 제안이었다. 그 이후로도 가이트너는 SNL에서 몇 차례 더 풍자의 대상이 되었다.

그의 임기는 달러 제국에 감탄한 모든 사람이 달러에 의해 타격을 받았을 때 시작되었다. 세계 금융 시스템을 복구하기 위해 가이트너,

폴슨, 버냉키가 취한 조치는 일반 국민에게 증오를 불러일으켰다. 일반 국민은 식료품 비용조차 감당하기 어려웠고 한 세대 내내 경제적 후퇴를 겪을 판에 정부가 금융위기를 유발한 바로 그 금융회사들을 수십억 달러를 들여 구제했으니 그럴 만도 했다. 더욱이 그 같은 금융회사의 최고경영자들은 수천만 달러 가치의 '황금 낙하산'(golden parachute, 인수합병이 되는 기업의 임원이 임기 전에 물러나야 할 때 일반 퇴직금 이외에도 거액의 특별 퇴직금과 스톡옵션 등을 제공하는 제도 — 옮긴이)이라는 중도 퇴직 보상금을 받은 상태로 탈출했다.

    긴급 구제책에 대한 지지를 이끌어내기가 한층 더 어려웠던 까닭은 그 조치에 자랑할 만한 장점이 없었기 때문이다. 정부는 최악의 경기 침체를 막기 위해 국민에게 고통스러운 타협안을 받아들이라고 요구했지만 수백만 미국 가정은 여전히 극심한 경기 침체의 여파에서 벗어나지 못한 상황이었다. 그 비현실적인 구제책을 홍보하면서 발생하는 고충을 가장 적절히 표현한 사람은 촌철살인의 달인인 바니 프랭크Barney Frank다. 매사추세츠 하원의원을 지낸 그는 "나 아니었으면 더 나빠졌을 거야"라는 말이 성공적인 홍보 문구가 될 턱이 없다고 지적했다.

불길한 삼위일체

―

가이트너가 장관에 취임한 지 2개월 정도 지났을 때 전 세계 주식시장은 10여 년 만의 최저점을 기록했다. 3월 9일 (미국 주식시장의 건강 상태를 보여주는 기준 지표인) S&P500은 2007년 기록한 최고점 대비 57퍼센트나 폭락했다. 같은 해인 2009년 핼러윈에는 미국 서브프라임모기지 시장의 붕괴로 전 세계 금융 시스템이 속속들이 마비된 가운데 미국의 실업률이 금융위기 들어서 최고치인 10퍼센트로 치솟았다. 신용 경색, 일자리 소멸의 가속화, 주택 압류라는 불길한 삼위일체 속에서 반세기 만에 처음으로 세계경제의 위축이 예상되었다.[9] 전 세계 거의 모든 산업이 생존 투쟁의 국면에 돌입했다. 사람들의 자금이 바닥났고 그 누구도 그러한 출혈을 멈출 수 없었다. 버나드 매이도프Bernard Madoff가 500억 달러 규모의 폰지 사기로 체포되자 유권자들 사이에서 연방정부가 월가의 악당들을 돕기 위해 수십억 달러의 세금을 퍼준다는 인식이 강화되었다. 한편 미국인 수백만 명이 실직했고 심지어 그중에는 살 곳을 잃은 사람도 있었다. 금융위기는 빠르고 예측을 불허하는 방향으로 전개되었으며 경제 사다리의 위쪽에 있는 사람보다 아래쪽에 있는 사람에게 한층 더 큰 타격을 준 것으로 보였다.

게다가 통합 정도가 크고 세계화가 최고조에 이른 세계경제 안에서 그 고통은 광범위하게 확산되었다. 금융위기는 유럽의 국채 사태, 아이슬란드의 은행 시스템 붕괴, 스페인에서 27퍼센트를 기록했을 정도의 실업률 급상승 같은 도미노 효과를 일으켰다.

그러더니 세계에서 두 번째로 영향력이 큰 국가에도 문제가 발생했다. 중국 제품을 수입하던 업체가 갈수록 자금난을 겪고 대출을 받지 못하게 되자 중국의 수출업자들이 대금을 받지 못할 위험에 처했고 중국 수출품에 대한 수요는 한층 더 급감했다. 게다가 선적 비용의 상승으로 문을 닫는 공장들이 늘어났다. 1억 3000만 명 정도의 농민공(農民工, 중국의 농촌 출신 이주 노동자 ― 옮긴이) 가운데 15퍼센트 이상이 일자리를 잃은 상태로 귀향한 데다 2008년 경제 성장률이 (금융위기 이전의 절반 정도인) 5.5퍼센트라는 낮은 수준으로 하락한 가운데 중국 정부는 대량 실업이 초래할 사회 불안을 경계했다.[10] 중국은 세계 금융위기 때문에 일어난 문제라면서 문제의 원인을 미국의 탓으로 돌렸다. 실제로 중국은 패니메이와 프레디맥 등의 미국계 대형 모기지 업체가 발행한 채권을 대량으로 보유한 데다 미국의 금융회사 곳곳에 투자했기에 미국 경제의 리스크에 크게 노출되어 있었다. 2009년 1월까지 중국이 블랙스톤, 모건스탠리, TPG 캐피탈에 투자했다가 날린 돈은 원금인 105억 달러의 절반을 웃돌았다.[11]

2009년 1월, 중국의 원자바오 총리는 세계경제의 혼란과 중국 국내의 문제가 미국의 "맹목적인 이윤 추구"와 "자제력 부족"[12] 때문이라면서 미국이 팔영팔치론에 명백히 위배되는 행위를 했다고 지적했다. 팔영팔치론은 후진타오 주석이 대략 3년 전인 2006년 겸양과 도덕성을 삶의 지침으로 삼으라면서 제시한 원칙이었다. 미국의 경제 전문가와 정책 입안자 들도 금융위기의 근원에 대해 원자바오와 비슷한 생각을 품고 있었으며, 미국 정부의 "무대응과 잘못된 대응" 및 금융회사의 "과도한 리스크 감수"[13]가 세계 금융 시스템을 완전히 붕괴 직전까지 몰고 갔다고 이구동성으로 말했다.

미국발 위기로 말미암아 중국은 서구권이 자국을 세계질서 속으로 끌어들이려고 했을 때 습관적으로 행했던 손가락질과 꾸짖음을 한층 더 불신하게 되었다. 이제 그들의 눈에는 세계질서 자체가 취약해 보였다.

세계 각국 정부는 경제에 일격이 가해질 때마다 점점 더 많은 자금을 투입해 나갔다. PBC의 저우샤오촨周小川 총재는 최악의 시나리오에 대비해 3개월 동안 다섯 차례의 금리 인하를 단행했다. 그는 특히 세계경제의 극심한 침체와 (더 높은 수익률을 위해 중국 이외의 투자처를 찾는 투자자들의) 중국 내 자금 유출이 지속적인 신용 경색을 불러올 것을 우려했다. 재정정책 측면에서 중국 지도자들은 0.5조 달러 규모의 부양책을 발표했다.[14] 미국에서는 연준이 금리를 사실상 0으로 대폭 인하함에 따라 경기 부양의 책임은 (국고 지킴이인) 의회에 달려 있었다. 2008년 2월부터 2012년 말까지 미국이 금융위기에 대응해 내놓은 재정 부양책은 그 규모가 총 1.5조 달러를 웃돌았고 18건의 법률 제정[15]을 수반했다.

그 모든 재정 지출로 인한 예산 부족분을 메우는 것은 재무부의 역할이었다. 재무부는 미국발 금융위기가 진행되는 가운데에도 은행과 해외 투자자들이 미국 국채를 흡수하리라는 확신에 따라 공개 시장에서 국채를 발행했다. 달러의 매력과 장래성은 위기 탈출을 도울 수 있을 정도로 강력했다. 그러나 얼마 지나지 않아 미국 국채 시장 자체가 크나큰 불안정성에 노출되었다. 그 같은 불안정성은 정치인들의 힘겨루기에서 비롯되어 귀중한 미국 국채 시장은 물론 달러를 위험할 정도로 뒤흔들었다.

부채 한도와 디폴트 시나리오

―

미국 재무부 내부에는 세계 지급준비통화인 달러를 단숨에 추락시킬 수도 있었던 계획이 보관되어 있다. 한때 기밀에 부쳐졌으며 현재는 긴급한 상황에서만 열람할 수 있는 그 계획은 어찌나 민감한 비밀을 담고 있는지 재무부와 함께 그 계획을 작성한 연준의 투명성 규정을 통해서 공개된 이후 몇 년이 흘렀음에도 작성에 참여한 재무부 관료들이 그 내용에 대한 공식 언급을 거부할 정도다. 2011년으로 돌아가서 여름의 어느 날 가이트너는 그 말할 수 없는 계획의 실행을 불과 하루 앞두고 있었다.

그때 공화당과 민주당 의원들은 미국 경제에 급제동을 걸 위험이 있는 다툼을 벌이고 있었다. 그러한 교착 상태 때문에 해외에 파병된 미군은 급여를, 수백만 명의 퇴직자들은 사회보장 수당을 지급받지 못할 것으로 예상되었으며 그에 따른 연쇄 반응은 경제 파탄으로 이어질 가능성이 있었다. 그 다툼은 오바마가 의회에 재무부가 금융시장에서 발행할 수 있는 국채의 상한선을 높여 달라고 요구한 데서 시작되었다. 당시 재무부가 발행할 수 있는 국채의 규모는 14조 달러였지만 의회가 앞서 승인한 지출 프로그램을 시행하려면 기존 상한선을 초과하는 국채 발행이 필요했다. 한마디로 국가 경제가 돌아가도록 하기 위해서는 연방정부가 자금을 추가로 확보해야 했다.

그리 어렵지 않게 이해할 수 있는 개념이다. 의회가 연방정부의 예산 규모를 정하면 재무부는 예산 지출 계획에 세입을 사용하고 투자자들이 절대 질리는 법이 없는 국채를 발행함으로써 예산의 부족분을 메운다. 사실 미국 연방의 부채 한도는 시대적 특이성 때문에 생겨났다. 제1차 세계대전 당시 재무부 관료들이 공공 재정을 좀 더 손쉽게 관리할 수 있도록 돕기 위해 국채 발행의 상한선이 도입된 것이다. 그 이전에는 재무부가 국채를 발행할 때마다 의회의 승인을 받아야 했다. 그러나 세계대전 중에 의회는 새로운 유동성에 대한 긴급 수요에 부응하기 위해 재무부가 직접 재정 수요를 관리하는 것을 암묵적으로 승인했다. 이처럼 미 의회가 국가 부채 한도를 정한 까닭은 국채 발행에 대한 권한을 그대로 유지하되 재무부와 그 권한을 공유하기 위해서였다.

그러나 2008년 금융위기 이후 불과 3년 만에 연방 적자는 세 배 가까이 증가해 1조 3000억 달러에 달했다.[16] 그러자 (그때까지 전통적으로 재정 지출에 좀 더 보수적이었던) 공화당은 이미 승인된 예산의 집행을 위해 재무부에 부채 한도 상향 조정을 허용하기보다 민주당이 국가 재정을 궁극적으로 개선할 수 있는 계획을 제시해야 한다고 주장했다.

그 후 몇 달에 걸쳐 백악관과 공화당 의원들 간의 교착 상태가 위험한 수준으로 치닫고 있었다. 하원의장인 베이너는 더 이상 오바마의 연락을 받지 않았고 그러자 오바마는 어느 토요일 아침 협상을 중재하기 위해 베이너와 그의 동료들을 백악관으로 소환했다.

세계 금융시장은 전반적으로 위태로웠다. 미국 연방 국채는 세계에서 가장 확실한 가치 척도이고 지구상에서 가장 매력적인 투자 상품이다. 투자자들은 채무불이행default의 위험이 없는 안전한 시스템을 신뢰해 미국 국채를 매입한다. 미국 국채는 미국 정부가 돈을 떼

어먹을 리 없다는 믿음을 사람들에게 심어준다는 점에서 다른 나라의 국채와 확연히 다르다.

1950년대까지만 해도 부채 한도는 양당의 협조하에 필요할 때마다 별문제 없이 상향 조정되었다. 그러나 공화당과 민주당의 대립이 갈수록 심해지자 부채 한도는 양당이 정치적 점수를 따기 위해 펼치는 힘겨루기 수단으로 전락했다. 금융위기의 여파가 그때까지도 완전히 회복되지 못한 경제에 정치적인 흠집을 내고 있던 2011년, 양당은 별일 아닌 것처럼 보였던 부채 한도의 상향 조정을 두고 교착 상태에 빠졌다. 전 세계 투자자들이 미국의 채무불이행 리스크에 대비할 수 있는 방향으로 투자를 감행했고 금융시장은 2008년 세계금융위기가 최고조에 이르렀던 시기 이후로 변동성이 가장 큰 한 주를 겪었다.

트레이더들이 보기에 국회의원들은 분노로 이성을 잃은 상태라 파국이 기다리고 있다는 사실을 인식하지 못한다고 판단했다.

가이트너는 의원들에게 의회가 규정한 부채 한도의 상향 조정을 허용하지 않는 것은 "세계 금융 시스템 전반의 기본 토대를 뒤흔드는 일로써 (중략) 그 여파는 수십 년 동안 지속될 것"이라며 "이는 미국에 치명적인 결과를 가져올 것"이라고 말했다.

시장 분석가들은 상향 조정 결렬이 가져올 결과를 강력하게 경고했다. 즉각적인 결과로는 의료 서비스 제공자와 군인 등에 급여 미지급이 예상되었다. 그러나 설상가상으로 재무부의 채무불이행 가능성이 제기됨에 따라 미국 국채의 이자 비용이 급격히 상승할 것으로 예상되었다. 외국 정부를 비롯한 채권자들이 수조 달러에 이르는 채권에 대한 보험으로서 더 높은 금리를 요구할 것이 분명했다. 향후 미국의 인프라 구축, 연구 개발, 군사 기술에 들어갈 비용이 가파르게 상승하리라는 이야기였다. 이러한 불확실성 때문에 주식시장에 균열이 일어나면 수백만 미국 국민이 적립한 퇴직연금의 명목 가치가 급감하게 된다. 이는 경제 파탄의 가장 뚜렷한 징후다. 결과적으로 달러의 가치가 가장 우월한 통화로서의 위상이든 환율이든 크게 떨어질 것이 분명했다.

세계경제에 미칠 파급 효과도 파괴적일 터였다. 보통주부터 파생 상품에 이르기까지 각국의 모든 유가증권이 미국 채권 시장을 기준으로 삼기 때문이다. (이후 몇 년 동안 부채 한도를 둘러싼 정치계의 싸움이 되풀이되자 JP모건체이스의 최고경영자 제이미 다이먼은 미국의 디폴트가 현실로 나타난다면 "말 그대로 즉각적이고 연속적이며 상상을 초월하는 규모의 재앙을 초래해 향후 100년 동안 미국에 악영향을 끼칠 것"[17]이라고 내다보았다.)

이러한 디폴트 시나리오 때문에 가이트너와 연준 관료들은 부채 한도가 상향 조정되지 않을 경우에 대비해 비상 계획을 세울 수밖에 없었다. 양당 의원들이 계속해서 다툼을 벌이다가 부채 한도가 상향 조정되지 않는다면 미국의 재정을 담당하는 관료들은 정확히 어떤 후속 조치를 해야 할까? 그 경우에 누군가는 (각각 1조 달러어치의 미국 국채를 보유한 중국과 일본 등의) 미국의 채권자 중에서 재무부가 확보할 수 있는 여분의 자금으로 이자를 지급할 대상과 지급하지 않을 대상을 결정해야 할 것이었다. 비상 계획은 계속해서 비밀에 부쳐져야 했다. 의원들이 마감일(이 경우에는 8월 2일)까지 부채 한도가 상향 조정되지 않더라도 문제를 해결할 다른 방법이 있다는 낌새를 알아차린다면 절대로 상향 조정에 응하지 않을 것이 분명했기 때문이다. 게다가 디폴트 대비책이 존재한다는 사실이 알려지면 미국 국채의 신뢰도가 훼손될 수밖에 없었다.

어쨌든 미국의 재정을 관리하는 이들은 대비책을 마련해야 했다. 연준은 채무 상환의 우선순위를 정하고 그러한 우선순위가 금융시장에 끼칠 영향을 파악하는 역량을 점검하기 위해 비밀리에 모의훈련에 돌입했다. 재무부와 연준은 비상 대책의 세부 사항을 면밀히 검토했다. 먼저 지급받을 대상 중에는 미국 국채를 보유한 국내 채권자, 사회보장 수당, 재향군인 수당, 그 외 정부의 재정 지원 등을 받아야 하는 이들이 포함되었다. (정부 계약자, 정부 직원, 해외 투자자 등의) 그 외 대상의 경우 상환이 지연되거나 일부만 상환받을 위험에 처했다. 다시 말해 미국이 후순위에 있는 이들에 대한 채무를 갚지 않을 것이라는 내용이었다.

채무 상환 우선순위 책정 계획을 통해 투자자들은 두 가지 중요한 정보를 알 수 있었다. 첫째는 재무부가 채무를 상환할 채권자를 결정하고 선택할 수 있는 기술적 역량을 갖추고 있다는 점이었다. 둘째로 미국이 2011년 당시 채무를 상환하지 못할 위험에 아슬아슬할 정도로 가까워졌다는 사실이 드러났다. 이는 해밀턴이 나라를 위해 구상했던 것[18]과는 거리가 먼 시나리오였다. 230여 년 전에 재무부 장관이 된 해밀턴은 취임 이틀째에 5만 달러(오늘날의 구매력으로 환산할 때 대략 10억 달러)의 대출을 연방정부에 발행해 줌으로써 많은 이가 금세 망해 버리리라 생각했던 신생 국가의 신용을 쌓기 시작했다. 해밀턴을 비롯한 미국 건국의 아버지들은 생존에 필요한 두 가지 요건이 무엇인지 확신했다. 하나는 신생 민주주의 국가 미국을 파괴하려는 적에 맞서기 위해 최상의 방어 수단을 마련하려면 자금 조달이 필요하다는 점이었다. 다른 하나는 (채무를 제때 상환하겠다는) 국가가 한 약속을 반드시 지키는 것이 번영을 달성하는 열쇠라는 점이었다.

해밀턴은 1781년에 보낸 편지에서 "국가 채무는 과도하지만 않다면 국가가 국민에게 주는 축복이 될 것"이라면서 "국가 채무는 우리의 연대를 강력하게 결속하는 역할을 할 것입니다. (중략) 국가에 채무가 필수적이지 않은 시대나 상황은 앞으로 있을 수 없습니다"라고 말했다.

결과적으로 가이트너는 정치인들이 조장할 뻔했던 위기 상황에서 벗어났다. 2011년 8월 1일 양당 의원들은 예산통제법 Budget Control Act을 통과시켰고 바로 다음 날 오바마가 이를 법으로 제정했다. 예산통제법 덕분에 재무부는 추가로 2조 4000억 달러의 국채를 발행할 수 있었다. 이는 만기가 도래한 채무 전액을 상환하기에 충분한 규모였다.

그러나 국가의 신성한 자산을 둘러싼 싸움은 상흔을 남겼다. 그해 여름 미국의 3대 신용평가사 가운데 하나인 스탠더드 앤드 푸어스(Standard & Poor's, 이하 S&P)가 미국의 신용등급을 강등한 것이다. 참고로 신용평가사는 채권자의 채무 상환 능력을 평가하는 곳이다. S&P가 미국이 70년 동안 유지해 온 AAA를 거두어들이면서 한 말은 미의회 의원들이 타결을 본 예산 합의로는 미국의 암울한 재정 전망을 충분히 해결할 수 없다는 것이었다. 미국의 새로운 신용등급인 AA+

는 다른 12개국에 비해 한 단계 낮은 등급이었다. 결국 재무부는 논란의 여지가 있는 S&P의 조치에 반발해 시정을 요구했지만 피해는 되돌릴 수 없었다. 신용등급 강등은 미국이 자초한 것이라고 할 수 있다. 의회가 국가 재정을 정치적 무기로 사용하다가 도를 넘어서는 바람에 발생했기 때문이다.

그뿐 아니라 비상 계획 자체에도 문제가 있었다. 시장 전략가들은 채무 우선순위 책정이 미국의 채권 시장에 타격을 줄 여지가 있을 정도로 형편없는 발상이라고 지적했다. 워싱턴에서 부채 한도를 둘러싸고 교착 상태가 발생할 때마다 투자자들이 채무 우선순위를 감안할 것이 분명했기 때문이다. 실제로 첫 교착 상태 이후 같은 일이 몇 년에 한 번씩 되풀이되는 것으로 보인다.

2011년에 일어난 일은 달러의 위상을 가장 크게 위협하는 요소가 미국 영토 안에 존재하고 있음을 보여주는 증거였다. 달러는 세계금융위기에서도 별 탈 없이 살아남았을 정도로 강력한 무기였다. 그 같은 달러의 위상이 국가 지도층에 의해 땅에 떨어질 뻔했다. 미국이 가장 우월한 통화를 소유함으로써 누리는 권력과 영향력을 유지하기 위해서는 나라를 다스리는 사람들이 달러라는 무기로 담력 경쟁을 하는 일이 없어야 할 것이다.

제12장
재무부의 모범생 투사들
NERD WARRIORS AT WORK

스튜어트 레비가 재무부에서 일하는 동안 가장 짜릿했던 순간은 어머니가 팀원들과 나눠 먹으라며 참치샐러드 샌드위치를 보내주셨을 때였다.[1] 그 샌드위치는 10년간의 공직 생활을 마친 그가 공직자로서 보내는 마지막 시간을 축하하기 위한 것이었다.

2011년 2월 25일 금요일, 수도 워싱턴D.C.의 날씨는 우중충하고 쌀쌀했다. 레비와 팀원들은 리비아의 독재자 무아마르 카다피가 리비아 정부의 자산을 보관해 두었던 미국 내 은행들을 추적하기 위해 이틀 동안 밤낮없이 일했다.

위험천만한 상황이었다. 인구 620만 명인 리비아에서는 독재자에 맞선 민중 봉기가 한창 일어나고 있었고, 카다피는 권력을 유지하기 위해 "피 한 방울이 남을 때까지 싸울" 것이며 자국의 국민에게 "무관용"² 으로 대하겠다고 온 세상에 선언했다. 외교술은 통하지 않았고 오바마는 미군을 전투에 투입할 계획이 없었다. 카다피에게 민주적인 대처를 요구하기 위해서 그다음으로 사용할 수 있는 최선의 무기는 달러였다.

대테러 전쟁의 자금 관리자

경제 제재는 최근 들어 대화로 문제가 해결되지 않고 군사 행동이 너무 극단적인 조치처럼 보일 때 사용하는 선택지이지만 준비하는 데 보통 몇 주에서 몇 달이 걸린다. 그러나 미국이 죄 없는 리비아 국민 수백만 명의 학살을 막고 무엇보다 (에너지 생산에서 중요한 역할을 하는 리비아 문제를 해결해) 세계 석유 공급망을 보호하려면 재무부가 카다피의 자금을 신속하게 찾아내는 일이 급선무였다. 자금을 빼앗는 것이야말로 그의 권력을 약화하는 최선책이었다. 그가 군대에 줄 돈이 없어지면 반란을 진압할 여력도 사라질 터였다.

레비는 업무에 돌입했다. 그때 (9·11 테러 이후 경제 제재를 위해 창설된) TFI의 차관이었던 그는 그곳의 자원을 동원해 조사를 시작했다.

리비아의 GDP는 6200억 달러였으며 국부 펀드는 4000억 달러 정도였다. 그 외에도 중앙은행에 보관된 지급준비금이 1110억 달러나 되었다. 카다피가 리비아 정부 자금을 숨겨둔 곳을 특정하기 위해 재무부의 금융 조사관과 회계사 들은 대량의 금융 정보와 자료를 샅샅이 훑었다. 그들은 월가 대형 은행의 중역들에게 카다피, 그의 가족과 친구, 리비아 정부가 소유한 재산을 찾아낼 수 있도록 도와달라고 요청했다. 레비와 그의 팀원들은 충분한 결단력과 약간의 행운만 따르면 1억 달러 정도는 찾아낼 수 있겠다고 판단했다. 이는 재무부의 유능함을 보여줄 수 있는 절호의 기회일 뿐 아니라 무엇보다 카다피 축출을 위한 압박 활동을 최대한으로 강화하는 데 엄청난 영향을 미칠 수 있는 금액이었다.

레비는 자신의 공직 생활 마지막 날 오후 2시 22분에 샌드위치를 다 먹자마자 같은 팀의 변호사가 보낸 이메일을 열었다. 워싱턴 기념비가 보이며 층고가 높은 4층 사무실에 앉아 있던 그의 입이 떡 벌어졌다. 조사팀이 불과 이틀 만에 300억 달러를 찾아낸 것이다. 처음에 그는 3000만 달러에 실수로 0을 세 개 더 붙인 거라고 생각했다. 수백억 달러가 그처럼 짧은 기간 내에 발견되리라고는 그 누구도 예상하지 못했다.

레비는 정부에서의 마지막 근무일이 얼마나 역사적인 날이 될지 깨닫기 시작했다.

마흔일곱 살의 그가 재무부 건물에서 보낸 흥미진진한 6년이 끝을 향해 가고 있었다. 그는 국왕들과 교류했고 심지어 푹신한 카펫이 깔려 있고 안전벨트에 금도금이 된 카다피 소유의 전용기에서 몇 시간을 보낸 적도 있었다. 레비는 《워싱턴 포스트》에서 "대테러 전쟁의 자금 관리자"[3]라는 찬사를 받았으며 그의 지휘 아래 TFI는 어떤 나라 전체를 금융이라는 무기로 융단 폭격할 수 있는 거대 조직이 되었다. 그는 재무부가 세계에서 가장 강력한 국가의 고위급 안보기구 가운데 하나로 자리 잡는 데 결정적으로 기여했으며, TFI를 연방

정부 외교 정책 부문의 영구적인 조직으로 만들었다. 심지어 세계금융위기가 진행되던 당시 임시 재무부 장관 대행을 맡아 폴슨이 사임한 이후부터 가이트너가 취임할 때까지의 공백을 메웠다. 그는 자신이 그 기간에 USSS의 보호를 받을 정도로 중요한 인물은 아니었다고 농담한다(TFI의 동료들은 그가 장관 대행을 지낸 엿새 동안 주식시장이 3.9퍼센트 상승한 것을 보여주는 주식 차트를 액자에 넣어 선물했다).

그러나 레비가 가장 인상적이라고 생각한 날은 저녁 8시에 끝난 그의 마지막 근무일이었다. 그때 오바마는 카다피 정권의 자산 가운데 상당 부분을 동결하는 행정명령 13566호에 서명했다. 바로 그날 TFI는 미국 정부 역사상 가장 규모가 큰 300억 달러를 몰수함으로써 역사를 만들었다.

2004년 TFI가 창설된 이후로 10년에 걸쳐서 미국의 달러의 무기화 능력은 이란의 핵 야욕, 오바마 시대에 러시아가 행한 우크라이나 침공, 수단과 리비아의 인도적 범죄 등 미국이 수많은 국제 지정학적 분쟁에 대응할 때 중요한 역할을 했다. 한때 경제 제재는 비효율적인 데다 대체로 융통성이 없는 수단이었으며, 쿠바에 대한 50년간의 전면적 금수 조치에서 보듯이 상반되거나 나쁜 결과를 초래했다.

그러나 TFI는 경제 제재를 금융 정보 역량과 민관의 긴밀한 협력에 의해 추진되는 정교한 조치로 탈바꿈시켰다. 재무부는 국무부, 국가안전보장회의, 더 나아가 광범위한 정보 공동체와 협력해 경제 제재를 효율적이고 강력한 장치로 다듬어놓았다. 그 결과 외교술은 실패했으나 군사 조치가 너무 극단적이라고 여겨질 때 경제 제재 조치를 상황에 맞게 조정할 수 있게 되었다.

그 예로 2012년 미국이 핵 야욕을 억제하기 위해 이란에 가한 경제적 타격을 살펴보자. 미국은 먼저 이란의 은행과 기업에 일방적인 제재를 가했다. 그러한 조치가 이란의 핵 야욕에 아무런 변화를 불러오지 못하자 미국 관료들은 전 세계를 돌아다니면서 UN, EU, 캐나다, 호주는 물론 전통적으로 이란과 긴밀한 관계를 맺어온 중국·러시아·인도 등을 설득해 이란이 완전한 핵보유 국가가 될 때 전 세계가 받을 위협을 사전에 억제하는 노력에 동참하도록 했다. 이란 정부에 대한 국제적 압력이 서서히 거세지자 금융회사들은 이란에서 영업하는 것을 꺼리게 되었다.

그러나 오바마 행정부는 더 많은 무기가 필요했다. 그러한 필요성 때문에 그때까지의 제재 조치보다 한층 더 정교하고 가혹한 변형 조치가 탄생했다.

이차적 제재의 도입

이차적 제재 secondary sanction 는 성능이 뛰어난 무기치고는 하찮아 보이는 이름을 지녔지만 그 배후의 개념은 다소 복잡하다. 이차적 제재 덕분에 미국은 이란으로 흘러 들어가는 자금망을 한층 더 광범위하게 차단하는 일이 가능해졌다. 일차적 제재 primary sanction 가 대상 국가의 악당들을 미국 금융 시스템의 블랙리스트에 올려놓는 조치에 불과한 반면, 신종 제재인 이차적 제재 덕분에 미국 정부는 대상 국가와 거래를 지속한다는 이유만으로도 기업과 개인을 블랙리스트에 올릴 수 있게 되었다. 이란에 대한 일차적 제재로 말미암아 이란 독재 정권 구성원들의 달러 사용이 차단되었다. 그러나 이차적 제재는 한술 더 떠 이란 외부 권역에서 활동하는 기업들까지 제재 대상으로 삼았다.

재무부의 이차적 제재 도입은 달러의 무기화가 중대한 진전을 맞이했다는 사실을 의미했다. 이차적 제재의 존재만으로 미국의 우방국과 적국은 자국의 경제 거래와 대외정책의 목표 추구 및 달러 접근성을 놓고 양자택일을 해야 했다. 대다수 국가의 경우 미국 정부의 심기를 건드리면서까지 이란과 거래를 지속해야 할 이유가 없었다. 이차적 제재 덕분에 그렇지 않아도 엄청났던 미국의 대외 영향력은 한층 더 증대되었다.

그러나 미국은 "우리 대 그들"이라는 외교 정책적 딜레마를 조성함으로써 세계경제의 질서를 분열시키는 방향으로도 달러의 능력을 강화했다. 이는 제2차 세계대전 종전 이후 경제 통합을 목표로 했던 바와 정반대 결과였다. 그때까지 경제적인 목적에서 달러에 의존해 온 세계 각국은 이제 자국과 미국의 민주주의적 이상이 일치하는지, 자국의 정체성을 고수할 가치가 있는지를 따져봐야 했다. 세계에서 가장 중요한 나라가 자국의 힘을 남용하고 다른 나라들을 들들 볶아 급기야 이들이 달러 없이 살아갈 방법을 모색하는 지경에 이른다는 서사가 서서히 힘을 얻어갔다. 이는 반세기 넘는 세월 동안 달러를 의심할 여지없이 세계 최고의 준비통화로 확립하려던 움직임에서 반하는 변화였다. 그렇게 되면 결국 세계는 한때 상상조차 할 수 없었던, 달러의 대안 찾기를 고려할 수밖에 없을 것이다.

물론 모두가 이차적 제재나 경제 제재의 전반적인 증가가 달러의 무기화로 직결된다는 데 동의하는 것은 아니다. 오늘날까지도 전·현직 정부 관료들은 세계 최고의 명목화폐 fiat currency를 소유한 국가로서 전 세계의 자금 흐름이 안전한지 감독하는 것이 미국의 역할이라면 금융 시스템을 온전한 상태로 유지하기 위해 사악한 행위를 막는 것은 미국의 의무라고 주장한다. 그리고 경제 제재는 다자간 경제 제재가 가장 효과적이라고 말한다.

미국의 경제 제재는 이란을 파괴하다시피 했다. 이란 경제의 생명줄은 석유였는데 (사실상 모든 유가 결제가 달러로 이루어지므로) 달러를 사용하지 않고는 석유를 팔 방법이 없었다. 그 때문에 이란 최고의 효자 상품인 석유 수출이 60퍼센트 감소하면서 경제가 크게 위축되었다. 한편 이란의 법정통화인 리알화의 가치는 40퍼센트 폭락했다. 우유, 과일, 채소와 같은 기본 생필품의 가격이 두 배 가까이 뛰면서 수백만 명의 이란인이 한층 더 가난해졌다. 2015년 미국은 치열한 외교 활동 끝에 EU 및 그 외 6개국을 설득해 이란과 핵 협정인 포괄적 공동행동계획(Joint Comprehensive Plan of Action, 이하 JCPOA)을 체결했다. 오바마 행정부는 (트럼프가 협정을 파기하기까지) 적어도 몇 년 동안은 미국의 이란 제재 덕분에 세계가 더 안전한 곳이 되었다고 자랑할 수 있었다.

이 시점에 이르러 미국은 수많은 지정학적 분쟁을 해결하기 위해 점점 더 경제 제재에 의존하는 상황이었다. 2001년부터 2015년까지 재무부의 경제 제재 발령 건수는 네 배 증가했다.[4] 제재 조치에는 알카에다·헤즈볼라·이슬람 국가Islamic State, IS 같은 테러 조직의 마르지 않는 수입원을 몇 년에 걸쳐 파괴한 활동도 포함되어 있었다. 재무부는 연방정부의 다른 부처, 민간 부문, 중앙은행, 우방국의 재무 부처와 협력해 테러리스트의 자금 접근을 차단할 수 있는 정밀한 방법을 개발했다. 그 과정에서 각 테러 조직의 수입원(돈세탁에 이용된 위장 자선 단체나 아시아와 중동에서 이용되며 신뢰 기반의 송금 시스템인 하왈라hawala 등의 자금 경로)에 치명적인 타격을 가했다.

 이 모든 활동은 재무부와 수천 명의 달러 수호자가 절대적인 비밀에 부쳐 수행한 강력한 임무의 일환이었다. 보기에는 수수하지만 달러의 칼날을 날카롭게 연마해 온 어느 정부기관의 웬만해서는 공개되지 않는 내부를 한번 살펴보면 달러가 얼마만큼 빠른 속도로 경제 전쟁의 무기로 진화했는지 알 수 있다.

경제 제재의 심장, 해외자산통제국

—

앤드리아 개키Andrea Gacki는 미국에서 가장 강력한 정부기관 가운데 한 곳을 운영하고 있었다. 그런 만큼 이따금 사용 중지된 화장실에서 일해야 할 때도 있었다. 그가 일하는 낡고 먼지 쌓인 정부 건물 건너편에는 화강암의 포르티코(portico, 주랑으로 지붕을 떠받치고 있는 고대 그리스풍의 현관―옮긴이)와 신고전주의 양식의 회랑이 특징인 재무부 건물이 있다. 개키는 수천 명의 해외 관료, 올리가르히(oligarch, 구소련 국가의 신흥 재벌 — 옮긴이), 기업 총수, 투자자, 테러리스트 들의 두려움을 사는 변호사로서 웬만해서는 공개석상에서 자기 업무에 대해 말하지 않았다. 사적인 자리에서도 절제된 태도로 정확한 말만 했다. 그는 너무 많은 비밀을 알고 있어서 그 누구와도 많은 대화를 나눌 수 없었다.

미시건 출신으로 희끗희끗한 머리와 검은색 안경이 특징인 개키는 만화책을 사랑하며 겸손한 태도의 사람이다. 자신감이 넘치면서도 항상 예의 바르며, 자신의 신념을 확고히 고수하면서도 자랑하지 않는 사람이기도 하다. 그런 그가 재무부 서류에 서명할 때 사용하는 네 개의 고리가 전체 경제나 수십억 달러 규모의 기업을 무너뜨릴 힘을 지녔다고는 그 누구도 짐작조차 하지 못할 것이다.

여러 달러 관리자 가운데 한 명인 개키는 달러로 움직이는 세계를 강화하기 위해 끊임없이 또 묵묵하게 일해 왔다. 그가 운영한 OFAC는 경제 제재의 핵심 권력 기관이며 극도로 비밀리에 운영된다. 흔히 "미국 경제 제재의 살아 숨 쉬는 심장"으로 불리는 OFAC는 개키와 같은 공무원이 성공에 지대한 공을 세웠다. 그는 트럼프와 바이든 행정부 전반기에 OFAC 국장을 지내는 동안 국장실 안에 있는 낡은 화장실에서 비밀 문건을 검토하는 일에 대부분의 시간을 할애했다. 컴퓨터 장비를 들여놓기 위해 배관, 변기, 세면기를 제거하고 방음벽을 설치한 그 화장실은 민감특수정보시설(sensitive compartmented information facility, 이하 SCIF)로 변모했다. 워싱턴D.C. 전역의 연방정부 건물과 세계 곳곳의 대사관에 존재하는 SCIF는 도청 방지 장치가 설치되어 있고 정기적으로 점검을 받지만 개키의 SCIF처럼 화장실이었던 곳은 없을 것이다. 그는 경력을 시작한 후 대부분의 기간을 공직에서 일했으며, 수천 명의 비정치적 지명자 가운데 한 명으로서 여러 행정부에 걸쳐 정부기관을 운영하고 있다. OFAC의 권력은 실제 사무실의 크기와 반비례한다. 300명의 변호사, 회계사, 정보 분석가, 조사관으로 구성된 그곳은 자산을 동결할 수 있을 뿐 아니라 기업과 개인의 미국 달러 사용을 차단하고, 제재 조치를 위반한 이들에게 과징금을 징수하는 권한을 지닌다. OFAC가 레비의 감독에 따라 그 역사적인 72시간의 활동을 벌여 카다피의 자산 수십억 달러를 동결한 것만 보더라도 그곳의 강력함을 알 수 있다.

OFAC의 업무는 독특하다. 이곳은 법적 판결 없이도 누군가를 미국 금융계에서 차단할 수 있다. 미국 법원은 "합리적인 의심을 넘어서"라는 법적 기준에 의존해 처벌을 내리는 반면 OFAC의 직원들은 기밀정보를 활용해 제재가 타당하다는 "합리적 근거"를 제공한다. OFAC는 연방 정보 공동체 전반·국무부·법무부·국방부를 비롯한 다른 부처와 공조해 수십 종류에 달하는 미국의 제재 프로그램을 관리한다. 최종 의사결정은 대통령이 내리거나 재무부 또는 국무부 장관 같은 대통령 지명자가 정하지만 그러한 결정 사항을 실행하거나 집행하는 주체는 OFAC 소속의 변호사들이다. 이들의 업무는 종종 외교관, 스파이, 법 집행관, 기밀정보 등에 의해 뒷받침되거나 지원된다. 무엇보다도 OFAC를 상대로 소송을 걸어 승소한 사람은 단 한 명도 없다.

OFAC는 미국의 경제 제재 관련 최종 블랙리스트인 특별 지정국 및 차단 인물 목록(Specially Designated Nationals and Blocked Persons List, 이하

SDN)을 관리하는 기관이기도 하다. SDN에 새로이 추가된 이름은 재무부 웹사이트에 게시되며 (그에 따라 전 세계 기업들의 요주 대상이 되는 것은 물론) 그 즉시 은행 등의 금융회사들은 목록에 오른 이들의 미국 금융 시스템 접근을 차단한다. 개키는 흔치 않은 공식 연설에서 그 소규모 부서의 역할이 "미국 금융 시스템의 남용을 막는 것"[5]이라고 말한 바 있다.

부동산의 위치와 규모가 영향력의 상징인 워싱턴D.C.에서 OFAC는 가장 평범한 건물에 입주해 있다. 100년이 된 그 건물은 재무부의 본관 바로 건너편에 있으며 아무리 좋게 말하더라도 눈에 띄지 않는다는 표현밖에 할 수 없다. 경제 제재 업무를 담당하는 최고위 기관의 정문에는 저녁 식사용 접시 크기 정도의 동그란 베이지색 명판이 부착되어 있다. 명판에는 지구의 절반이 탁한 녹색과 청색의 실루엣으로 그려져 있으며, 그 위로 OFAC의 정식 명칭이 원을 따라 새겨져 있다. 그 첫 번째 문을 열면 교체되기 전까지 수십 년 동안 직원들을 부끄럽게 했던 1970년대의 해진 녹색 카펫 조각이 아직 남아 있을지도 모른다. 운이 좋아서 근무 시간 이후에만 경비원의 안내에 따라 제공하는 사무실 관람 서비스를 예약할 수 있다면, 지저분해진 칸막이벽에 '플로피 디스크 반입 금지'라는 문구가 적힌 낡은 표지판이 테이프로 붙어 있는 광경을 볼 수 있을 것이다.

그러나 외관상 수수해 보이는 그 사무실에 완전한 출입이 가능한 이들은 극소수의 엘리트뿐이다. 건물의 두 층 전체는 최고기밀 보안 등급을 받은 사람들만 접근할 수 있는데 그러한 보안 등급은 인격, 정신적 안정성, 신뢰성에 대한 배경 조사와 개인의 재산 상태 및 교우관계에 대한 광범위한 점검을 마친 이후에만 부여된다.

OFAC는 수십 년에 걸쳐 미국 정부기관으로 활동해 왔다. 미국은 80여 년 전에 경제적 공격 수단의 하나로 자산 동결을 시작했다. 최초의 자산 동결은 프랭클린 루스벨트 대통령이 나치 독일의 침공을 받은 유럽 각국 내의 미국 소유 자산이 나치의 손에 들어가는 일을 막기 위해 추진되었다. 유럽 전역이 공포에 휩싸이자 루스벨트는 1940년에 수십억 달러의 자산을 나치의 손아귀에서 지키기 위한 행정 명령에 서명했다. OFAC라는 정부 부서 자체는 10년 후인 한국전쟁 당시에 창설되었다. 그 후 50년 동안 OFAC는 재무부에서 비교적 눈에 띄지 않는 부서였다(재무부의 고아로 불렸을 정도다).[6] 주로 쿠바 같은 나라들을 상대로 금수 조치 중심의 두루뭉술한 제재를 담당했다. 이 작은 부서가 전쟁터의 중심에 서게 된 것은 비극적인 사태 이후의 필요성 때문이었다. 다시 말해 9·11 테러 이후 부시 행정부가 제재 권한을 확대하면서부터다.

민간 부문의 일각에서 '오파커 OFACer'로도 불리는 OFAC 관료들이 그 수수한 사무실에서 휘두르는 권력이 확연하게 느껴지는 순간은 이들이 먼지 날리는 정부 건물에서 나와 맨해튼 고층빌딩의 화려하고 고급스러운 회의실에서 월가 중역들을 만나는 때다. 뉴욕 어느 은행의 준법 감시 담당자는 "그 사무실 사람이 한 번만 방문해도 우리 회사는 몇 시간 동안 혼란에 빠진다"면서 "OFAC의 조치를 따르지 않는 것은 선택지가 될 수 없다"고 말했다. 개키와 그가 거느린 조사관들이 부과한 제재 조치를 위반하면 값비싼 처벌이 기다린다. 프랑스계 거대 은행인 BNP파리바는 미국이 수단·쿠바·이란에 내린 제재 조치를 위반했다가 사상 최대 규모인 89억 달러의 벌금을 물어야 했다. HSBC와 JP모건체이스는 최근 몇 년 새 수천만 달러의 벌금을 냈다.

심지어 소규모 화장품 업체조차도 개키 무리의 감시를 피할 수 없었다. 2019년 OFAC는 북한에서 생산한 재료를 이용한 인조 속눈썹 세트를 수입한 혐의로 캘리포니아 소재의 엘프 뷰티 Elf Beauty를 기소했다. 엘프 뷰티의 행위는 북한 기업과의 모든 거래를 금지하는 미국의 제재 조치를 정면으로 위반한 것이었다. 이 화장품 회사는 (위반 사실을 자발적으로 공개했고 향후 위반을 방지하기 위한 구체적인 계획을 세웠지만) 99만 6080달러를 벌금으로 치러야 했다. 재무부가 보도자료로 설명한 바와 같이 "심각하지 않은" 위반이었지만 그럼에도 OFAC의 조사관들은 위반 사실을 적발해 냈다. 엘프 뷰티는 북한에서 재료를 조달한 중국의 납품업체 두 곳에서 443만 달러어치의 인조 속눈썹 세트를 수입했다가 제재 조치를 156건이나 위반하기에 이르렀다.

이 정도의 정밀함은 개키를 비롯해 정치색을 띠지 않는 공직자와의 상호작용에서 나타나는 특징이다. OFAC 국장 시절 그는 빠른 걸음으로 걸으면 별관 건물에 있는 자기 사무실에서 자신의 상관이며 대통령이 지명한 TFI 담당 차관의 사무실까지 7분이 걸린다는 사실을 머리에 새기고 있었다. 그 경로에는 두 건물을 연결하는 지하 터널을 지그재그로 통과하는 일이 포함되어 있었다(그 지하 터널은 재무부 본관과 백악관을 연결하기도 하며 소문에 따르면 매릴린 먼로를 존 F. 케네디가 있는 백악관으로 안내하기 위해 사용되었다고 한다). 정부 내부에 있는 사람들에게 개키는 금세 눈에 띄는 사람이었다. 편안하고 밑창이 두꺼운 검은색 플랫 슈즈를 신고 연녹색 실크 스카프를 너풀거리며 미국에서 가장 귀중한 비밀의 일부를 아무렇지 않게 손에 쥔 그의 모습을 쉽게 발견할 수 있었다.

잭 루의 경고

오바마 행정부가 갈수록 늘어나는 대외정책 문제와 씨름하게 됨에 따라 그러한 문제를 제재 조치로 해결하자는 무모한 제안도 늘어났다. 지정학적 문제와 맞서 싸우려면 경제적 공격으로 전환해야 한다는 행정부와 의회 양쪽의 요구가 빗발치면서 OFAC의 제재 프로그램은 부시와 오바마 행정부 시절에 빠른 속도로 추진되었다. 경제 제재가 매력적인 수단이 된 가장 큰 까닭은 미군의 희생을 수반하는 일 없이 외교와 전쟁 사이의 광범위한 중간 영역을 탐색할 수 있기 때문이다. 외교가 실패한 상황에서 항상 군사력이 해결책일 수만은 없었다.

그러나 경제 제재에 대한 의존도가 과도해질 기미가 보이자 오바마 행정부의 두 번째 재무부 장관인 제이컵 잭 루에게 걱정이 들기 시작했다. 그 같은 걱정은 재무부의 가장 중요한 임무와 관련이 있었다. 그것은 바로 세계 금융 시스템을 보호하고 더 나아가 달러를 보호하는 일이었다. 경제 제재가 내려질 때마다 전 세계 자금 흐름에 새로운 걸림돌이 생겨 사업 수행이 복잡해졌다. 달러를 기반으로 하는 시스템이 예측을 불허할 정도로 복잡해지면 다른 나라 기업들 사이에서 달러의 대안을 찾으려는 동기가 커지는 법이다.

루 장관은 지명도가 높지 않은 테크노크라트였고, 달러 지폐 위의 구불구불하고 알아보기 어려운 서명 때문에 오바마에게 농담을 듣기도 했다. 그는 미국 정부에 엄중한 경고를 내렸다. 그는 "우리가 미국의 대외정책을 계속 따르는 조건으로 달러와 미국 금융 시스템의 사용을 제시하면 할수록 중기적으로 각국이 다른 통화와 다른 나라 금융 시스템으로 옮겨갈 위험이 커진다"[7]고 지적했다. 더 나아가 경제 제재라는 도구의 "과도한 사용"이 미국의 초강대국 지위를 흔들리게 할 수 있으며, "[세계경제 속에서] 우리가 중추적인 역할을 담당한다는 사실을 당연시해서는 안 된다"고 말했다.

루 장관이 세계에 전하려던 메시지는 달러 그 자체가 무기로서 한계에 도달했다는 점이었다. 미국 재무부는 100여 년 동안 전 세계 자금 흐름을 원활하게 하는 일에 주력했으며 결국에는 전 세계가 의존하는 경제 시스템 전반의 지배자 지위를 얻었다. 그러한 지위는 부시 행정부가 2001년 영토 내의 위협에서 자국을 지키기 위해 달러를 이용했을 때 무기로 탈바꿈했다. 그 후 미국이 두 번의 전쟁(이라크전·아프가니스탄전)에서 패하면서 군사적 조치의 성공 가능성이 옅어지게 되었다. 오바마 시절에는 젊은 남녀 군인이 아니라 돈을 이용한 싸움이 선호되었기에 금융전쟁이라는 새로운 수단이 한층 더 강력해졌다.

그러나 루 장관 본인도 자신의 경고가 앞으로 몇 년 후에 얼마나 정확히 들어맞게 될지 알 턱이 없었다. 좀 더 "전략적이고 현명한" 제재 적용을 요구한 그의 경고는 어느 변덕스러운 대선 후보가 예상을 뒤엎고 공화당 대선 후보 중에서 선두주자로 자리를 굳히기 불과 몇 주 전인 2016년 3월 30일에 전달되었다. 그 후 1년도 채 지나지 않아 달러는 강력한 무기로 진화한 상태가 되어 어느 독재적인 지도자의 손에 들어갔다. 그는 대결을 두려워하지 않고 완곡한 어법을 사용하지 않는 데다 충격을 노리고 행동하기를 좋아하는 인물이었다. 얼마 지나지 않아 신임 행정부가 전능한 달러를 책임지게 되었다.

제13장
격동의 미중 관계
A TURBULENT MARRIAGE

가이트너는 동양의 관습에 대한 심층적인 지식을 지닌 상태로 재무부 장관이 되었다. 어린 시절 인도에서 살 때 매년 열리는 사랑의 축제 '홀리Holi'에 참여해 식구들에게 강렬한 녹색·붉은색·노란색 가루를 던지고 놀았다. 그가 나온 고등학교는 방콕국제학교였다. 게다가 대학 시절에는 몇 년 동안 베이징에서 여름방학을 보내면서 중국어를 배웠기에 중국 속담을 인용할 수 있을 정도였다.[1]

그 같은 배경을 갖춘 가이트너였기에 그가 아무리 고통스러운 금융위기에 재무부 장관으로 취임했어도 아시아 지역 재무 관료들과의 첫 만남은 순조롭게 이루어지리라 예상되었다. 그의 전임자 폴슨은 미국과 중국의 수교 이후 몇십 년 만에 가장 탄탄한 관계를 구축했다. 폴슨이 그렇게 할 수 있었던 까닭은 무엇보다도 그가 미 의회의 보호주의 압력을 누그러뜨렸기 때문이다. 보호주의 압력이 그대로 유지되었더라면 중국은 30년간의 문화적·경제적 전환이 한창 진행 중일 때 경제에 큰 타격을 받았을 것이다. 그 대가로 중국 정부는 2년 동안 위안화 가치가 21퍼센트나 상승하도록 허용했다. 가이트너가 취임했을 때 두 나라의 경제는 복잡하게 얽혀 있었다. 양국의 무역은 28.9조 달러 규모였고 중국은 바로 직전에 (일본을 추월해) 미국 연방 채권의 최대 투자국으로 올라섰다. 중국은 재무부 발행 국채에 6280억 달러를 투자했을 뿐 아니라 1.7조 달러를 패니메이와 프레디맥의 채권에 투자하고 있었던 만큼 미국 주택 부문에도 상당한 자본이 들어간 상태였다. 이러한 상황에서 미국이 세계에서 가장 안전한 자산의 신용등급을 유지하려면 중국이 계속해서 연방 채권을 매입해 주어야 했다. 그러므로 미국 관료들은 중국 정부와의 협상을 매우 신중하게 진행할 필요가 있었다.

그러나 가이트너는 실수를 저질렀다.

중국을 환율 조작국이라고 부르는 실수

―

그는 처음 만난 중국의 재무 관료들에게 중국어를 구사해 깊은 인상을 남기기도 전에, 심지어 오른손을 들어 재무부 장관으로서 미국 헌법을 지지하고 방어하겠다고 선서하기도 전에 (너 나아가 그 끔찍한 캐시룸 연설이 있기도 전에) 잠시나마 미국의 대중국 노선에 180도 전환을 유발하는 실수를 저질렀다. 이 같은 사건은 신임 행정부가 탈진 상태였던 첫 번째 주에 벌어졌다. 1월 20일 비욘세가 오바마의 취임식 무도회에서 공연하는 동안 가이트너는 다음 날 인준 청문회에서 받을 심문을 생각하느라 정신이 없었다. 그가 우선적으로 해명해야 할 것은 중국과 전혀 상관없는 주제였지만 지명을 받은 이후 금융 심사 과정에서 불거진 문제였다.

상원은 가이트너가 몇 년 전 세금 신고용 소프트웨어인 터보택스TurboTax를 사용하다가 혼동해 미국 국세청에 3만 4000달러의 세금을 납부하지 않았다는 사실을 밝혀냈다. 그는 자신이 실수했다는 것을 인정해 주지 않으리라 생각했고, 우려한 것처럼 시끄러운 논쟁이 펼쳐졌다. 미래를 내다보지 못한 국가가 당시에 겪고 있던 경제적 고통을 반영하듯이 논쟁적인 인준 청문회였다. 청문회에서는 어느 상원의원이 가이트너가 세금 문제에 있어 "부주의"했다고 비난하는가 하면 그의 이름을 자꾸만 '기트너'로 잘못 부르는 등 정치 촌극이 펼쳐졌다.

공개적인 질책이 끝나자 그의 업무 인수팀은 상원 금융위원회의 위원들에게서 289개의 서면 질문을 전달받았다. 그들에게는 답변을 타이핑할 시간이 17시간밖에 남아 있지 않았다. 금융위기가 한창인 그때 상원은 재무부 장관 자리를 오랫동안 공석으로 둘 수 없다는 판단에 따라 가이트너의 인준을 묻는 원내 투표를 신속하게 진행하려고 했기 때문이다. 이른 아침의 급박한 상황 속에서 보좌관 한 명이 저지른 실수는 신임 재무부 장관의 첫 번째 외교적 실수로 이어졌다. 민주당 상원의원인 슈머가 중국의 통화정책에 대한 신임 행정부의 입장을 표명해 달라고 요청했고, 보좌관은 훗날 가이트너가

"외교적 회피"[2]라고 표현한 방법을 사용하지 않고 오바마가 대선운동 때 열띤 어조로 했던 연설 문구를 삽입한 것이다. 상원의원들에게 보낸 가이트너의 답변은 "오바마는 다양한 경제학자가 도달한 결론을 근거로 중국이 환율을 조작하고 있다고 생각합니다"[3]라는 내용이었다(이 내용은 나중에 언론에 유출되었다).

그 한 문장으로 가이트너는 대외·경제정책과 관련한 함의가 잔뜩 담긴 비난을 제기한 셈이 되었다. 미국 정부가 세계경제를 지탱하기 위해 중국 정부와의 강력한 동맹 관계를 맺어야 했을 시점에 가이트너는 중국의 통화정책을 공개적으로 망신 줌으로써 미국을 벼랑 끝으로 몰고 갔다. 시련을 눈앞에 둔 미국인들이 한 방의 강력한 리더십에 목말라 있던 상황에서 가이트너에게는 그처럼 간접적인 방식으로 미중 정책에 실질적인 변화를 일으킬 의도가 없었다. 그러나 그는 중국과의 대립보다 외교를 중시했던 폴슨의 정책을 철저히 무시하려고 안달이 난 사람처럼 보였다.

투자자들은 공황 상태에 빠졌다. 가이트너의 발언이 금융시장에 전해지자 미국 국채가 하락했고, 기준이 되는 10년 만기 국채 금리는 2.63퍼센트로 6주 만에 최고치를 기록했다. 투자자들은 두 강대국의 대립이 전 세계 불황 해소에 필요한 양국 간의 협력을 저해하리라 우려해 미국 국채를 매도하기 시작했다. 중국이 보유한 미국 국채를 대량으로 팔아치울 수도 있는 상황이었다. 중국의 대량 매도는 국채 가격의 하락을 불러올 것이 자명했다.

중국 정부의 반응은 신속하고 험악했다. 중국 상무부 부장(장관)은 "환율 문제와 관련해 중국에 대한 이런 식의 잘못된 비난은 문제

해결에 도움을 주지 않을 것"이라고 발표했다. PBC의 고위 관계자는 가이트너의 주장이 "사실이 아니며 오해를 불러일으킨다"[4]고 말했다.

이 일화는 세계 1·2위 경제 대국 간의 갈등에 대해 전 세계 투자자들이 품고 있는 두려움이 얼마나 뿌리 깊은지를 잘 보여준다. 두 나라는 국가 통치에 대해 상충하는 견해를 지녔으면서도 자국의 영향력을 확대하려는 공통된 야망이 있기에 상호의존과 경쟁 관계를 동시에 맺고 있다. 그에 따른 불안감은 미국 재무부의 고위 관료들이 그 이전 몇 년 동안 중국과의 주요 경제 문제를 처리해 온 방식에 영향을 주었으며 그 후 10년 동안 양국 관계의 분위기를 조성하는 배경 음악 역할을 했다.

두 나라 사이가 틀어질 위험은 매우 컸다. 2009년 초반 미국은 단연코 중국 수출품의 최대 구매국이었고 그 덕분에 중국은 두 자릿수의 속도로 성장했다(적어도 세계금융위기 전까지는 그러했다). 그 대가로 중국 정부는 장난감, 의류, 철강 등의 제품을 수출해서 얻은 잉여 수익을 미국 국채에 투자했다. 2008년 한 해에만 중국의 미국 국채 매입은 46퍼센트 증가했다. 그 결과 미국은 중국이라는 해외 강대국에 한층 더 크게 의존하는 상황에 놓였다. 중국은 달러가 세계에서 가장 안전한 자산으로 유지되는 한 미국 국채를 점점 더 많이 흡수할 의향이 있었다.

미국이 양국 관계의 독특한 성격을 유지하기 위해서는 중국이 계속해서 미국 국채를 매입해야 할 필요가 있었다. 그래야 미국과 전 세계를 경기 침체에서 구제하는 데 필요한 과감한 경기 부양 지출의 재원을 확보할 수 있었다. 가이트너가 서면 답변서에서 중국을 환율 조작국이라고 부르는 실수를 저질렀을 때 미국 국채가 하락했던 것에서 알 수 있듯이 중국이 미국 투자를 줄일 것이라는 소문만으로도 미국 국채의 가치가 폭락할 위험이 있었다. 미국의 신용이 유동적이고 사실상 무한한 상태로 남아 있다는 것을 투자자들이 확신해야 국채 폭락이라는 위기를 방지할 수 있을 터였다. 다시 말해 중국이 달러를 보호하는 역할을 해야만 했다. 이와 관련해 힐러리 클린턴 국무부 장관은 2009년 중국을 처음 방문했을 때, 중국이 미국 국채를 계속해서 사들이는 "매우 현명한 결정"[5]을 지속해야 한다면서 미국의 회복이 중국의 성장에도 박차를 가할 것이라고 말했다.

   2009년 미중 관계가 세계경제 회복의 관건을 쥐고 있던 상황에서 가이트너는 공적으로나 사석에서나 양국을 동등한 위치에 놓고 발언해야 할 필요가 있었다. 이때 전임자인 폴슨이 SED를 통해 중국과 쌓아온 신뢰가 중요한 역할을 했다. 결과적으로 미국은 패니메이와 프레디맥의 구제 정책을 시행할 때 그 두 회사의 대규모 투자자였던 중국에게 긴요한 지원을 받을 수 있었다. 서브프라임모기지 위기가 터졌을 때 패니메이와 프레디맥은 서브프라임모기지와 관련한 유가증권을 5조 4000억 달러나 보유하고 있었으며, 중국은 그 가운데 30퍼센트를 보유한 상태였다. 베이징의 관료들은 자신들의 투자 가치에 대해 크게 우려했고, 미국 재무부는 중국 지도자들에게 미국의 위기 대응책과 미 의회의 정치적 상황을 헤쳐나갈 방안을 주기적으로 알려야만 했다.

세계금융위기를 통해 두 나라가 얼마만큼 긴밀하게 연결되어 있는지가 한층 더 뚜렷이 드러났다. 협력은 양국 모두에게 이득이 될 터였다. 중국의 경제 회복은 미국의 수출품 소비에 달려 있었고 미국이 경기 부양 지출을 통해 위기를 극복하기 위해서는 중국의 지속적인 미국 국채 매입이 필요했다.

중국의 화폐는 무역 관계에서 쓸 수 있는 최고의 무기가 되어 중국의 경제적 야심을 뒷받침했다. 극도로 저평가된 위안화는 경상수지 흑자의 급증과 특히 미국에 대한 막대한 무역 흑자를 불러왔다. 중국이 뒤늦게 위안화의 상승을 허용했을 때조차 PBC는 외환 보유고의 대량 투입을 지속함으로써 위안화의 상승세를 완화했다. 이러한 행동은 세계 무역의 흐름을 크게 왜곡했고 미국 제조업체 상당수에 타격을 가했을 뿐 아니라 미국의 일자리를 앗아갔으며 미국의 보호주의 압력이 거세지는 계기가 되었다.

게다가 중국은 세계가 미국발 금융위기를 겪는 동안 한층 더 대담해졌다. 달러의 지배자들이 크나큰 실수를 저질렀고, 우방국들은 금융 붕괴의 역풍을 맞아 미국이 초래한 실수의 대가까지 치르고 있었다. 중국이 달러 표시 금융 자산을 대량으로 보유했다가 타격을 입고 있었던 상황은 달러 의존성에서 벗어나야 한다는 근거가 되어 각국의 경각심을 강화했다. 중국은 미국이 자국의 환율제도에 대해 트집을 잡는 상황에 진력이 나 있었고, 급기야 2009년 PBC의 관계자는 IMF를 상대로 달러를 대체할 "초국가적 준비통화super sovereign reserve currency"를 요구하기에 이르렀다. 그 발상은 실현되지 못했으나 수십 년 동안 상상조차 할 수도 없었던 개념을 소개했다. 달러에 의존하지 않는 세상을 예고한 것이다.

미국은 책임감 있는 부모 역할을 다하기 위해 중국의 환율 조작국 지정을 거부했다. 무엇보다도 금융위기의 대혼란 이후 시장 안정을 유지하기 위해서는 어쩔 수 없었다. 수년 동안 두 나라의 차이점은 다음과 같았다. 하나는 전 세계를 상대로 한 야망을 실현하기 위해 자국의 경제와 인구를 대놓고 무기로 삼는 일에 주저함이 없었다. 다른 하나는 부드러운 접근법을 구사했고 전 세계의 공익을 위해 애썼다. 미국 관료들은 이런저런 이유로 중국의 문제를 제쳐두었다(폴슨이 중국 경제의 점진적 진화를 해명한 것이나 가이트너가 금융위기를 헤쳐나가는 동안 중국과 흥정하려고 노력한 것이 그 사례다).

중국은 점점 더 증가하는 공장에서 실질적인 제품을 만드는 일에 몰두했다. 워싱턴의 정치 기득권층은 제조 부문의 쇠퇴 이면에 싹트고 있던 불안감을 무시하는 길을 택했으며, 금융 엘리트들은 소수만이 그 근원을 파악했고, 극소수만이 이해가 가능했던 경제 위기와 불황을 조장했다. 수백만 미국인은 고통에 빠져 있었다. 중국의 환율 조작이라는 주제는 민주당과 공화당 지지자 모두에게 공감을 샀기 때문에 국내 선거운동에서 항상 언급되는 주제였다. 그렇게 해서 2000년부터 지금껏 이루어진 미국 전역의 선거운동에서 중국의 환율 조작은 미국의 환율 정책이 미국 제조 부문의 몰락을 유발했을 정도로 무기력하다는 주장을 뒷받침하는 대표 사례가 되었다. (물론 선진국에서의 탈산업화는 그보다 더 오래전부터 진행되어 온 문제다.)

세계금융위기 시작 이후 2년간 위안화 가치는 달러 대비 7퍼센트

가까이 하락했다. 경제 전문가들은 위안화의 지속적인 가치 하락이 조작의 결과라는 내용의 보고서를 발표하기 시작했다. 중국의 환율 조작으로 위안화가 12퍼센트에서 50퍼센트까지 "저평가"[6]되었다는 것이다(이처럼 범위가 넓은 것만 보더라도 위안화의 자유로운 변동이 허용될 경우 그 가치를 결정하기가 얼마나 어려울지 알 수 있다).

미국 경제가 (2010년 초반 세계금융위기의 여파로 실업률이 10퍼센트에 육박했을 정도로) 고통을 겪던 가운데 뉴욕의 민주당 의원과 사우스캐롤라이나의 공화당 의원은 중국에 올바른 행동을 밀어붙이기 위한 공동 활동을 추진했다. 슈머 의원은 경제 전문가들의 "저평가" 판단이 중국 정부의 조작을 입증하는 "스모킹 건"[7]이 될 것이라고 말했다. 그레이엄 의원은 "질렸다"고 표현했다. 몇 년에 걸쳐 두 사람은 중국의 행동을 바로잡기 위한 노력을 펼쳤다. 폴슨 시대에는 미국으로 들어오는 중국산 수출품에 27.5퍼센트라는 어마어마한 관세를 부과하는 방안에 둘 다 찬성했다. 두 사람은 미국 노동자 입장에 서서 중국 정부가 세계금융위기의 여파에서 자국 경제를 보호하려고 애쓰는 것은 부당하고 주장했다. 이들은 12명이 넘는 동료들을 규합해 중국이 위안화 가치의 상승을 허용하지 않는다면 미국이 중국산 수출품에 관세를 높이기로 하는 법안을 제출했다.

가이트너는 의원들의 제안서 행간에 명확히 드러난 미국 국민의 고난을 읽어내지 못했다. 그 대신 (전임자인 폴슨과 마찬가지로) 해당 법안을 묻어버리기 위해 노력했다. 폴슨이나 가이트너나 그렇게 하는 데 성공했지만 심판의 날은 2016년 대선 경쟁이 시작되자마자 닥쳐올 것이었다.

오바마 행정부 사람들 대부분은 슈머와 그레이엄이 제안한 조치가 십중팔구 불러일으킬 무역전쟁을 두려워했다. 문제는 미국과 중국의 경제가 너무도 긴밀하게 연결되어 있어서 어느 한쪽에 환율 조작국이라는 불명예를 안겼다가는 다른 쪽의 경제적 이익이 손상될 뿐 아니라 막 회복 중이던 세계금융위기가 심화될 수밖에 없다는 사실이었다.

그러나 미국 재무부 내에는 다르게 생각하는 한 사람이 있었다.

전략적 인내 vs 의도적 방임
—

미국 외교관의 딸인 레이얼 브레이너드Lael Brainard는 베를린 장벽이 무너지기 전 서독과 폴란드에서 성장했다. 그는 아버지의 전철을 밟아 공직에 발을 내디뎠으며, 2010년 미국의 수도 워싱턴D.C.에서 가장 아름다운 사무실로 꼽히는 곳의 관리자가 되었다.[8] 재무부의 '앤드루 존슨 특별실'은 짙푸른 색의 풍성한 커튼, 그와 비슷한 색상으로 밝은 황금색 별무늬가 일정한 간격으로 배열된 카펫이 깔린 곳으로, 그 이름에서 알 수 있듯이 1865년 링컨이 암살된 후 앤드루 존슨이 대통령으로 취임해 사용한 사무실이다. 그때 브레이너드는 재무부에서 볼커와 테일러 같은 경제계의 거물들이 역임했던 국제 정세 차관을 맡고 있었다.

그뿐 아니라 미국의 통화정책을 관리하는 사람이기도 했다. 그가 앉은 자리 옆에는 남북전쟁 때 수도 워싱턴D.C.를 남부 동맹군에게서 지키기 위해 민병대로 조직한 재무 경비대 깃발의 복제품이 장식되어 있었다. 당시 그곳은 정치적 긴장감이 팽팽했다. 오바마 대통령은 중국의 개입주의적인 환율제도를 억제하는 데 있어 온건한 접근법을 선호했지만 그럼에도 그러한 환율제도의 문제점이 무엇인지 알고 있었다. 거의 모든 나라가 대침체에서 벗어나기 위해 고군분투하는 상황에서 유럽·일본·미국 중앙은행들이 비정통적인 통화정책을 단행함에 따라 통화 가치는 놀랄 정도의 변동성으로 요동치기 시작했다(미국은 대부분의 다른 나라보다 먼저 금리를 인하했다). 어떤 이는 금리 인하와 시중의 자금 유입을 경기 부양책으로 간주한 반면 통화전쟁이라는 견해도 있었다.

이러한 상황에서 브레이너드는 중국을 환율 조작국으로 지정하고 싶어 했다. 이는 1994년 이후 (혐의가 명백히 입증되었을 때도) 미국이 한 번도 취한 적이 없는 조치였다. 그는 자신의 상관인 가이트너는 물론 백악관 국가안전보장회의 관계자들에게 재무부의 반기 외환 정책 보고서를 참조해 그 조치를 해야 한다고 물밑에서 설득 작업을 펼쳤다.[9]

그러나 그럴 때마다 제동이 걸렸다. 중국이 노골적이고 끈덕지게 환율 조작을 하고 있는데도 미국의 대중국 정책은 현실과 반대되는 방향으로 나아갔다. 가이트너는 중국을 응징할 방법을 찾으라는 의회의 더욱 거세어지는 요구를 차단하려고 애썼다. 그 이유는 복잡했다. 오바마의 경제팀은 이미 할 일이 너무 많아서 또 다른 싸움을 벌일 여력이 없었다. 브레이너드는 그러한 기조에 동의하지 않았지만 그렇다고 자신의 반대 의견이 공개되도록 하지는 않았으며, 그 대신 미국이 대중국 수출에서 "주목할 만한 성과"를 달성했다는 오바마 행정부의 공식 입장을 고수했다. 행정부의 그 같은 접근법은 큰 두려움의 대상인 재무부의 통화정책 보고서가 초래할 극적인 사태를 막기 위한 것이었다. 공식적으로 가이트너는 중국에 달러 연동제를 폐지할 것을 촉구하는 등 자신이 할 수 있는 일을 했다(중국은 2008년 중반부터 몇 년간 위안화의 달러 연동을 중단했다).

브레이너드는 2010년부터 2013년까지의 재임기 동안 주요 무역 상대국들의 통화 관행을 점검하는 여덟 개의 보고서를 감독했으며, 개별 보고서에서 중국을 '환율 조작 혐의 없음'으로 처리했다. 그러나 모든 보고서에서 중국의 투명성 부족을 지적했으며 위안화가 "상당히 저평가되어 있다"고 평가했다. 특히 재무부가 중국 정부의 행위를 "면밀히 모니터링할 것"이라고도 강조했다. 브레이너드는 공식 연설을 통해 중국의 점진적인 진전이 "우리가 만족할 만한 수준은 아니다"[10]라는 의견을 밝혔다. 한편 가이트너는 중국에 대한 비판을 반복하고 자유롭게 변동하는 환율의 경제적 타당성을 옹호하는 버냉키 연준 의장의 움직임에 동참한 듯 보였다. 이는 사실상 외교적 화법으로 "우리는 당신의 의도를 알고 있다"는 메시지를 표현한 것이었다. 그러나 미국 정부의 경고는 말에 그쳤다.

가이트너와 브레이너드는 2013년 오바마 행정부를 떠날 때 영원히 계속될 중국 문제를 자신의 후임자들에게 전달했다. 오바마 시대의 관료들은 미국 정부의 그러한 태도를 선략적 인내심이라고 표현하겠지만 대다수의 다른 사람들은 그것을 의도적인 방임으로 생각했다. 다시 한번 의회에서 보호주의가 기세를 떨쳤지만 지난번과 마찬가지로 변한 것은 그리 많지 않았다.

루가 제76대 재무부 장관에 취임하고 몇 개월밖에 지나지 않은 2013년 6월, 상원의원 슈머는 "오늘날 미국 제조업의 일자리를 창출할 수 있는 단 한 가지의 확실한 조치는 중국의 환율 조작에 맞서는 것"[11]이라고 말했다. 민주당 소속으로 몬태나 상원의원인 보커스는 이제 미국은 대다수가 이해할 수 없는 방식으로 혼란을 초래하는 불투명한 금융상품이 아니라 "현실 세계"에서 "물건을 만드는" 일로 돌아가야 한다고 주장했다.

보커스의 발언은 그가 2001년 1월 부시 행정부의 첫 재무부 장관이었던 오닐에게 했던 말과 정확히 일치한다. 그러나 20년 동안 변화한 것은 많지 않았다. 그 기간에 정치인과 정책 입안자 들은 미국 노동자계층의 고통을 완화할 기회를 눈앞에 두고도 외면했다. 그때로부터 10년 전 오닐은 공장에서 (종이, 금속, 장난감, 의류 등의) 실질적인 물건이 만들어지는 세상이 필요하다며, 그러한 세상을 흔들리게 하는 강달러 패러다임을 비판했다가 경제계와 금융계에서 외톨이 취급을 받았다. 지나고 보니 달러 강세 정책에 결함이 있으며, 그러한 문제의 해결이 시급하다는 그의 말이 옳았다.

재무부 장관들이 불만에 찬 미국 블루칼라 노동자들을 대신해 맞서 싸운 의회 의원들의 목소리를 무시하는 등 두 대통령의 임기 동안 몇 년에 걸쳐 중국에 대한 전략적 인내를 고수한 것에 따른 심판의 날이 다가오고 있었다. 차기 대통령 선거운동이 막을 올린 것이다. 2015년 "미국을 바꾼 에스컬레이터 올라타기"[12]로 시작된 미국의 정치 지형은 파격적인 억만장자가 과장된 반중 구호를 외치는 무대가 되었다. 그는 전당대회에 수천 명을 끌어모았다. 미국의 유권자들은 얼마 지나지 않아 중국이 "우리나라를 유린하고 있다"는 비난을 듣게 되었다. 이와 대조적으로 워싱턴의 상층 지도부에서는 평범하기 그지없는 상황이 펼쳐졌다.

오바마 임기 후반부에는 신임 재무부 장관인 루가 중국 문제를 넘겨받았다. 미국은 오바마 행정부 후반부에 지속적인 경기 회복을 위해 지출을 계속했으며, 중국의 경제 회복은 미약했다.

한편 2014년에 이르면 오바마가 임기 초반에 임명한 중국 정책 전문가들이 모두 떠난 상황이었다. (가이트너처럼) 베이징에서 중국어를 배운 사람이 아니라 예산 전문가인 루가 재무부를 운영하고 있었다. 신임 국무부 장관인 케리는 중동 평화에 초점을 맞추었다. 가장 큰 우려를 자아낸 이는 상원의원 출신으로 중국 대사가 된 보커스였다. 그는 중국 대사를 맡으면서 자신은 "진정한 중국 전문가가 아니다"라는 발언으로 사람들을 놀라게 했다.[13] 보커스는 전임자 대다수와는 달리 중국어를 할 줄 몰랐지만 조 바이든 부통령과의 오랜 우정 덕분에 그 자리에 올랐다.

폴슨 시대에 시작된 중국과의 SED는 이때 루에게로 넘어갔고, 그는 대화를 주도한 세 번째 재무부 장관이 되었다. 그러나 SED는 양국의 우울증 상담 치료 시간처럼 변질되었으며 단체 사진 촬영으로 끝나곤 했다. 중국은 이번에도 미국 재무부 관료들에게 1800년대 아편전쟁이 중국에 미친 영향을 몇 시간씩 강의하면서 영국의 주도하에 서구 열강이 중국에 안긴 치욕을 회복하기 위해 우리 중국은 수

세기를 내다본 정책을 수립했다고 설명했다. 마지막 단체 사진 가운데 하나는 댜오위타이 국빈관 안에 있는 시냇물이 졸졸 흐르고 버드나무와 초록색 소나무 등의 녹음이 무성한 800년 넘은 황실 정원을 배경으로 촬영되었다.

텅 빈 공장이 녹슬고 먼지 쌓인 채로 방치되고 동네가 황폐해져만 가는 미국의 소도시와는 완전히 다른 풍경이었다. 미국의 작은 마을과는 거리가 멀었다(그 같은 탈산업화는 전 세계적인 추세였지만, 그러한 관행 때문에 상황은 더욱 악화했다). 루의 찬사에 따르면 SED는 통화 및 몇 가지 사안에서의 "점진적" 진전을 호화판으로 축하하는 자리가 되었으며,[14] 그 내용은 국민에게 공개된 6589단어 분량의 성명서에 담겨 있었다. 그러나 노동자계층에는 전혀 와닿지 않는 내용이어서 자신들의 불운이 명백히 외면당하고 있다는 노동자들의 생각은 한층 더 강화되었다. 한편 민주당 대선 후보로 확실시된 힐러리 클린턴이 (1930~1940년대) 프랭클린 루스벨트 대통령의 정치 철학을 잔뜩 언급한 연설로 무대에 등장했지만 세계화의 악영향에 대한 언급은 분명 찾아보기 어려웠다. 경제학자들은 보호주의자들에게 빌미를 줄까 두려워서 자유무역의 문제점을 말해야 할 때면 여전히 똘똘 뭉쳐 입을 열지 않았다.

WTO를 '재앙'이라 말하는 대통령
—

중서부 '플라이오버 스테이트'의 불운한 미국인들이 보기에 자신들의 몰락을 가져온 악당을 기꺼이 지목할 사람은 20여 명의 후보 중에서 단 한 사람뿐이었다. 물론 앞선 당선자들도 대선운동 도중에는 중국을 비판하는 용감성을 조금이라도 보였다. 그러나 이번에는 중국을 비판하는 발언이 태어날 때부터 워싱턴의 기득권층이었던 폐쇄적인 집단에서가 아니라 제멋대로인 사람에게서 나왔다.

"우리는 중국의 협박에 맞서야 하며 미국 기업의 정치인 조종을 거부해야 한다"[15]는 것이 그 새로운 정치인의 말이었다(이때의 그를 정치인으로 불러도 되는지는 분명치 않지만 행동을 보면 분명 정치인이 아니었다). 그는 키가 크고 덩치도 큰 편이었지만, 잘 재단된 정장에 폭넓고 밝은 붉은색 넥타이 차림이었다. "우리는 미국의 이익을 보호하고 증진하며 중국에 의무를 다하라고 대항하는 것을 너무 두려워해 왔다"며 그가 중국을 비난할 때마다 현장을 가득 메운 군중에게서 열띤 환호가 쏟아졌다.

트럼프는 독특한 방법을 써서 자신의 지지자들이 정부에 원하는 게 무엇인지 판별했다. 2015년 대통령 선거에 나서면서 정책 공약을 결정하기 위해 그가 한 일은 인디애나 게리Gary 등에서 즉흥 연설을 하며 시행착오를 겪는 것이었다. 집회에서 표출된 환호의 정도가 정책을 평가하는 기준이 되었다. 청중이 내지른 열광적인 함성은 곧바로 국경 보안, 낙태, 법률 정책과 관련된 공약으로 전환되었다. 트럼프는 대선운동 당시 "미국 재무부가 중국을 환율 조작국으로 지정하면 중국이 어찔 수 없이 협상 테이블로 나와 공정한 그리고 한층 더 바람직한 무역 관계의 물꼬를 틀 것이다"라고 발언했을 때 청중이 환호를 보내자 자신에게 유리한 기회가 다가왔다는 것을 깨달았다.

그는 지지자들의 말만 경청했고, 값비싼 전략가들이 사무실에서 취합한 포커스 그룹 조사 결과나 여론조사 데이터는 무시했다. '중국 때리기'가 대선 기간 연설에서 없어서는 안 될 부분이 되었고, 미국으로 수출되는 중국 제품에 45퍼센트의 관세를 매기자는 주장은 과할 정도의 찬사를 받았다.

새로 나온 여론조사 결과가 그의 확신을 강화했다. 2016년 어느 조사에서는 미국인 3분의 2가 수입 물품에 대한 관세 부과 같은 제한 조치의 확대를 원한다[16]고 밝혔으며 82퍼센트는 미국의 일자리를 지킬 수만 있다면 더 비싼 값을 치르더라도 미국산 제품을 구매할 의향이 있다고 응답했다.

트럼프는 다른 후보들이 놓친 것을 보았다. 경제적 불안이 몇 년 동안 쌓여 있었다. 앞선 20년 동안 550만 개의 제조업 일자리가 사라졌는데, 1980년대에 시작해 길게 이어진 감소 추세가 2000년 이후에 가속화한 것이다. 오바마 시절에 공장은 더 많은 노동자를 고용했지만 특히 러스트 벨트와 남부의 지역사회 전반을 강타한 장기적 손실을 메울 정도로 충분하지는 않았다. 또한 그 고통은 미국 전역으로 고르게 확산되지 않았다. 2016년 중산층 가정의 중위 소득[17]은 2000년 수준과 거의 같았지만 상위 소득 가정의 중위 소득은 증가했다. 게다가 그 기간에 워싱턴과 월가의 지배계층은 그러한 고통을 외면하거나 그 고통이 노동시장의 재분배로 치유될 수 있다고 기만했다. 한편 월가 사람들은 자기들이 일으킨 세계금융위기가 표면화되자 정부에서 구제금융을 받았다.

대침체기 내내 전국 평균보다 더 높은 실업률에 신음했던 트럼프의 지지층에게 중국을 악귀처럼 표현한 트럼프의 발언은 공감을 샀고 지지층은 점점 더 두터워졌다.

기성 정치인과 도시 유권자 들이 트럼프가 공화당의 대통령 후보로 급부상한 현상을 이해하려 애썼던 당시의 어느 자료에 따르면, 예비선거에서 그를 지지한 카운티(county, 우리나라의 군과 비슷한 미국의 행정단위 — 옮긴이)의 절반 정도가 2016년 대통령 선거 때도 여전히 불황에 빠져 있었다. 반면 그 당시 미국의 나머지 지역은 2퍼센트 정도의 경기 확장을 누리고 있었다. 실제로 그 이후 나온 연구를 통해 수많은 일반인이 줄곧 말해 왔던 사실이 확인되었다. 자유무역은 전체적으로는 바람직하지만 해외의 저임금 경쟁에 노출된 노동자들에게는 해를 끼친다는 것이다.

트럼프를 지지한 수백만 유권자 입장에서 대통령에게 지렛대로 주어지는 재정정책이 미국을 제조업의 중심지로 복귀시키기에는 역부족이라는 사실은 중요하지 않았다. 그들은 수십 년 동안 정치인들에게 기만당했고, 엘리트라는 사람들에게 세계화가 큰 이득이 된다는 말을 들었다가 세계화에 의해 파멸을 맞이했다. 그들에게 트럼프는 로비스트의 서식지가 된 워싱턴 출신이 아니었기에 자신들의 난국을 해결해 줄 것이 분명해 보였다.

트럼프가 2016년 2월 네바다를 방문했을 때 그가 했던 발언은 리노와 라스베이거스 집회에 모인 1만 명의 군중에게서 환호성을 이끌어냈다. "우리는 중국과 다른 나라에서 일자리를 되찾을 것입니다."[18] 그의 메시지는 불과 5년 전 미국 최고의 실업률을 기록했던 네바다에서 큰 반향을 불러일으켰다. 그러나 미국 노동자계층의 몰락 원인으로 중국을 지목한 발언은 대선운동에서 잘 먹히기는 했지만 상호의존적이고 복잡하게 얽힌 두 나라 경제의 현실을 무시한 발언이었다.

네바다의 경제는 해외 투자에 힘입어 성장세를 보이고 있었다. 중국과의 무역으로 네바다의 관광산업과 광산업이 활성화된 것은 물론 중국은 10억 달러 규모의 자동차 공장과 카지노 건설을 지원했다. 트럼프가 방문했던 때 중국은 네바다의 두 번째로 큰 무역 파트너였으며, 금속과 의약품 등의 수출이 61퍼센트나 상승한 상황이었다. 네바다는 미국에서 주택 압류 비율이 가장 높았던 주에서 경제 회복세가 열 번째로 강력한 주로 탈바꿈했다. 그러한 변신은 무엇보다도 중국의 투자 덕분이었다.

그러나 그 모든 모순에도 불구하고 물결처럼 일어난 반세계화 정서는 새로운 지도자의 도래를 예고했다. 트럼프와 정치계 지배계층이 하는 행동에서 나타나는 극명한 차이는 오바마와 클린턴이 하는 말에 공감할 수 없었던 그의 지지층을 한층 더 결속할 뿐이었다. 오바마 행정부는 형식적인 절차에 치중해 미소 띤 표정으로 외국 지도자들과 단체 사진 촬영을 하고 여러 정부 사이의 공식 발표문에 20개의 서명을 받는 일을 미국 중서부 사람들의 목소리를 경청하는 것보다 더 중요하게 여기는 듯했다.

오바마는 신중하게 작성한 각본 형태로 중국의 정책에 대해 박식하고도 동떨어진 견해를 전달했다. 이와 대조적으로 트럼프는 즉흥적인 발언을 일삼았고 유권자의 정서를 읽어내는 기민한 능력을 갖추고 있었다. 이처럼 극명한 차이는 2016년 내내 계속되었다.

    7월 24일 재무부 장관 루는 중국 칭다오에서 열린 G20 재무부 장관 및 중앙은행 총재 회의에 참석해 정신없이 바쁜 상황이었다. 그는 그곳에서 "보호주의를 거부하고 세계 무역과 투자를 촉진하며 세계화된 경제의 폭넓은 성장을 위해 일반 국민의 광범위한 지지를 반드시 확보할 것"[19]이라고 맹세했다. 이처럼 완곡한 말의 의미는 미국이 중국을 그 상태 그대로 허용하겠다는 것이었다. 독재 정권인 중국은 100년을 아우르는 장기적인 계획을 세우고 있었다. 그러니 한낱 미국 정치인의 요구에 따라 그러한 계획을 바꿀 필요는 없었다. 미국 정치인의 직책과 권한은 2년마다 위상을 바꾸는 민주주의의 변덕에 휘둘리기 때문이었다.

    G20 합의가 체결되고 나서 몇 시간 후에 트럼프는 뉴욕 NBC 방송국의 시사 프로그램 〈미트 더 프레스 Meet the Press〉에 출연해 세계 지도자들이 그토록 고수하고자 했던 근본 원칙을 위협하는 발언을 했다. 그는 WTO를 언급하면서 "우리는 [미국의 무역협정 조항을] 재조정하거나 탈퇴할 것"이라고 말했다. 경악스러운 발언이었다. 미국이 제2차 세계대전 종전 당시의 세계 평화 조약에 뿌리를 둔 기구에서 탈퇴한다는 발상은 상상을 초월하는 것이었다. 게다가 트럼프는 그 자리에서 WTO를 "재앙"이라고 불렀다.

    이번에도 트럼프는 망각된 미국인들의 고난을 살피는 발언을 했다. 반면 오바마 행정부는 노동자계층의 문제를 3311단어 분량의 G20 성명서에 지극히 뻔한 내용의 네 단어짜리 문구("그러나 마찬가지로 노동자들을 위해서도")로 끼워 넣었다.

그들의 무관심은 트럼프에게 더 많은 기회를 제공할 뿐이었다. "우리를 겨누고 있고 우리나라 기업을 파괴하는 가장 큰 단일 무기는 환율 평가절하입니다. 역사상 그 일에 가장 능한 나라는 중국입니다. (중략) 미국을 다시 한번 위대한 나라로 만들 때입니다!"[20]

미국 경제가 붕괴 중이라는 트럼프의 암울한 전망은 6300만 명의 미국인들에게 공감을 불러일으켰고, 결국 그들은 세계를 충격으로 몰아넣은 2016년 11월 8일 대선일에 그에게 표를 던졌다. 그의 경쟁자 힐러리 클린턴이 한때 자신이 몸담았던 오바마 행정부의 성과를 자랑했던 반면, 트럼프는 좀처럼 오르지 않는 임금과 무역 관련 일자리의 소멸로 인해 전 세대에 걸쳐 중산층 상승이 불가능해진 블루칼라 노동자들의 쌓일 대로 쌓인 좌절감을 공략했다. 이들은 의료비·양육비·대학 학비 등이 상승하고 은퇴 후를 대비해 더 많은 돈을 저축하느라 압박을 받는 상황에서 오바마의 경제 회복 정책에서 배제된 데다 힐러리 클린턴이 약속한 미래에서도 자신들이 설 자리는 없다고 느꼈다. 힐러리 클린턴이 2.1퍼센트의 표 차로 유권자 투표popular vote에서 앞섰지만 아무 소용이 없었다. 대선 결과는 미국이 얼마만큼 뿌리 깊이 분열되어 있는지를 보여주었다.

트럼프는 대통령이 되자마자 자신이 내건 공약을 이행하는 모습을 보여주었다. 후보 시절 그는 중국의 협상 전술을 논하며 중국인들은 "매우 영리한 체스의 최고 고수 같다. 그리고 우리는 체커(checker, 격자판에서 12개 말을 움직여서 상대방의 말을 따먹는 게임으로서 체스보다 덜 복잡함 ─ 옮긴이) 선수 같은데, 그중에서도 형편없는 선수다"[21]라고 불만을 표시했다. 그래서 그는 중국에 오랫동안 강경한 태도를 보였던 사람들을 고위 고문과 각료로 기용했다. 그 가운데는 《중국이 세상을 지배하는 그날》이라는 책을 쓴 사람도 있었다. 세계화에 반대하는 이들과 변화무쌍한 대통령이 백악관에 들어가면서 미국이 세계 무대에서 담당했던 합의 도출자로서의 역할이 순식간에 증발해 버렸다.

제14장

재무부의 망가진 보물
A TREASURY HEIRLOOM SHATTERED

할리우드 제작자, 파산 직전의 회사를 주워 담는 일에 열심인 억만장자 기업 사냥꾼, 가짜 전문가를 만들어내 그 사람의 말을 자신의 저서에 인용한 경제학자. 텔레비전 리얼리티쇼 진행자가 불러 모은 듯한 사람들이었다. 이들 팀은 지구상에서 가장 강력한 국가의 금융 및 경제 분야의 거물로 등장했다. 그리고 제멋대로 행동했다.

"중국이 하는 짓을 보세요, 일본이 수년간 해온 짓을 보세요. 그들은 자금시장을 갖고 놀고, 환율 평가절하 시장으로 장난을 칩니다. (중략) 그리고 우리는 바보 집단처럼 그 꼴을 보고만 있습니다."[1] 트럼프는 미국 대통령으로 취임한 지 9일 만에 외환시장에서 자국의 통화를 공격적으로 평가절하하는 아시아 국가들의 관행을 꼬집었다.

생명을 잃은 강달러 패러다임

―

미국 대통령으로서는 전례가 없는 발언이었지만, 그 말은 트럼프를 권좌로 이끈 국수주의적 미국 우선주의 원칙과 전통을 깡그리 무시하는 그의 태도를 상징적으로 보여주는 말이었다. (불과 며칠 전 그는 악명 높은 "무슬림 금지령"을 시행해 특정 국가에서 오는 이민자를 차단하려고 시도했다가 실패했다.) 경제 및 금융 전문가들은 트럼프의 즉흥적인 정책 발표에 경악했지만 평정을 되찾기도 전에 다시 놀라고 말았다. 행정부에서 통화정책에 대해 이야기하는 사람은 트럼프만이 아니었다. 그의 첫 발언 후 하루 정도 지났을 때 백악관의 새 수석 무역고문인 나바로가 〈폭스 뉴스〉에 출연해 유로가 "크게 저평가되어 있다"고 선언했다. 그다음 그의 동료 로스가 상무부 장관 자격으로 이웃 나라들과의 무역협정을 재조정할 예정이라고 발표하면서 멕시코 페소화와 캐나다 달러의 가치를 일시적으로 떨어뜨렸다.

심지어 므누신조차도 "지나친 강세"를 보이는 달러가 미국 경제에 해를 끼칠 수 있다고 지적해 달러 가치를 끌어내렸다.[2] (참고로 그의 성씨는 '므누신'으로 발음된다. 그러나 의회 의원 중에는 Mnuchin을 어떻게 발음하는지 알지 못해 그를 '먼킨'으로 불렀다).

거의 40년 만에 처음으로 미국은 공개적으로 달러 약세를 바라는 행정부를 만나게 되었다. 트럼프의 관점에서 미국은 가장 긴밀한 무역 상대국들의 환율 조작을 너무도 오랫동안 인내해 왔다. 달러 약세 지향은 그가 1980년대 부동산 사업을 시작한 시절부터 오랫동안 간직해 온 경제 철학의 일부였다. 그러나 트럼프와 그의 참모진은 수십 년 동안의 언어적 절제를 내던짐으로써 미국의 신뢰성을 깎아 먹고 있었다. 그뿐 아니라 그들은 미국 재무부 장관들이 1980년대 후반과 1990년대 내내 힘들게 지켜온 세계 외환시장의 안정성을 위험에 빠뜨렸다. 그들 때문에 수많은 다국적 기업이 세계에서 가장 중요한 통화의 보유국에 기대할 법한 예측 가능한 정책 수립 환경도 위험에 처했다. 미국의 달러 관리 책임은 미국의 민주주의와 마찬가지로 신뢰할 만한 미국 경제 지도자들의 존재를 바탕으로 했다. 트럼프의 지나치게 자유분방한 통치 스타일이 세계 강국으로서 미국의 지속 가능성에 의문을 자아낸 것과 마찬가지로 그의 호전적인 태도는 달러의 지배가 얼마나 더 오래 이어질 수 있을지에 대해서도 의문을 불러일으킬 수밖에 없었다.

모든 것은 말에서 시작되었다. 미국의 통화정책에 대한 자유분방한 발언은 세계경제 질서를 재편하려는 트럼프의 욕망을 명확하게 보여주는 첫 번째 징후였다. 문제는 그같이 가벼운 말 때문에 트럼프가 다른 나라들의 환율 조작을 멈추게 하기가 어려워졌다는 데 있었다. 그의 말이 금융시장을 어찌나 큰 불안에 빠뜨렸던지 투자자들은 1980년대에 만연했던 통화 개입이 부활할까 봐, 설상가상으로 전면적인 통화전쟁이 일어날까 봐 두려움에 떨었다.

그렇게 해서 루빈의 달러 강세 패러다임은 생명을 잃었다.

"이것이 내 유일한 요구입니다. 우리 독일의 통화를 헐뜯지 말기를 바랍니다."[3]

미국의 오랜 우방국이 던진 강경한 발언이었다. 흔들림 없는 메르켈 독일 총리는 완전히 변해버린 미국 지도자의 스타일에 재빨리 적응해야 했다. 그는 독일이 외환시장에서 장난을 치고 있다는 트럼프의 비난을 공개적으로 부인할 수밖에 없었다. 트럼프 이전 시대였다면 양국의 불화가 비공개적으로 해소되었을 법도 했다. 그러나 미국의 외교 정책은 뒤바뀌었다.

트럼프는 대선운동 내내 독일과 다른 나라들에 비난을 퍼붓더니 백악관의 높은 곳에 오르고 나서도 비난을 멈추지 않았다. 메르켈은 트럼프에게 자국의 외환시장은 미국과 마찬가지로 선출된 지도자들의 정치적 변덕과 상관없이 독자적으로 움직인다고 일깨워주었다. 자유시장의 기본 원칙을 그에게 상기시킨 사람은 메르켈만이 아니었다. 신임 행정부가 달러 약세로 대대적인 정책 전환을 시도한다면 대미 수출 의존도가 큰 일본 경제가 피해를 입을 수도 있었다. 그러한 결과를 두려워한 일본의 아소 다로 재무상은 미국의 신임 행정부가 전 세계를 상대로 오랫동안 지켜온 비개입 약속을 계속해서 이행하겠다는 확답을 받고자 했다.[4]

해외 강국들은 비난을 받을 때마다 미국 스스로가 수십 년에 걸쳐 설교해 온 이야기를 미국에 되돌려주었다.

유럽연합이사회 European Council 의 도널드 터스크 Donald Tusk 의장은 트럼프가 취임한 지 며칠 되지 않아 "미국의 신임 행정부가 지난 70년간의 대외정책을 의문시하는 것처럼 보이는 가운데 워싱턴의 변화는 EU를 어려운 상황으로 밀어 넣고 있다"[5]고 말했다. 신임 대통령은 제2차 세계대전 종전 직후에 시작된 세계 표준 체제의 모든 근본 원칙, 이를테면 WTO를 비롯해 무역 교류와 개방 무역을 장려

하는 다국적 협정을 준수하겠다는 미국의 약속에 도전을 제기하고 있었다.

트럼프의 공격적 발언에서 놓치기 쉬운 점은 신임 행정부가 제2차 세계대전 종전기에 시작된 세계경제 체제에 대해 전반적인 적대감을 품은 이유가 세계화에서 소외된 미국 노동자들을 돕고자 하는 열망 때문이라는 사실이었다. NAFTA가 체결되고 중국이 WTO에 가입한 이후로 수많은 일이 일어났다. 대부분의 경제학자와 기업 들은 중국이 값싼 노동력을 무한정 공급받아 전 세계와 쉽사리 무역할 수 있게 되었다는 사실에 환호했다. 한편 미국의 지도자 대부분은 수백만 공장 노동자가 어느 한 부문에서 다른 부문으로 옮겨가는 현상을 경제가 감당할 수 없다는 사실을 인정하지 않았다. 일자리 소멸은 트럼프의 지지 기반이 된 지역, 즉 미국 중서부에 흩어져 있는 중소도시에 과도하게 집중되어 있었다. 그것은 웨스트버지니아 위어턴의 철강산업 전멸이나 중국이 오하이오 모레인의 유서 깊은 제조 공장을 인수한 사실 등을 통해 누구나 보고 느낄 수 있는 교훈이었다.

그렇게 오랫동안 소외되고 방치된 러스트 벨트 지역 주민들의 고통을 직접적으로 언급한 대선 후보는 트럼프뿐이었다. 그만이 대담하게 경제적 시선을 미국 내부로 돌리자고 말한 대선 후보였다. "그동안 우리가 다른 나라들을 일으켜 세웠으니 이제는 우리나라를 다시 일으켜 세워야 할 때입니다"라며 전통을 뒤엎거나 세계경제 질서에 혼란을 초래하는 일을 두려워하지 않은 것도 트럼프가 유일했다.

달러 강세 원칙과 그 원칙으로 유지된 세계화는 미국 제조업을 파괴하다시피 했고, 신임 대통령은 제조업의 파탄으로 고통을 겪고 있는 가정의 운명을 바꾸겠다고 맹세했다.

달러의 환율을 거론하지 말라

제프리 윌리엄 세이지 오카모토Geoffrey William Seiji Okamoto는 자신의 검은색 BMW X3 차량을 캘리포니아로 보내자마자 데이비드 맬패스David Malpass의 전화를 받았다. 맬패스는 오바마 행정부의 재무부에서 신임 트럼프 행정부로의 인수인계를 도운 경제학자로 오카모토에게 일자리를 제안했다. 두 사람은 오카모토가 부시 시절 백악관에서 인턴으로 근무했을 때 알게 되었다. 이글스카우트였으며 서부 해안에서 자란 오카모토는 워싱턴을 떠나려던 계획을 취소했다(그리고 자신의 차량을 되돌아오게 했다). 그러고는 므누신이 장관으로 있는 재무부에 국제금융 차관 대행으로 합류했다.

혼란스럽기 그지없었던 행정부 초반, 오카모토가 재무부에 새로 들어온 사람들을 안내하는 역할을 하고 있었을 때 공무원인 앤디 보콜Andy Baukol이 그에게 다가와 한 가지 부탁을 했다. 보콜은 너무 많은 사람이 달러에 대해 떠들어대고 있다고 말했다. 그가 생각하기에 행정부 내에서 달러라는 주제에 대해 큰 목소리를 내야 하는 곳은 재무부, 더 바람직하게는 유일하게 달러를 거론하는 곳이어야 했다. 이어서 보콜은 "이는 반드시 지켜야 할 원칙"이라면서 "달러는 시장이 민감하게 받아들이는 주제"라고 덧붙였다. 공무원들이 트럼프 행정부에 전달하고자 한 메시지는 사실상 루빈의 원칙을 따르라는 것이었다. 즉, 그 어떤 순간에도 달러의 구체적인 환율에 대해 이야기하지 말라는 소리였다. 이 같은 메시지는 보콜과 다른 재무부 공무원들이 올림픽 성화처럼 한 행정부에서 다음 행정부로 전달해 온 것이었다.

오카모토는 웃음을 터뜨리지 않을 수 없었다. 보콜의 부탁은 트럼프 행정부로서는 무리다 싶을 정도로 큰 상호조율 능력을 전제로 하고 있었다.

전직 CIA 분석가인 보콜은 30년 넘게 연방정부에서 근무한 사람이었다. 1990년대 재무부에 합류한 이후로 대통령이 지명한 장차관 후보가 상원 인준을 기다리는 동안 장차관직을 대행한 경험도 있었다. 그뿐 아니라 비정무직 공무원이라는 상시 직책에 따라오는 의무를 수행하기도 했다. 이를테면 국제 통화정책 담당 수석 부차관보를 맡은 적도 있었다. 보콜 같은 이들이 스스로를 일컫는 "전문적인 직업 공무원"의 업무 중에는 과도기에도 재무부의 업무가 돌아갈 수 있도록 하는 것도 있었다. 이를 위해 보콜은 4인치 크기의 바인더에 거시경제와 지정학적 사안을 다룬 500쪽짜리 보고서를 가득 채워 들고 다니면서 행정부가 교체될 때마다 새로 들어오는 정무직 관료들에게 도움을 주었다. 그 바인더에 구체적으로 달러 정책만을 다룬 항목은 없었지만, 환율같이 시장이 민감하게 받아들이는 주제를 언급하는 방법과 이때 전임 장관이 사용한 표현 및 신임 장관이 사용할 수 있는 대안 등이 포함되어 있다. 보콜과 그의 동료들은 대통령 선거일에서 취임일 사이의 대략 8일 동안 100회가 넘는 회의에 참석했다.

재무부에서 17년간 보콜과 함께 근무한 존 위크스John Weeks는 "재무부 장관은 행정부와 연준, 다른 나라의 재무부 장관, WB이나 IMF 같은 다자간 기구를 연결하는 사람"[6]이라고 말한다. 그는 "그렇기 때문에 재무부 장관이야말로 통화 같은 주제를 언급하는 유일한 사람이어야 한다"고 덧붙였다. 위크스는 재무부 공무원의 역할은 신임 행정부가 자리 잡는 혼란기에 달러를 보호하고 안내하는 것이라며 "그리고 우리 공무원들은 장관이 미국 통화정책에 대한 권한을 그대로 유지하도록 최선을 다할 필요가 있었다"고 말했다.

보콜과 위크스는 독자적인 미국 환율제도의 중대한 수호자 역할을 담당하면서 오랜 세월에 걸쳐 신임 정무직 관료들에게 통화에 대한 입문 교육을 제공했다. 실제로 이들이 일종의 사명 선언서로서 보관한 한 쪽짜리 내부 문건은 레이건 행정부 당시에 재무부 장관이었던 베이커 시대에 작성한 것이다. 오바마 행정부 기간에는 그 문건을 새롭게 정리한 반 쪽짜리 서류가 가이트너 등의 정무직 관료들에게 공유되었다. 트럼프 행정부 초창기에 위크스는 신임 행정부 사람들의 통화 발언에 어느 정도의 안정감이라도 불어넣을 수 있지 않을까 하는 기대에서 그 문건을 오카모토에게 제공했다.

오카모토는 시도에 나섰다. 그는 직접 나바로와 로스를 찾아가서 시장이 민감하게 반응할 만한 발언을 삼가는 것은 물론 총사령관인 트럼프에게도 자제해 줄 것을 부탁해 달라고 정중하게 요청했다.

그의 요청은 받아들여지지 않았다.

달러를 중심으로 구축된 세계질서는 암담한 방향으로 치달았다.

금융시장과 통화에 대한 공개 발언 시에 절제와 신중함을 지켜야 한다는 루빈의 모범적인 원칙은 묵살되었고, 일본에서 유럽에 이르는 각국의 지도자들은 어떻게 대응해야 할지 생각해 내느라 애썼다. 다소 역설적인 점은 이들이 한때 루빈, 폴슨, 가이트너 같은 사람들에게서 받은 요구, 즉 달러의 환율을 거론하지 말라는 것과 똑같은 요구를 하기 위해 신속하게 힘을 합쳤다는 사실이다.

2017년 3월, 중국은 자국의 환율제도를 방어하느라 여념이 없었다. 신임 미국 대통령이 제기한 환율 관련 불만과 무역전쟁의 위협 때문에 세계경제는 수십 년 만에 가장 위험한 상황에 놓여 있었다.

중국의 재무부 장관 격인 샤오제肖捷는 폴슨이 10년 전 중국 정부에 세계경제 질서로의 편입을 권유했을 때 사용한 표현을 그대로 사용해 므누신 재무부 장관에게 공개적으로 애원했다. 세계 최대 규모의 경제국들이 특히 통화정책 측면의 보호주의에 "단호하게 반대"해야 한다고 한 것이다.

오카모토는 그 이후로도 트럼프 행정부 내에서 재무부 장관의 신뢰를 받는 조력자 역할을 담당했으며, 때로 므누신을 대신해 G7과 G20 회의에 참석하기도 했다. (훗날 트럼프는 오카모토를 IMF의 부총재 자리에 올려놓았다.) 그러나 그는 재무부 공무원들의 바람과는 달리 결코 행정부 사람들의 통화 발언에 차분함을 불어넣지 못했다. 그 후 4년 동안 미국이 화합과 다자주의를 주도하는 일은 일어나지 않았으며, 트럼프 행정부의 재무부 장관은 미국의 새로운 경제 원칙에 직면한 세계의 혼란과 분노를 고스란히 감당해야 했다.

끝나버린 미중 대화

―

므누신의 상관인 트럼프의 관점에서 세상은 승자와 패자 두 종류의 인간으로 이루어진 곳이었다. 트럼프는 자기가 아직도 일주일에 한 번씩 패배한 사람을 쫓아내는 텔레비전 리얼리티쇼 〈어프렌티스Apprentice〉의 심사위원인 것처럼 나라를 통치했다. 백악관의 수석 고문들이 트위터를 통해 자신들의 해고 사실을 알게 되는 일[7]도 허다했으며, 어느 시점에는 참모진 교체율이 92퍼센트에 달했다. 트럼프의 세계관은 '제로섬 게임zero-sum game'이라는 미국의 구식 경영 개념에서 영향을 받았다. 패배한 사람을 밟고 서서 그들의 패배를 고소해하지 못하면 승리란 존재하지 않는다는 개념이다. 그는 승리만으로는 충분치 않아 했고, 자신의 적수가 확실하게 패배해야 만족했다. 그래서 므누신이 2017년 중국의 재무부 관료들과의 첫 공식 경제 회담을 개최하기로 했을 때 므누신의 팀은 트럼프 행정부의 승리로 끝나는 하루짜리 이벤트를 기획해야 한다는 사실을 잘 알고 있었다. 그 회담은 행크 폴슨이 시작한 SED의 최신 버전이었지만 매우 다른 분위기로 전개될 것이 분명했다.

    7월 17일 이른 시각, 벌써 미국의 수도 워싱턴D.C.를 내리누르는 32도의 무더위와 매년 여름이면 주민들을 도시 밖으로 몰아내는 찜통 같은 습기 속에서 10여 명의 중국 관료는 펜실베이니아 대로 1500번지의 재무부 건물로 들어섰다. 므누신 시대의 재무부는 중국이 흡족해할 만큼 중립적인 지대였다. 일단 폴슨의 SED 때문에 중국 정부 관료들은 복도에 깔린 흑백 격자무늬 대리석에 익숙해져 있었다. 트럼프의 보좌관들은 무역 불균형을 바로잡기 위한 방법으로 미국이 중국과의 관계를 파기해야 한다는 자기들의 생각에 므누신이 동조하지 않는다는 이유만으로도 그를 민주당원이라거나 "세계주의자" 등의 조롱 섞인 별명으로 불렀는데 그러한 사실도 재무부의 중립적인 이미지를 강화했다. 중국인들은 므누신이 세계 시장을 어지럽히는 일에 주저한다는 사실을 잘 알았기 때문에 다소나마 안심하고 있었다.

므누신은 자신이 회담을 통해 성취하고자 하는 결과를 이미 결정한 상태였다. 미국 기업에 중국에서의 성장 기회를 열어주기 위한 시도로서 그는 중국을 밀어붙여 금융 서비스 산업에 대한 외국인 소유권 제한 조치를 철폐하고 정보기술 부문의 장벽을 허물어뜨릴 계획을 세웠다. 그러나 그날 재무부의 캐시룸에서 개회사를 마친 고위 관료들이 다시 자기 자리에 앉기도 전에 어느 미국 관료가 내뱉은 이례적으로 직설적인 공개 발언 때문에 회담이 끝날 위기에 처했다.

중국 국무원 부총리 왕양汪洋이 지켜보는 가운데 회담에 참석한 상무부 장관 로스는 텔레비전으로 방영된 기조연설에서 "그것이 자유시장의 힘이 자연적으로 만들어낸 산물이라면 우리도 이해하겠지만 그렇지 못합니다"라며 "따라서 이제 우리 미국의 무역과 투자 관계를 한층 더 공정하고 공평하며 상호적인 방식으로 바로잡을 때입니다"라고 말한 것이다. 그에 이어 로스는 중국의 대미 무역 흑자 3090억 달러를 거론하며 베이징에서 미국을 방문한 중국 관료들을 질책하다 못해 대놓고 공격했다.[8] 왕양 부총리는 재무부의 초청으로 미국을 방문했다가 미국 정부 인사의 노골적인 적대감을 접하고는 깜짝 놀랐으며, 곧이어 중국을 적대시하는 행위가 두 강대국의 이익을 "즉각적으로 해칠 것"이라고 경고했다. 전례 없는 전개 속에서 중국이 느낄 당혹감을 줄이기 위해 공동 성명서 발표와 단체 사진 촬영이 취소되었다.

로스의 성급한 중국 비판은 양국이 차이점을 극복하고 협력하는 방안을 논하는 등 양국의 관계를 한층 더 돈독히 하겠다고 맹세하는 식의 과거와 같은 경제 회담의 종말을 알리는 계기가 되었다. 그러나 회담이 미국 측의 "승리"였는가는 누구에게 물어보느냐에 달려 있었다. 므누신은 트럼프 팀이 무역 적자의 해소 측면에서 "매우 큰 진전"9을 이루어냈다면서 회담을 성공작으로 간주했으며, 트럼프가 그들에게 전달한 "전진 명령 marching orders의 방향"을 중국 정부가 알게 되었다고 말했다. 그러나 베이징의 관료들은 외국 지도자의 "전진 명령"이라는 것을 받은 적이 없었다.

중국과 만나 신중하게 훈련된 대화를 통해 경제 사안을 논하던 의식은 폴슨이 시작한 지 10년 만에 끝을 맞이했다.

그 후 11개월 동안 양국 재무부의 관료들은 거의 대화를 나누지 않았다. 트럼프가 대통령으로 있는 4년 내내 주식시장은 요동쳤다. 그가 트위터를 통해 정책을 시행하면 투자자들이 긴장 완화나 긴장 고조의 낌새에 민감하게 반응했기 때문이다. 대통령의 강경한 입장은 민주당 상원의원이며 트럼프의 말과 행동 하나하나에 공개적으로 혐오감을 표시해 온 슈머에게조차 칭찬을 받았다. 대중국 조치가 일시적으로 유예된 때도 있었지만 그 모든 것은 트럼프가 정책 결정시에 주최하는 백악관 집무실의 결투에서 누가 "승리"하고 누가 "패배"하느냐에 달려 있었다. 그의 무역 고문인 나바로는 중국에 환율 조작 혐의를 제기하라며 재무부를 강하게 압박하려 했지만 므누신이 나바로의 시도를 막아냈다. 중국이 과거에 벌인 환율 조작을 처벌하는 방식을 놓고 벌어진 행정부 내부의 싸움은 좌절한 내부자들이 그 내용을 기자들에게 유출함에 따라 공론화되었다.

트럼프 재임기에 나타난 정책 수립의 불안정성은 통화정책과 대외정책에서 국가 안보와 교역에 이르기까지 정부의 모든 부분으로 확산되었다. 어떤 이들은 그러한 현상을 보고 나라가 분열되는 양상을 떠올렸으며 그 가운데 달러는 큰 혼란에 휘말렸다.

미국의 민주주의가 그 어느 때보다도 자아비판이 필요한 순간에 도달한 가운데 그로 인한 혼란은 달러를 오랫동안 악용하면서 쌓은 결과가 무엇인지를 예고했다. 그 축소판은 미국과 중국의 관계에서 드러났다. 두 나라 모두 트럼프의 무역 관계 재정립 시도를 둘러싼 언어적·실질적 싸움에서 승리하기 위해 경제적 힘을 무기처럼 휘둘렀다.

므누신의 선택적 침묵

—

므누신은 세심하고 저평가된 투자 대상을 찾아내는 능력이 있으며 운이 매우 좋은 사람으로 유명하다. 그는 약 64킬로미터의 자전거 주행과 레이밴의 색상 변환 렌즈를 좋아한다(레이밴의 색상 변환 렌즈는

햇빛을 받으면 자동으로 짙어진다). 식단과 규칙적인 운동을 엄격하게 지키던 그가 주방용 소금을 처음 산 것도 아내 루이스 린턴을 만나고 나서였다. 뉴욕 출신인 므누신은 쉰다섯 살 생일이 될 때까지 거의 20년 동안 골드만삭스에서 일하다가 헤지펀드를 설립했고 파산 위기에 처한 캘리포니아 주택담보대출업체를 사들여 자본구조를 재조정했다. 그리고 할리우드 영화에 자본을 대는 금융업자가 되었다. 〈원더우먼〉 같은 블록버스터 히트작의 엔딩 크레디트에서도 그의 이름을 찾아볼 수 있다. 그랬던 그가 달러 방어의 최전선에 선 것이다.

므누신은 일찌감치 트럼프가 대통령이 된다는 쪽에 돈을 걸었고 그 보상으로 재무부 장관이라는 자리를 얻었다(그는 역사상 가장 부유한 재무부 장관이 되었다). 므누신은 행정부에서 유일하게 미국의 경제정책과 계획에 일관성을 부여하는 사람이었다. 그렇게 한 까닭은 무엇보다 자신의 자리를 오래 유지하려는 그의 성향 때문이었다. 그처럼 안정적인 성향은 재무부 장관으로서의 일상적인 업무에서만이 아니라 부채 한도나 국채 발행과 관련한 정쟁에서도 없어서는 안 될 역할을 했다. 므누신은 2017년 버지니아 샬러츠빌에서 백인우월주의 집회가 폭력시위로 돌변했을 때 트럼프가 뱉은 인종차별적인 발언 때문에 예일대학교 동창들에게서 사임하라는 요구를 받기도 했지만 대격변의 시기를 잘 버텨냈다.

므누신이 어떻게 트럼프 행정부의 재무부 장관으로 4년이나 견뎠는지 알아내기 위해서는 그가 어째서 때때로 페블비치를 피해서 다니는지부터 알아봐야 한다. 백악관 북쪽의 잔디 정원 North Lawn에 있는 페블비치는 캘리포니아의 고급 골프 리조트와는 아무 상관이 없는 곳이다. 오히려 그곳은 적대적인 발언으로 악명 높았던 트럼프 행정부 전성기에 트럼프의 고문들이 폭스 비즈니스나 CNBC 방송국과의 생방송 인터뷰를 통해 정책 수립 경쟁에서 패배했다며 쓰라린 감정을 표출하던 장소였다. 그들은 무례한 트윗을 통해 해고당한 사람들이기도 하다.

그러나 므누신이 페블비치를 꺼린 것은 그런 이유가 아니었다. 그가 주기적으로 재무부의 서쪽 출구를 나와 약 137미터의 짧은 길을 걸어서 백악관까지 간 까닭은 누가 집무실에 있는지, 그리고 트럼프가 무엇을 하고 있는지를 확인하기 위해서였다. 그는 트럼프의 경제정책을 띄울 준비가 되어 있을 때만 생방송 카메라 앞에 섰으며, 뉴스 앵커들에게 웨스트윙 내부의 불화를 시사하는 단서를 제공하는 법이 없었다.

므누신은 대통령과 의견이 일치하지 않았을 때는 침묵을 지켰으며 페블 비치 주변을 맴돌던 기자들을 완전히 피해 다녔다. 트럼프는 무엇보다 절대적인 충성을 중요시했으며 10년 넘게 이어진 우정 덕분에 므누신은 대통령의 신임을 유지하는 방법을 알고 있었다. 그는 트럼프 팀에 합류할 때 이미 자기 상관이 변덕이 심하고 기분 변화에 자주 휘둘린다는 사실과 의지가 쉽게 꺾이지 않는다는 것을 잘 알고 있었다.

므누신에게는 워싱턴의 내부자들과 뉴욕 금융 엘리트를 설득하는 일이 힘겨운 도전과제였다. 금융 엘리트들은 월가 출신이지만 정치 초보인 그가 얼마나 오래 버틸 수 있을지 모르겠다고 공개적으로 의혹을 표시했다. 그러나 트럼프 치하의 혼란스러운 4년 동안 므누신은 변덕스러운 상관이 일으킨 혼란 속에서 합리성의 대변자라고 할 수는 없더라도 최소한 신중함의 대변자로 남았다.

그는 대통령과의 의견 불일치에 대해 불평한 적이 단 한 번도 없었다.

2018년 여름 어느 날 오후 므누신은 자신이 작성해 둔 대본대로 "대통령께서 제 의견에 동의하실 때도 있고, 동의하지 않으실 때도 있는 거죠"라고 말했다.

그해 6월은 므누신이 가장 적극적으로 침묵을 지켰던 순간 가운데 하나였다. 트럼프는 므누신의 조언을 물리치고 미국으로 들어오는 중국산 수입품에 무자비한 관세를 부과했고, 그 결과 무역전쟁이 미국 국내 경제에 미칠 여파에 대한 우려가 확산되면서 주식시장이 급락했다. 므누신은 트럼프가 중국과의 협상에서 좀 더 신중한 접근법을 취하기를 바랐지만 그러기는커녕 500억 달러 상당의 중국산 수출품에 벌금을 부과한 데다 중국이 자신이 승인한 첫 번째 관세에 보복한다면 더 높은 관세를 매기겠다고 위협해 긴장을 고조시켰다. 트럼프는 중국을 위협하기 위해 CNBC의 생중계 방송에 출연했다. "우리는 이용당하고 있으며 나는 그러한 상황이 마음에 들지 않는다"라면서 "미국은 5000억 달러 상당의 중국산 제품에 관세를 부과할 '준비'가 다 되어 있다"고 말했다.

투자자들은 무역전쟁이 심화될 조짐을 보면서 공황 상태에 빠졌다. 트럼프가 추가 관세 계획을 발표한 후 S&P500 지수가 폭락했다.

유럽과 아시아의 주가도 하락했다.

평상시에는 트럼프의 하찮은 경제적 성과까지도 적극 지지했던 므누신이 이때는 공개 석상에서 의도적인 침묵을 지킴으로써 무역전쟁에 대한 불만을 표시했다. (그의 동료들과는 정반대되는 태도였다. 트럼프의 수석 무역고문인 나바로는 불만을 느끼면 자신이 가장 좋아하는 기자에게 전화를 걸어 불만을 표출했다. 몇 시간도 지나지 않아 "해당 사안에 정통한 사람"의 말을 인용한 기사들이 올라와서 웨스트윙에서의 시끄러운 말다툼과 문을 쾅 닫아버린 상황 등을 자세히 전했다.)

므누신이 공개 석상에 나타나지 않자 즉시 그에게 눈길이 쏠렸다. 뉴욕의 어느 펀드매니저는 주식시장이 폭락하는 상황을 지켜보다가 "재무부 장관의 긍정적인 발언을 들으면 금융시장이 상승할까? 물론 그렇다!"라고 말했다. 그러나 재무부 장관은 어디에서도 모습을 드러내지 않았다. 일요일에 하는 정치 토크쇼에서도, 평일 아침 케이블 뉴스에서도 볼 수 없었고, 주기적으로 국회의사당을 방문할 때 기자들과 잡담을 나누던 모습도 보이지 않았다.

선택적 침묵은 므누신이 대통령에 대한 충성을 유지하면서도 금융시장에 대한 개인적 신용을 지키는 방법이었다. 그는 투자자들의 바람과는 달리 공식 석상에 나가서 무거운 어조로 말을 할 수 없었다. 그렇게 하면 그들을 기만하는 행위가 될 것이기 때문이었다. 그러나 므누신은 대통령의 행동에 공개적으로 반대하지는 않음으로써 대통령에 대한 영향력을 유지했을 뿐 아니라 그에게 노선 변경을 설득할 기회를 만들었다.

한 달 후 트럼프가 다시 한번 호전적인 발언을 연달아 쏟아내자 마침내 므누신도 침묵을 깨뜨릴 수밖에 없었다. 그날 트럼프가 트위터에 내뱉은 독설은 그 알림 표시가 므누신의 아이폰 화면에 뜨자마자 그에게 골칫거리를 안기고 말았다. 160글자짜리 연속적인 트윗의 내용은 미국 대통령이 유럽, 중국, 연준을 맹비난하는 내용이었다.

7월 20일 금요일 트럼프는 "중국과 EU 등은 환율과 금리를 떨어뜨리는 조작을 해왔다. 반면 미국은 금리를 인상했고, 달러는 날이 갈수록 강세를 보인다. 그들은 우리 미국의 중요한 경쟁 우위를 빼앗고 있다"면서 "미국은 매우 잘하고 있기 때문에 벌칙을 받아서는 안 된다"[10]라는 트윗을 올렸다.

그의 폭풍 트윗으로 세계는 통화전쟁의 벼랑 끝으로 내몰렸다. 바로 그때 므누신은 트럼프가 최근 했던 장황한 비난으로 그 누구보다도 화가 났을 관료들을 마주하고 있었다. 그가 G20 재무부 장관 회의에 참석하기 위해 부에노스아이레스 공항에 도착한 것은 불과 몇 시간 전이었다.

그뿐이 아니었다. 트럼프는 연준의 금리 인상도 비난했다. "현시점에서 긴축은 우리가 이뤄온 모든 것을 망친다. (중략) 채권 만기가 다가오는데 금리 인상이라니 실화인가?"라는 트윗도 올렸다. 해당 발언은 중앙은행의 독립성을 침해하는 것으로 보였다. 그처럼 연준의 독립성을 인정하지 않는 모양새는 달러를 기반으로 하는 세계 금융 시스템 전체에 위협을 가했다. 정치인의 충동에서 연준을 보호하는 것은 투자자의 신뢰를 유지하기 위한 필수 요건이었다.

부에노스아이레스에 모인 재무부 장관들은 트럼프의 발언이 미국에 시장 개입 확대의 시대를 여는 서막이 되지는 않을지 의문을 제기했다. 그 같은 시대가 열리면 대통령과 내각 구성원들이 전통적으로 정치 영역을 벗어난 사안으로 여겼던 통화정책 등의 경제 문제에 자유로이 간섭할 여지가 있었다.

므누신은 부에노스아이레스의 아베니다 델 리베르타도르(자유 대로)에 있는 G20 회의장에 들어선 직후 "대통령과 대화했기 때문에 그분이 연준에 어떤 식으로든 압력을 가하려는 의도가 없다는 점을 보장할 수 있습니다"라고 말하며 미국 정책에 변화가 없다고 말했다. 투자자들과 재무부 장관들은 모두 그의 말을 믿었다. 그는 "대통령은 통화시장에 개입하려는 것이 절대 아닙니다"라고 덧붙였다.

이 일은 대통령이 므누신을 애먹인 사례 가운데 하나에 불과했다. 재무부 장관은 위엄을 유지해야 할 필요가 있는데 트럼프 시대에는 그렇게 하기 어려울 때가 종종 있었다. 어떨 때는 침묵만이 므누신의 유일한 선택지였다.

물론 2018년 스위스 다보스에서 펼쳐진 광경, 즉 므누신이 무심코 달러 약세의 장점을 이야기했을 때 세심하지 못한 발언으로 시장을 들썩이게 하는 이가 트럼프만은 아니라는 점이 드러났다. 트럼프 행정부는 달러 관리의 주요 원칙들을 하나하나씩 무너뜨렸다. 신중하고 조심스럽게 언급할 것, 강력함을 과시할 것, 정책 안정성과 예측 가능성을 유지할 것, 달러를 공공연하게 무기로 사용하지 말 것 등의 원칙이 그것이다. 그중 마지막 원칙은 경제 제재가 남발되고 트럼프가 달러를 통제하기 위해 2019년 여름 외환시장에 적극적으로 개입하려고 하는 등 여러 번의 타격을 받은 끝에 무너지고 말았다. 그나마 므누신이 침묵이 아니라 내·외부적으로 적극적인 로비 활동을 통해 트럼프의 개입 시도를 막아냈다.

　므누신이 항상 싸움에서 이긴 것만은 아니다. 2019년 8월 5일 미국은 통화시장을 직접 조작하는 계획을 검토한 지 몇 주 만에 마침내 중국을 환율 조작국으로 지정했다. (그 발표는 트럼프가 므누신이 내는 보도자료에 영어로 환율 조작국을 가리키는 'currency manipulator'의 c와 m을 대문자로 표기해야 한다고 주장한 직후에 나왔다.) 그 조치는 아무런 반응 없이 끝났다. 환율 조작국 지정은 주요 시장이나 외교 정책에 대참사를 일으키지 않았으며 세계는 처음으로 그 혐의가 실제로는 얼마나 무의미한 것인지 알게 되었다.

　트럼프 시대는 미국 지도자들이 권력을 신중하게 사용하지 않을 때 무슨 일이 일어나는지를 보여주었다. 그러나 트럼프가 통화 분야에만 달러를 무기로 사용한 것은 아니었다. 그가 섣불리 건드리기에는 몸집이 너무 컸던 어느 러시아 기업에 연속적인 경제 제재를 때린 행위는 미국의 달러 관리 능력에 대해 한층 더 큰 불확실성을 자아냈다.

제15장
므누신·올리가르히 그리고 잭 루의 경고
MNUCHIN, THE OLIGARCH, AND JACK LEW'S NIGHTMARE

므누신이 푸틴과 가장 친한 친구의 달러 사용을 금지한 날, 알루미늄 투자자들은 아직도 공개적으로는 그때의 일을 거론하기를 꺼릴 정도로 큰돈을 잃었다.

2018년 4월 6일 아침 일찍 미국 재무부는 올레그 데리파스카Oleg Deripaska와 그가 최대 지분을 보유한 기업을 미국 금융 시스템에서 차단하겠다고 발표했다. 그 같은 경제 제재는 발표 당시에 므누신이 언급한 바와 같이 러시아 신흥 재벌 집단 올리가르히를 하수인으로 이용해 "세계 곳곳에서 악의적인 활동을 벌인" 러시아 정부에 타격을 주려는 의도에서 발령되었다. 데리파스카는 세계 2위의 알루미늄 제조업체인 루살United Company Rusal의 대주주로서 므누신이 그에게 내린 제재 조치는 전 세계 금속 시장에 큰 충격을 주었다. 억만장자인 데리파스카의 사업 구조는 복잡하기 이를 데 없었다. 그가 66퍼센트의 지분을 보유한 이엔플러스 그룹En+ Group은 루살의 지분 48퍼센트를 보유한 상태였다. 따라서 데리파스카가 재무부의 블랙리스트에 오르자 두 회사 모두 제재 대상이 되었다.

루살이 금융 측면에서 고립될 위기에 처하자 유럽의 알루미늄 산업에 종사하는 광부와 공장 노동자 수천 명의 일자리가 위태로워졌다. 원자재 트레이더들은 그날 아침부터 온종일 알루미늄의 가격이 미친 듯이 요동치는 상황을 경험했다. 투자자들은 어떻게 해야 할지 갈피를 잡지 못했다. 루살이 세계 알루미늄 생산량의 6퍼센트를 차지하는 상황에서 재무부는 알루미늄 산업에 100억 달러 규모의 손실을 안겼다.

캐나다에 있는 어느 금속 트레이더는 "미국 재무부는 A4 용지에 인쇄한 두 단락의 내용으로 원자재 시장의 일부를 완전히 망쳐놓았고 러시아 억만장자의 세계를 엉망으로 만들었다"라고 지적했다. 몇 년이 지난 후에도 그 트레이더는 해당 사건에 대한 공개적인 언급을 거부하는가 하면 심지어 자신의 이름과 근무한 회사를 밝히지 않으려고 했다. 므누신의 돌발적인 제재로 말미암아 자신을 비롯한 금속 트레이더들이 수백만 달러의 손실을 입었기 때문이다. 그에게 큰 낭패를 안긴 사건이었다.

그날 장이 끝나갈 무렵 원자재 시장은 20퍼센트의 등락 폭을 보였고 루살의 주가는 18퍼센트 하락한 채로 마감했다. 이후 몇 주에 걸쳐 루살의 주가는 한층 더 급락했고, 투자자들이 루살의 주가 폭락이 러시아 경제에 미칠 여파에 대비하면서 루블화는 8퍼센트라는 놀라운 하락 폭을 기록했다. 월가를 비롯한 전 세계 금융 중심지의 금속 트레이더들은 4월 6일의 깜짝 손실을 만회할 기회를 잡기 위해 제재 프로그램과 관련해 재무부의 모든 움직임을 예의주시하기 시작했다.

미국이 데리파스카를 표적으로 삼은 까닭은 트럼프가 그저 푸틴의 비위를 맞추기 위해서였다는 통설과 달리 푸틴과 데리파스카의 관계 때문이었다(트럼프의 임기 중 부과된 제재 조치들만 보더라도 그 통설이 사실이 아니며 상당 부분은 의회의 압력이 작용했다는 것을 알 수 있다). 한때 푸틴이 "가장 총애하는 기업인"[1]으로 불렸던 데리파스카는 원자재 호황과 불황에 따라 운명이 왔다 갔다 하는 러시아 억만장자 클럽에서 가장 잘나가는 사람이었다. 그는 푸틴을 처음 만난 2000년 이후로 푸틴의 영향력 안에 있었다. 데리파스카는 푸틴의 지시를 원활하게 수행하기 위해 트럼프의 대선운동 고문인 폴 매너포트를 비밀리에 접촉하기도 했다(이때의 접촉은 훗날 트럼프와 러시아의 내통 의혹을 수사한 로버트 뮬러 특별검사의 조사를 받게 되었다).

므누신 치하의 재무부가 데리파스카에게 제기한 혐의는 심각한 것이었다. 재무부는 이를 "세계 곳곳에서 악의적인 활동"을 벌였다는 말로 표현했다. 푸틴은 데리파스카 외에도 그날의 보도자료에 언급한 다른 올리가르히 여섯 명, 기업 12곳, 러시아 정부의 고위 관료 17명의 도움을 받아 우크라이나 폭력 사태를 선동했고, 시리아 독재자 바샤르 알 아사드Bashar al-Assad에게 민간인을 공격할 무기를 공급했으며, 그 외에도 "서구 민주주의를 뒤엎기 위한" 사이버 활동을 일으켰다.

므누신은 제재 발표 성명을 통해 "그 부패한 시스템을 이용해 이득을 취해 온 러시아 올리가르히와 엘리트 집단은 러시아 정부가 불안 조장 활동으로 치르게 될 대가에서 더 이상 분리될 수 없을 것"[2]이라고 말했다. 세계는 두 달 안에 데리파스카 및 그가 보유한 막대한 지분과 관계를 끊어야 했다. 재무부는 제재 조치를 위반했다가 그 사실이 적발된 이들에게 막대한 벌금과 공개적인 망신 주기 등의 엄중한 처벌을 내릴 것이라고 경고했다.

러시아 제재와 원자재 시장의 폭발적인 변동성

—

민간 부문이 감당하기에는 무리한 요구였다. 러시아 올리가르히들이 문어발식으로 여기저기에 보유하고 있는 지분, 그중에서도 데리파스카의 루살 지분을 추적하기란 어렵기로 유명했다. 해당 부문에 대한 간단한 조사만으로도 유럽 금속 기업과 자동차 공장 수십 곳이 데리파스카와 연관이 있음을 알 수 있었다. 루살에서 금속을 구매하지 못하면 그 회사들 전부가 큰 어려움을 겪을 것이 분명했다. 관련 기업들이 어쩔 수 없이 문을 닫는 상황이 되면 치명적인 여파가 따를 수밖에 없었다. 공급 부족에 대한 우려로 금속 가격이 폭등했다.

이때 재무부는 전에 없는 영역으로 들어섰다. 재무부의 조치는 대개 시장을 진정시킬 목적으로 취해지지만, 이때의 제재 조치는 원자재 산업의 중요한 부문에서 폭발적인 변동성을 일으키고 말았다. 그 같은 상황은 당혹스러운 사태로 전개되었다. 재무부는 피해를 조금이라도 줄이려고 애썼으나 새로운 조치가 내려질 때마다 금융시장에 더 큰 변동성을 유발하고 말았다. 한 예로 제재가 발표된 지 17일밖에 지나지 않았을 때 재무부는 루살이 제재에서 벗어날 방법을 제시한 성명서를 냈다.[3] 그 가운데는 데리파스카가 루살의 경영권을 포기하는 방안도 포함되어 있었다. 제재에 대한 강경 노선이 완화되자 전 세계적으로 금속 공급량이 증가할 것이라는 시장의 기대감에 따라 알루미늄 가격이 기록적으로 폭락했다. 그러나 재무부가 제재 프로그램을 조정하고 데리파스카가 루살 지분의 대량 매각에 나서면서 제재 직후 몇 주에 걸쳐 일어난 혼란은 2018년 내내 사라지지 않았다.

변동성은 계속되었다. 재무부가 어떻게든 삼가야 할 행동을 취한 것이 그토록 극심한 불안정성의 원인이었다. 알루미늄·팔라듐·니켈 등의 금속 가격은 혼란에 빠지지만 므누신은 굽힘 없이 4월 6일의 조치를 지켜나갔다. 그는 "우리는 데리파스카에 제재를 가할 때 루살, 알루미늄 시장, 그리고 우리 우방국들에 어떤 파장이 미칠지를 완벽하게 예상하고 있었다. (중략) 제재 조치는 매우 신중한 검토 끝에 이루어진 결정이었다"[4]라고 말했다.

그러나 내부적으로는 재무부 관료 상당수가 시장의 반응에 충격을 받은 상황이었다.

2018년 행정부에서 근무했던 여러 관료의 증언에 따르면 제재가 신중한 검토 끝에 결정된 것이라는 장관의 공식 발언은 사실과 달랐다. 자신들의 공식적인 평판을 보호하기 위해 익명을 조건으로 발언한 해당 관료들은 재무부가 충분한 실사를 수행하지 않았다고 밝혔다. 이를테면 세계 2위의 알루미늄 생산 기업을 미국 금융 시스템에서 추방하는 조치가 어떠한 파장을 일으킬지 철저히 분석하기 위해 민간 부문 경영진이나 우방국과 협의하는 일이 없었다. 그 여파는 제재 발표 즉시 명확히 드러났으며, 모스크바에 있는 목표 대상을 넘어서 곳곳으로 확산되었다.

루살에 대한 금융 제재 조치의 시행이 가까워지자 현금 유동성과 공장 운영이 압박을 받아 알루미늄 정제 공장이 폐쇄될 위기에 처했다. 아일랜드 리머릭 카운티에 있는 알루미늄 정제 공장 오기니시 알루미나Aughinish Alumina의 사례를 살펴보자. 해당 공장은 루살이 전 세계 자동차 기업과 기술 기업에 알루미늄을 공급하는 과정에서 필수적인 역할을 담당했다. 므누신의 제재 조치가 발표되자 노동자 450여 명으로 이루어진 오기니시 알루미나도 제재 대상이 되고 문을 닫아야 할 수도 있다는 예측이 나왔다. 그뿐 아니라 환경적인 악영향도 따랐다. 섭씨 1500도가 넘는 온도에서 작동되는 용광로를 중지하면 큰 비용이 들뿐더러 이산화황 등의 유독가스가 배출될 수 있으므로 대기와 현지 식수원이 오염되지 않도록 만전을 기해야 한다. 다시 말해 제재 조치로 인해 운영 자금이 끊기면 그 즉시 공장이 문을 닫을 수 있었고, 그에 따라 환경 재난이 초래될 가능성도 있었다.

결과적으로 아일랜드의 공장은 계속해서 운영되었으며, 유럽 각국의 정부 관계자들이 므누신에게 제재 프로그램을 변경해 달라고 로비 활동을 펼친 덕분에 현실적으로 최악의 결과는 피할 수 있었다. 실제로 제재 조치가 공식적으로 발동되기 전에 데리파스카가 자신이 보유하고 있던 과반수 지분을 대폭 축소함에 따라 루살은 제재를 완전히 비껴갈 수 있었다.

그렇다고 재무부가 의도적인 표적으로 삼았던 그가 압박감을 느끼지 않은 것은 아니다. 그 과정에서 데리파스카의 자산 가운데 60퍼센트가 증발했다. 그러나 그 올리가르히가 고통을 겪은 것과 동시에 미국 역시 혹독하고도 부끄러운 교훈을 얻었다. 어떤 면에서 그 같은 제재가 발표된 방식에는 미국의 오만함이 드러나 있었다. 과거의 행정부들은 민간 부문에 의뢰해 제재로 인해 예상되는 영향을 조사했고, 시장 혼란을 경감시키기 위해 신중하게 접근하는 식의 검증된 방법을 취했다. 또한 먼저 전 세계 우방국들의 동의를 구하는 등의 전략을 통해 제재의 효과를 극대화하고 혼란을 줄였다.

그러나 므누신이 데리파스카와 그가 소유한 회사들을 미국 금융 시스템에서 차단하려고 시도했을 때는 그 같은 절차가 일절 이루어지지 않았다. 오히려 해당 일화는 데리파스카처럼 전 세계 시장과 긴밀하게 연관된 이들은 설사 미국의 민주주의를 저해하려는 활동에 관여했을지라도 너무 거물이라 처벌하기 어렵다는 인식을 온 세상에 전달했다.

망신거리로 전락한 므누신의 보고서

—

재무부의 루살 제재는 의회에서 공화당과 민주당 양당이 지난 18개월에 걸쳐 러시아를 처벌하라고 압력을 가한 데서 비롯되었다. 의원들은 러시아가 2016년 대선에 개입했다는 사실이 밝혀지자 격분했다. 트럼프 본인은 의혹을 부인했지만 특별검사 뮬러가 그의 대선 진영이 푸틴 정부와 공모했는지 여부를 수사하기 시작한 2017년 봄부터 의회는 이미 큰 혼란에 빠져 있었다.

루살에 대한 제재 조치가 발표되기 전 몇 달 동안 트럼프 대선 캠프의 관계자 세 명과 고문 한 명이 수사받은 혐의에 대해 유죄를 인정하거나 기소되었다(그러나 특검 조사는 러시아의 대선 개입 활동이 트럼프와 연관이 있다는 사실을 확실하게 증명하지 못했다).

미국의 정보공동체Intelligence Community는 러시아가 미국의 민주주의 절차에 지속적인 위협을 가하고 있으며, 곧 있을 2018년 중간선거도 예외는 아니라는 충격적인 경고를 날렸다. 대통령 직속 기관인 미국 국가정보장실Director of National Intelligence의 댄 코츠Dan Coats 국가정보장은 러시아가 중간선거를 노리고 있다는 점에는 "의심할 여지가 없어 보인다"[5]고 말했다.

한편 미 의회는 그 문제를 직접 해결하기로 했다. 하원과 상원에서 다섯 명을 제외한 의원들이 미국 적국제재대응법(Countering America's Adversaries Through Sanctions Act, 이하 CAATSA)을 통과시킨 것이다. 해당 법은 러시아·이란·북한에 무거운 제재를 가할 수 있는 기준과 권한을 재무부에 제공했으며, 그중에는 특정 경제 부문을 지목해 제제 조치를 부과하는 권한이 포함되어 있었다. 그러나 과거의 제재 관련 법은 대통령에게 경제 제재 해제 권한을 부여했던 반면 CAATSA는 의회에 제재 절차에 대한 전권을 부여한다. 따라서 행정부가 CAATSA에 의해 승인된 제재 조치를 해제하려면 의회의 확실한 승인이 필요하다.

그렇게 해서 러시아에 무거운 제재를 내리기 위한 준비 작업이 하나둘씩 이루어졌다. 시가총액이 100억 달러에 육박한 루살은 불과 몇 달 후 재무부의 OFAC에 의해 미국 내 금융 거래가 차단된 최대 규모의 기업이 되었다. 의회는 CAATSA를 통해 푸틴의 측근에 속하는 러시아 정부 고위 관계자와 억만장자의 명단을 작성하는 한편 미국이 러시아 국채 매입을 부분적으로 차단할 경우 전 세계 금융시장에 미칠 영향을 평가하라고 므누신에게 지시했다. 재무부는 먼저 2018년 1월 29일에 제출 기한인 자정을 15분 앞두고, 언론의 표현에 따르면 "러시아 올리가르히 명단"이라는 보고서를 발표했다. 므누신은 그 기한을 미룰 수 없다는 사실을 잘 알고 있었다. 그다음 날 상원 은행위원회의 금융 안정성 청문회에서 증언하기로 되어 있었는데, 기한을 준수하지 못한 상태로 출석하면 의원들에게서 조롱 섞인 발언들이 쏟아질 것이 분명했다. 게다가 그가 어떻게든 피하고 싶은 여론 추락이 일어날 소지가 있었다. 미국의 러시아 노선을 둘러싼 긴장감은 양당을 통틀어 최고조에 이르렀다.

재무부는 명단을 발표할 때 그에 상응하는 제재 조치를 발표하지 않았고, 그에 따라 러시아의 부유한 엘리트들은 놀랍게도 안전한 상태로 남았다. 므누신은 의회에 제출한 별도의 기밀 문건에서 러시아의 국채 시장에 제재를 부과하는 조치는 전 세계 금융시장을 혼란에 빠뜨릴 수 있기 때문에 너무 위험하다는 행정부의 판단을 전했다. 그럼으로써 그는 시장에 과도한 변동성을 일으킬 수 있는 제재 조치를 부과하고 싶어 하지 않는다는 명확한 신호를 전달했다. 그처럼 신중한 태도 때문에 훗날 그가 루살에 대해 무모한 제재를 부과했을 때의 어리석음이 한층 더 부각된다. 그 어떠한 제재 조치도 수반하지 않은 채로 발표한 관련 보고서들은 당시에 너무 미약하다는 평가를 받았다.

어느 러시아 문제 전문가는 므누신의 보고서가 미국이 "제재에 진심이 아니"라는 점을 보여주는 "망신거리"[6]라고 평가했다.

그와 같은 시각은 의도와는 달리 보고서 그 자체에 의해 확산되었다. 알고 보니 재무부가 의회에 제출한 러시아 올리가르히 명단 중에서 대중에게 공개되지 않은 부분이 《포브스》 잡지가 공개한 러시아의 부자 순위와 일치했으며, 심지어 철자 오류까지 같았던 것이다. 트럼프 행정부는 처벌이 머지않았다는 신호를 보내기는커녕 의회의 제재 요구를 진지하게 받아들일 의사가 없다는 입장을 드러낸 것처럼 보였다. 러시아 기업, 채권, 루블화에 투자한 전 세계 투자자들은 안도의 한숨을 내쉬었다. 당시 어느 트레이더는 "시장은 제재 조치가 미국과 유럽의 투자자들에게 불리한 것으로 판명되면 시행되지 않을 것이라는 결론을 내렸다"고 분석했으며 이를 시장 "호재"라고 판단했다. 푸틴은 자신이 친구들과 달리 올리가르히 명단에 포함되지 않은 사실을 두고 "모욕적"이라는 농담을 했다. 그 순간에는 러시아 제재가 시장에 초래할 혼란을 감수할 정도의 가치는 아니라는 점을 재무부가 암묵적으로 인정하는 듯이 보였다.

재무부가 러시아 올리가르히 명단을 발표한 다음 날 아침, 의원들은 더크슨 상원의원 회관 5층의 목재 패널로 둘러싸인 청문회실에 모여 형광등 불빛 아래에 앉아 므누신을 맹비난했다. "미 의회와 미국 국민은 러시아와의 관계, 푸틴과의 친분 때문에 대통령을 신뢰하지 않습니다." 민주당 소속 오하이오 상원의원이며 부스스한 머리와 걸걸한 목소리가 특징인 셰러드 브라운Sherrod Brown이 므누신에게 말했다. 공화당 소속 루이지애나 상원의원이며 남부 사투리로 원색적인 비난을 쏟아내는 것이 취미인 존 케네디John Kennedy는 러시아를 이끄는 "폭력배"가 왜 아직도 응징을 당하지 않은 건지 그 이유를 물었다. 약 90분간의 청문회 동안 압박을 느낀 므누신은 상원의원들에게 재무부 팀이 러시아 자금에 대한 금융 제재를 위해 "활발히 작업 중"이라고 장담하며 "이번 보고서를 통해 제재가 이루어질 것"[7]이라고 주장했다.

재무부와 백악관의 고위 관료 몇 명은 므누신이 청문회에서 한 발언에 충격을 받았다. 트럼프 행정부의 정책 결정 과정이 혼란스럽긴 했지만, 그렇다 해도 그들은 가까운 시일 내에 제재 조치가 계획되어 있다면 반드시 그 계획에 투입될 만한 이들이었다. 그런데 그들은 러시아 엘리트들에게 제재를 부과하려는 진지한 시도가 있었다는 소리를 들은 적이 없었다. 제재 조치를 단행하기 위해서는 정보기관, 국무부, 재무부, 백악관 국가안전보장회의 등 기관 간의 신중한 조율 절차[8]가 필요했다. 그러나 므누신은 의회의 눈초리를 견디다 못해 독단적으로 제재를 결정한 것으로 보였다.

해당 결정은 재무부 장관에게 치명적으로 작용했다. 그가 결정한 제재 조치는 시장에 혼란을 초래했고, 대다수의 눈에 그러한 시장 혼란은 신성한 재무부 권한을 위협하는 것이었다. 므누신은 2년 전 바로 직전의 전임자 루가 경고한 바와 같이 공격적인 방식으로 달러를 무기화했다. 루는 2016년 경제 제재를 주제로 한 기념비적인 연설에서 "제재를 가볍게 사용해서는 안 된다"면서 "제재는 (중략) 세계경제에 불안정을 초래할 수 있다"[9]고 말했다.

그러나 루가 가장 두려워했던 일은 루살 사건이 아니라 그보다 나중에 일어난 사건을 통해 실현되었다.

흔들리는 달러 제국

최초의 제재 조치를 시행한 (1812년에 일어난 영국과의 전쟁 직전) 이후 불과 한 세기가 조금 넘는 세월 동안 재무부는 외톨이나 다름없는 기관에서 출발해 이제 재무부 장관이 미국의 금융 시스템에서 어떠한 적대 세력을 무슨 방법으로 추방할지 고민하는 데 업무 시간의 절반을 할애하는 곳이 되기에 이르렀다.

므누신은 공식 근무를 시작한 첫날 백악관 브리핑룸이라는 무대에서 텔레비전 생중계를 통해 마약 밀매 의혹이 있는 타렉 엘 아이사미 베네수엘라 부통령에게 제재를 내릴 것이라고 발표했다. 그러나 그날의 진짜 메시지는 미국이 점점 더 많은 사안에 대해 경제 외교가 아니라 경제적 공격을 선호하는 방향으로 전환하고 있다는 것이었다. 이는 트럼프 행정부가 향후 4년 동안 제재의 속도를 두 배로 올릴 것이라는 예고였다. 대통령은 자신이 완전히 장악하게 된 무기를 이용하려는 참이었다. 트럼프는 그 무기를 "미국을 다시 위대하게 만든다"는 목표 달성의 수단으로 전환했으며, 수입 관세, 수출 통제, 조작 혐의, 달러 가치 개입 위험, 그리고 제재 조치까지 그 무기가 제공하는 온갖 종류의 경제적 공격을 활용했다.

트럼프 치하에서 미국이 연간 부과한 제재 조치는 대략 1000건[10]에 달했는데, 이는 이미 전에 없이 빠른 속도로 제재를 가했던 오바마 행정부에 비해서도 두 배나 많은 건수였다. 2001년에서 2020년 사이 미국 금융 시스템에서 (더 나아가 대부분의 선진국 금융 시스템에서) 차단된 개인과 조직의 숫자[11]는 900퍼센트 넘게 증가했다.

OFAC의 그 신성한 SDN에는 트럼프 행정부에 이르러 네 개 국가(북한·시리아·베네수엘라·짐바브웨)의 우두머리가 새롭게 포함되었다. 므누신의 언론 성명서에는 6개국에서의 "악의적인 행위"라는 혐의가 한층 더 무자비한 용어로 지적되었다. 그는 2019년 1월에 낸 보도자료를 통해 베네수엘라 정부의 내부 관계자들이 "국민에게서 도둑질"하기 위해 "지독한 관행"에 의존해 "부패한 시스템"[12]을 만들었다고 주장했으며 24명이 넘는 표적에 제재를 가했다.

원색적인 언어로 비난을 전달했음에도 므누신은 경제 제재가 "영구적일 필요는 없다"면서 제재에 "행동을 변화시키기 위한 의도"가 있다고 주장했다. 그러나 제재가 미국에 잘못을 저지른 개인, 기업, 정부를 단순히 처벌하기보다는 행위를 억제하거나 교정하기 위한 것이라는 개념은 점점 더 설득력을 잃어갔다. 은행들이 스스로 "세계에서 가장 영향력 있는 국가가 지독하고 부패한 도둑들이라고 지정한 사람들과 거래를 해야 할 이유가 있을까?"라는 답이 빤한 질문을 던진 까닭은 재무부 제재를 위반할 때 발생할 수백만 달러의 벌금과 평판 추락을 두려워했기 때문이다.

2016년으로 돌아가서 오바마 시대의 재무부 장관 루는 경제 제재의 남용에 대해 앞날을 훤히 내다본 듯한 경고[13]를 했다. 그는 미국이 제재를 신중하게 사용하지 않았을 때 다른 나라들이 달러를 회피할 방법을 모색하더라도 "놀라서는 안 된다"고 말했다. 불과 2년 후 그의 예언은 현실이 되었다. 재무부가 우방국들의 동의를 구하지 않은 채로 이란에 새로운 제재를 연속적으로 가하자 유럽의 긴밀한 우방국들조차 달러를 우회할 계획을 마련하기 시작했다.

그 모든 일은 트럼프 대통령이 오바마 행정부가 세계 강국들과 함께 이란의 핵 활동을 제한하기 위해 서명한 JCPOA를 "역사상 최악의 협정"이라고 선언하면서부터 시작되었다.

2018년 트럼프 행정부는 이란이 모두를 기만하고 지속적으로 핵 역량을 키우고 있다는 주장을 하며 JCPOA에서 탈퇴했다. 므누신은 이란에 무시무시할 정도로 많은 경제 제재를 새로 부과했다. 정부 관계자 800명, 이란의 은행, 선박, 항공기가 블랙리스트에 오르면서 이란의 석유 부문이 치명적인 타격을 입었다.

미국의 이란 핵 협정 탈퇴는 중국·프랑스·러시아·독일·영국 그리고 EU를 당황하게 만들었다. 이들 모두가 JCPOA에 서명했으며 해당 국가의 기업들은 이란의 석유 경제가 세계 무역에 재진입할 수 있도록 돕기 위한 미래 프로젝트에 이미 수십억 달러를 투자한 상태였다. 보잉과 에어버스만 해도 이란에서의 항공기 매출을 400억 달러로 계획하고 있었다. 그런데 미국이 협정을 저버리면서 이들 기업은 미국 시장과 이란 시장 가운데 하나를 선택해야 하는 상황에 놓였다.

재무부는 제재가 발효되기 전에 기업들이 이란과의 거래를 정리할 수 있도록 최대 6개월의 유예 기간을 주었다. 기업들은 그 즉시 이란의 석유 및 에너지 부문에서 새로운 거래를 체결하는 것이 금지되었다. 일련의 일시적 면제 이후 트럼프 행정부는 이란산 석유를 계속해서 구매하는 국가는 무조건 제재를 받을 것이라고 발표했다.

그다음에는 전 재무부 장관 루의 두려움이 현실로 나타나는 일이 발생했다. 전 세계적 합의를 얻지 못한 미국의 무자비한 제재 때문에 해외 각국 정부들이 "전능한 달러"가 과연 필요한 것인지 다시 생각하는 순간이 마침내 다가온 것이다. 2019년 결렬될 위기에 처한 핵협정을 되살리기 위한 시도에서 유럽 3대 강국은 유럽 기업들이 달러를 우회하고도 이란과 거래할 수 있는 방안을 마련했다. 영국·프랑스·독일은 특수 목적 법인special purpose vehicle, SPV의 출범을 발표했다. 계획이 성공하면 루가 우려했던 대로 미국의 경제 제재가 지닌 영향력이 약화되고 글로벌 지배력이 서서히 감소하기 시작할 것이 거의 확실했다. 게다가 이러한 국면 전개가 미국의 가장 가깝고도 오래된 우방국들에서 비롯되었다는 점이 더 충격적이었다.

어느 독일 정부 관계자는 "다른 나라들이 우리와 의견이 다르더라도 우리가 EU 내에서 단합해 단호히 독자적인 길을 갈 수 있다는 사실을 명확히 보여주는 조치"[14]라고 말했다.

3개국이 제안한 무역 경로는 이란과 유럽 기업 간의 직접적인 자금 거래를 수반하지 않았기 때문에 기업들이 미국의 제재를 피할 수 있었다. 따라서 이를 통해 달러가 더 이상 무역 거래의 필수 요소가 아니라는 점이 입증될 가능성이 있었다. 유럽 3개국의 도전과제는 미국의 제재를 받지 않아도 된다고 은행들을 확실히 안심시키는 것이었다. 미국 금융시장에서 추방되는 것은 어느 기업에나 치명타가 된다.

재무부는 유럽이 달러에 대항해 일으킨 반란을 저지하기 위해 기회가 있을 때마다 강력한 경고를 전달했다. 재무부의 TFI 차관 시걸 맨델커Sigal Mandelker는 파리·베를린·로마·런던을 방문해 그곳 정부의 재무 관료며 민간 부문 인사 들에게 재무부가 이란 정권의 수입원을 차단하는 일에 "정밀하게 집중"[15]하고 있다고 전했다. 미국 행정부는 새로운 무역 경로가 이란과의 거래에 사용될 경우 금융 제재를 가할 준비가 되어 있었다.

결국 달러를 우회하려는 시도는 효과가 없다는 것이 증명되었다. 유럽 국가들은 달러 거래를 피하는 방식으로 미국의 이란 제재를 우회하려는 시도를 철회했다.

미국은 달러의 지배력을 수호하는 싸움에서 승리했다. 적어도 당분간은 말이다. 미국이 공공 부문과 민간 부문을 두루 장악하고 있었던 덕분이다. 유럽의 주요 석유 회사 몇 곳은 미국의 제재를 위반하지 않으려고 이란 원유 구매를 중단하기로 결정했으며, 유럽 정부 중에서 달러 약세를 목적으로 하는 자금 경로의 주된 소유자 역할을 떠맡을 정도로 간이 큰 곳도 없었다.

그러나 가까운 우방들이 달러 우회를 시도한 것 자체가 70년 전 브레턴우즈 회의에서 달러가 왕으로 등극한 이후 처음으로 미국의 귀중한 경제적 영향력이 위기에 처했음을 보여주는 심란한 신호였다.¹⁶ 므누신은 그 같은 상황을 우려하기 시작했다. 그는 다른 나라들의 금융 시스템 접근을 차단하는 것이 달러의 지배력을 약화시킬 뿐 아니라 러시아와 중국 같은 나라들의 유로화 거래를 부추기거나 이들이 달러 우회를 돕는 자금 경로로 전환하도록 유도할 가능성이 크다고 생각했다.¹⁷

므누신의 불안감은 여러 가지 측면에서 타당했다. 제재는 미국 대통령들에게 매우 유용한 수단이다. 제재 덕분에 피가 난무하는 전쟁 없이도 적대 세력과 맞설 수 있기 때문이다. 그러나 이제 제재를 피하려는 곳은 이란과의 거래를 유지하려는 유럽 강대국들만이 아니었다. 트럼프가 베네수엘라의 사회주의 정권을 타도하려는 의도에서 부과한 제재 조치로 말미암아 베네수엘라 경제는 큰 타격을 받았다. 급기야 베네수엘라 정부도 달러의 대안을 찾기 시작했다. 베네수엘라 정부는 몇 가지 방안을 모색한 끝에 기발한 해결책을 찾아냈고, 신종 암호화폐 '페트로Petro'를 만들겠다고 발표했다. 베네수엘라의 석유 매장량을 기반으로 하는 페트로는 베네수엘라가 중국과 러시아 구매자들에게 원유 수출을 지속할 수 있는 수단이 되었다.

들리는 이야기에 따르면 므누신은 페트로의 발표에 좌절했고, 그에 따라 트럼프가 달러의 완전무결한 지위를 유지하기 위해 벌인 글로벌 경제전쟁에서 가장 선호하는 무기로 삼은 경제 제재를 억제하는 방향으로 전환했다. 트럼프 시대에 백악관, 국무부, 재무부에 재직했던 이들은 므누신이 2019년을 기점으로 트럼프에게 경제 제재에 대해 좀 더 신중한 접근법을 취해야 한다고 조언하는 광경을 현장에서 목격했다고¹⁸ 말한다. 재무부 장관은 대통령을 마주할 때마다 베네수엘라·러시아·중국 등 다수의 나라에 대한 혹독한 경제 제재 시도를 막아냈다. 므누신은 훗날 자신의 임기 동안 재무부가 "그 어떤 다른 행정부보다도 더 많은 불량 정권, 인권 침해 당사자, 테러 집단, 악의적인 행위자를 겨냥했다. 그리고 우리는 국무부와의 지속적이고 긴밀한 협력 그를 통해 제재를 수행했다"라고 말했다.[19]

민주주의와 시장의 안정성
—

므누신은 미국 역사상 가장 혼란스러운 시기에 재무부 장관을 지내면서 4년을 버텼다. 어느 정도인가 하면 한 고위 내각 관료가 아프리카에서 군용 비행기를 타고 가다가 화장실에서 설사를 하던 중에 자신의 해고 사실을 알게 되는 시간들이었다. 그러나 므누신은 재임기 동안 트럼프가 가한 공격에서 달러를 간신히 보호해 낼 수 있었다. 그는 달러 약세를 촉구하는 그 모든 발언과 재무부의 시장 개입 여부에 쏟아진 관심에도 굴하지 않고 달러 약세와 시장 개입 같은 상황이 일어나지 않도록 애썼다.

4년간의 임기는 시련의 연속이었다. 므누신은 트럼프의 미국 우선주의 정책 노선을 꿋꿋이 지키다가 G20 회의에서 외톨이가 되어 다른 19개국에게서 집단 공격을 받기 일쑤였으나 트럼프의 미국 우선주의 정책 노선을 꿋꿋이 유지했다. 트럼프의 최측근과 외부의 열혈 지지자들은 므누신이 은밀한 진보주의자이며 자유무역을 지지한다고 비난했다. 민주당은 그가 트럼프에게 충성한다며 경멸했다. 설상가상으로 므누신은 공직자의 역할을 제대로 이해하지 못해 언론의 질타를 받기도 했다. 예를 들어 그는 유럽의 신혼여행지까지 시간당 2만 5000달러나 드는 군용기를 이용해도 되냐고 문의하기도 했다(결과적으로 그는 신혼여행에 군용기를 이용하지 않았다). 게다가 한번은 아내를 동반해 자신의 서명이 들어간 첫 번째 달러를 확인하러 갔다. 재미있게도 그의 아내 린턴이 긴 가죽 장갑을 착용한 채로 아직 재단되지 않은 달러 지폐 전지 sheet를 들고 있는 사진은 007시리즈 영화의 악당에 비유되며 트위터를 뒤흔들었다.

그러나 므누신의 업무와 그 외에도 트럼프의 괴짜 경제 고문들이 하는 일을 가까이서 지켜본 사람들에게 물어보면, 정치적 성향과 상관없이 므누신에 대한 칭찬을 들을 수 있다. 2020년 봄과 여름에 걸쳐 므누신과의 긴밀한 공조를 통해 코로나바이러스 감염증-19의 대유행으로 파탄 위기에 내몰린 경제를 구하기 위해 노력한 민주당 소속 버지니아 상원의원 마크 워너 Mark Warner는 "므누신의 공이 크다. 므누신은 진짜 열심히 일했다"[20]라고 말했다. 변덕스럽고 예측 불가능한 상사 밑에서 일하는 것은 어려웠고, 어떤 이들은 므누신이 트럼프의 잘못된 결정을 막기 위해 최선을 다했다고 말한다. 므누신이 재무부 장관 자리가 공석으로 남아 있는 것을 피하기 위해 임기를 채웠다는 사실에 감사하는 이들도 있다. 공석이 되었다가는 트럼프의 요구에 따라 기꺼이 달러 가치를 떨어뜨리고 연준에 대한 통제력을 행사하려고 하는 보호주의자가 그 자리를 채우는 더 나쁜 상황이 발생할 수도 있었기 때문이다.

그러나 므누신이 임기 마지막 순간에 처한 상황은 그가 어떤 역할을 수행했는지와 권력 교체기에 트럼프 행정부가 미국을 어떤 상태로 만들어놓았는지를 가장 적나라하게 보여준다.

2021년 1월 6일 수단에서의 짧은 비행을 마치고 이스라엘 텔아비브에 도착한 므누신은 자신의 휴대전화에 "폭도들이 국회의사당을 습격하다"와 "미 국회의사당 습격 중 여성이 총에 맞아 사망하다" 같은 헤드라인이 뜬 것을 보고 눈을 의심했다. 그는 트럼프 깃발을 들고 창문을 깨는 미국인들과 마이크 펜스 부통령을 겨냥한 것으로 추정되는 교수대 사진 등을 보았다. 그러다 트럼프가 웨스트윙 식당에서 벌어지는 혼란의 광경을 구경하고 있으며, 지지자들을 진정시키라는 요구를 거부하고 있다는 보도가 눈에 띄었다. 전 세계가 지켜보는 가운데 미국이 담당해 온 민주주의의 수호자 역할이 허물어지고 있을 때, 므누신은 이스라엘 총리와의 회의와 공동 기자회견을 앞두고 있었다. 미국인 대다수가 잠들어 있었던 1월 7일 새벽 므누신은 베냐민 네타냐후 총리 옆에 서서 세심하게 선택한 표현으로 발언을 전했다.

므누신은 "지난밤 워싱턴 국회의사당에서 발생한 폭력 사태는 결코 용납될 수 없습니다"라고 말문을 열었다. "우리 미국의 민주주의 제도는 매우 오랫동안 강력하게 유지되어 왔으며 미국의 민주주의는 승리할 것입니다. (중략) 지금은 우리나라가 하나로 뭉쳐 미국의 민주적인 절차를 존중해야 할 때입니다." 이것이 므누신이 재무부 장관으로서 한 최후의 발언이었다.

므누신은 해외 순방을 중단했다. 다른 정부 고위 관계자들도 외국의 적대 세력이 미국 최대의 정치적 위기를 악용할 여지가 있는 상황에서 트럼프와 백악관이 그 위협에 대처하기에는 너무도 큰 압박을 받고 있다고 우려해 계획된 해외 방문을 급작스럽게 취소했다. 전 세계가 혼란에 빠진 미국을 지켜보는 가운데 므누신은 대통령의 개인적인 신뢰와 (내각 관료로서의) 헌법적 권한을 지닌 두 사람 가운데 하나였다(다른 한 명은 마이클 폼페이오 국무부 장관이었다).

므누신의 임무는 두 가지였다. 첫 번째는 재무부 장관으로서 시장에 대한 신뢰를 보호하는 임무다. 시장에 대한 신뢰는 미국 법치주의에 뿌리를 둔 개념이다. 미국 재무부는 경제 성장을 촉진하고 시장 안정성을 보호함으로써 미국이 민주주의의 강점을 지키는 데 있어 점점 더 중요한 역할을 담당해 왔다. 세계에서 가장 강력한 재무부 장관으로서 달러를 책임지고 있는 므누신은 미국 경제나 미국 민주주의의 불안정성이 달러의 지배적 위치에 위협을 가할 수 있으므로 시장 안정성을 지키는 일에 최선을 다할 수밖에 없었다. 두 번째 임무는 첫 번째 임무에서 비롯되었다. 므누신은 (트럼프 행정부가 막을 내리기 며칠 전에 항의의 뜻으로 사임한) 내각의 다른 관료들과 마찬가지로 취임할 때 "외국과 국내의 모든 적에게서 미국 헌법을 지지하고 방어"할 것을 맹세했다. 여기에서 그의 두 번째 임무를 알 수 있다. 바로 내부의 위협을 막는 것이었다.

국민, 의회, 각계 지도자 들이 폭동과 그에 대한 트럼프의 반응, 그리고 폭동 직후에 그가 보인 행동을 감내하고 있었던 때 헌법의 한 구절이 모든 이의 뇌리에 떠올랐다. 대통령을 직위에서 끌어내릴 수 있는 수정헌법 제25조였다. 므누신과 폼페이오는 수정헌법 제25조를 이용해 트럼프를 파면하는 방안을 잠시 논의했지만 결국은 그러지 않기로 했다.

므누신은 "우리 둘 다 정상적인 권력 이양이 가장 좋은 결과라고 믿었으며, 실제로도 그렇게 진행되고 있었기 때문에 본격적으로 수정헌법 제25조를 고려한 적은 없었다"[21]라고 말했다. 그러면서도 "호기심 때문에" 대통령을 권좌에서 내쫓을 수 있는지 구글에서 검색해 본 적이 있다는 점은 시인했다.

트럼프 시대는 미국을 미지의 영역으로 이끌었고, 민주주의의 안전장치를 시험에 들게 했다. 2021년까지 나라는 민주 선거를 뒤엎으려는 음모를 꾸미고 독재자들을 칭찬하는가 하면 지난 세대의 경제적 추정을 무산시킨 대통령을 경험했다. 트럼프가 백악관을 떠난 후 두 달이 지났을 때 과거에 달러 관리자 역할을 맡았던 사람 하나가 모습을 드러내어 의회에 미국의 민주주의를 보호하기 위한 긴급 조치를 취할 것을 촉구했다. 그는 그렇게 해야 하는 경제적 근거를 제시했다.

루빈은 《워싱턴 포스트》에 기고한 글에서 "우리 미국이 경제적으로 성공하기 위해서는 우리의 시장 기반 시스템이 강력하고 효율적인 정부와 함께 작동해야 한다"[22]라는 문장으로 시작했다. 기고문은 다음과 같이 이어졌다. "강력하고 효율적인 정부는 결국 제대로 작동하는 민주적 절차를 필요로 한다." (재무부 장관 시절 미국의 힘과 영향력을 불어넣은 달러 강세 원칙을 창시한) 루빈은 의회에 투표의 진실성을 보호하고 선거 자금 조달을 개혁하기 위한 두 가지 법안을 통과시켜

달라고 요청했다. 그의 목표는 미국의 "경제적 미래"를 확보하는 것이었다.

민주당원이 공화당 대통령을 공개적으로 비판하는 것은 어려운 일이 아니다. 그러나 루빈은 미국의 기본 원칙인 민주주의와 시민과 전 세계가 의존하는 미국의 시장경제를 모두 보호해야 하는 이유를 전달했다. 루빈은 선거 절차의 훼손이 어째서 달러에 악영향을 끼치며 시급하게 바로잡아야 하는지를 열한 단어로 요약했다.

"민주주의에 대한 신뢰와 시장에 대한 신뢰는 함께 간다."

제16장
비공개 만찬과 경제적 전격전
THE SECRET DINNER,
AND AN ECONOMIC BLITZKRIEG

어느 흐린 가을 저녁 검은색 쉐보레 서버번 차량이 워싱턴D.C. 16번 가에 있는 오래된 석조 저택 앞에 섰다. 남쪽으로 한 블록만 가면 백악관의 상징적인 흰 기둥들이 보인다. 어두운 정장을 입고 코일 튜브 형태의 이어폰을 목에 늘어뜨린 남자가 운전석에서 내려 뒷문을 열고 그 앞에 작은 발판을 놓았다. 160센티미터 정도의 키에 짧은 흰 머리를 한 여성이 자주색 재킷의 옷깃을 세운 모습으로 차에서 내려 재빨리 유서 깊은 헤이-애덤스 호텔로 들어갔고, USSS 요원이 그 뒤를 따랐다.

136년 된 그 건물은 본래 미국 건국의 아버지 가운데 한 사람의 후손이 살던 집으로 현재는 워싱턴 최고급 호텔로 자리 잡았고, 마크 트웨인 같은 대문호부터 헨리 키신저 등의 정치 거물들까지 다양한 인사들을 맞이했다. 2021년 10월 20일 밤, 그곳에서는 노신사들이 한데 모여 역사상 최초로 여성 재무부 장관이 된 인사를 환영하는 장면이 펼쳐졌다.

재닛 옐런은 수많은 유리천장을 깨뜨렸다. 노벨경제학상 수상자인 남편 조지 애컬로프George Arthur Akerlof의 "뒤를 따르는 배우자"였다가 오바마 시대에 여성으로서는 최초로 연준 의장을 지냈으며, 그 후로는 은퇴 생활을 즐기고 있었다.

그러나 팬데믹으로 말미암아 경기 침체에 직면하자 바이든 대통령 당선인은 옐런을 다시 공직으로 불러들였고, 이에 그는 첫 여성 재무부 장관이 되어 또 다른 유리천장을 깨뜨리게 되었다. 브루클린 태생인 옐런은 세계금융위기 이후 경제를 되살려낸 교과서적 성과를 거둔 것 말고도, 말수는 적지만 발언만 하면 청중의 이목을 끄는 부드러운 말투로 잘 알려져 있었다. 학계에서는 "작은 체구에 높은 지능을 갖춘 여성"이라 불렀다. 그가 (2018년 트럼프의 재지명을 받지 못해) 연준 의장직에서 물러나자 재닛 팬걸스(Janet Fangirls, 재닛의 여성 팬들 — 옮긴이)로 자처하는 사람들이 이에 항의하기 위해 옐런의 헝클어진 단발머리와 비슷한 가발을 쓴 채로 격정적인 시위에 나섰다. 그가 연준에서 보낸 마지막 날에는 트위터에 "#PopYourCollar(옷깃을 세워라)"라는 해시태그가 실시간 트렌드에 올랐고, 경제학자와 중앙은행 총재 수백 명이 옐런의 특징적인 스타일을 기리기 위해 셔츠 깃을 세운 사진을 올렸다.

재무부 장관과 연준 의장의 조용한 모임

—

옐런은 취임한 지 대략 10개월에 접어들었을 때 헤이-애덤스 호텔 현관에 들어서서 1층 식당 뒤편에 있는 별실로 걸어가면서 공화당 지도부와의 회의를 비롯해 회의의 연속이었던 하루를 떨쳐내고 있었다.[1] 그날 저녁 환영 만찬은 재무부의 유서 깊은 행사였다. 전직 재무부 장관들과 연준 의장들이 모여 자신들의 신성한 클럽에 합류한 신임 재무부 장관을 환영하는 전통은 1953년 트루먼 행정부의 재무부 장관이었던 존 스나이더 John Snyder에 의해 시작되었으며, 그 후로 세계에서 가장 영향력이 큰 경제정책 입안자들의 비공식 모임에 새로운 회원을 맞이하는 행사로 자리 잡았다. (직원이나 보좌관조차 초대되지 않는) 이 비공개 만찬에는 전직 재무부 장관들 이외에도 전·현직 연준 의장들이 참석한다.

과거와 현재의 재무부 장관들로 구성된 비공식 친목 모임은 어떤 면에서 이 모든 저명한 인물이 한때 이끌었던 기관의 초당적 명성을 기리는 행사다. 결국 그 모임은 정치 이념이 아닌 돈의 흐름을 따른다. 각 장관은 헌법을 보호하겠다는 서약을 한 후 전임자들이 새로운 회원을 환영하기 위해 개최하는 비공식 만찬에 참석한다. 그러나 그 엘리트 클럽의 회원들은 환영 만찬에 관해 이야기하기를 꺼리는데, 그 같은 태도는 그들의 정치적 노련함을 보여준다. 자신들의 모든 발언과 찡그린 표정이 세계경제에 영향을 미치는 직책을 떠맡은 이들이 그 자리에서 살아남으려면 꼭 필요한 덕목이다.

부시 행정부 시절 재무부 장관을 지낸 스노는 "우리 재무부 관료들 사이에는 공통된 유대감이 있다. 그 까닭은 우리가 모두 같은 종류의 문제를 다룬 적이 있기 때문이다"[2]라며, "민주당이든 공화당이든, 보수든 진보든 재무부와 연을 맺은 사람들은 경제와 달러의 우월한 위치, 미국 국채 시장, 그리고 미국 경제를 성공적으로 유지하지 못할 위험성이 우리 미국의 세계적 위상에 얼마만큼 중요한지에 대한 공통된 이해로 연결되어 있다"라고 말했다.

이 그룹에 속한 사람들은 모임의 신성함을 유지하려고 하며, 만찬이 어떻게 진행되는지 남들에게 터놓기를 꺼린다. 폴슨은 만찬이 "정말 재미있다. 우리는 전쟁 이야기를 하고 서로에게 평범한 조언을 해준다. 매우 친근한 분위기다"[3]라고 말할 뿐이었다. 그는 2006년 처음 가입한 이후 모든 만찬에 참석했으며, 2017년 5월에는 므누신을 환영하기 위해 백악관에서 한 블록 떨어져 있는 H스트리트의 고급스러운 회원 전용 공간 메트로폴리탄 클럽에서 파티를 주최했다. 어느 참석자는 근엄하고 경건한 분위기의 행사라면서 연한 양갈비구이와 함께 레드와인이 제공되었다고 전했다. 참석자 가운데 몇몇은 뉴욕과 시카고에서 날아왔다. 만찬이 끝날 무렵 아이폰으로 신속하게 촬영한 사진에는 여섯 명의 재무부 장관이 나란히 서 있는 모습이 담겨 있다. (세상을 떠나기 전에 마지막으로 참석한) 오닐이 카터 행정부 출신인 마이클 블루먼솔Michael Blumenthal 옆에 서 있고, 그 옆에는 가이트너, 루, 므누신, 폴슨이 서 있다. 연준을 대표하는 그린스펀과 옐런이 그 앞에서 예의 바른 미소를 띤 채로 있고, 그 옆에는 직설적이고 자기주장이 강한 서머스가 다소 어색한 미소를 지은 모습으로, 루빈은 고개를 옆으로 돌려 그곳에 모인 사람들 모두를 쳐다보고 있다.

최근 몇 년 동안에는 만찬이 소박한 형태로 진행되었지만, 과거에는 좀 더 공들여 진행한 적도 있었다. 예를 들어 닉슨 시대의 슐츠는 그곳에 모인 이들에게 기념품으로 달러 지폐 모양의 초콜릿 바를 나눠 주었다. 초콜릿과 달러 이미지는 만찬 때마다 되풀이되는 모티프[4]였다. 2001년 오닐이 취임한 이후에는 각 참석자에게 초콜릿 케이크가 제공되었는데, 그 위에는 신임 재무부 장관의 서명이 새겨진 1달러 지폐 모형이 올라가 있었다.

이들 그룹은 주로 월가나 산업계 출신의 독특한 정치인들로 구성되어 있으며 대다수가 당에 대한 충성심이 없다는 의혹을 받기도 했다. 므누신은 트럼프 행정부에서 민주당원이라는 비난을 받았고, 가이트너는 공화당원이었다가 클린턴 행정부에 합류하기 위해 당적을 바꾸었다. 폴슨의 경우 부시 행정부의 동료들에게서 공화당에 대한 충성심을 의심받았다.

이처럼 이들의 충성심에 의혹의 눈초리가 쏟아지는 까닭은 본래 재무부가 딱히 한쪽 정당에 치우친 기관이 아니기 때문이다. 재무부는 경제와 달러를 우선시한다.

비공개 만찬 참석자 가운데 선동가 기질이 있는 인물은 클린턴 시절 재무부 장관을 지낸 후 오바마의 경제 고문을 역임한 서머스뿐일 것이다. 므누신의 재임기 동안 서머스는 후임자를 공개적으로 비판하지 않는다는 암묵적인 신사협정을 깨뜨렸다. 이를테면 그는 트윗,

블로그 게시물, 기고문을 통해 므누신을 "무책임"한 "아첨꾼"[5]이라고 칭했다.

사실 서머스는 옐런에게 아주 공개적으로 조언을 건넨 유일한 인물로서, 옐런이 재무부에 발을 들여놓기 전에도 달러 강세 정책을 부활시켜야 한다고 조언했다. 서머스는 미국의 통화정책을 예측 가능한 상태로 되돌리고 다시 한번 달러를 이용해 미국의 힘을 만방에 보여주려면 재무부가 "강한 달러가 미국의 국익에 부합한다"는 루빈의 오래전 슬로건을 되살릴 필요가 있다고 보았다. 그러나 옐런은 스물여섯 살이 된 달러 강세 정책을 부활시킨다는 생각을 단번에 물리쳤다. 인준 청문회에서 "미국은 경쟁 우위를 얻으려고 통화 가치 약세를 추구하지는 않는다"[6]라고 말한 것이다. 달러 정책에 대한 그의 발언에 시장은 이렇다 할 반응을 보이지 않았다. 이것은 재무부의 통화체제가 강력한 달러에 크게 의존하지 않는 시대로 접어들었음을 보여준다.

그 원인은 두 가지였다. 첫째, 옐런이 마지막으로 행정부에서 근무한 이후 외환시장은 다섯 배 성장했다.[7] 그에 비해 과거 재무부가 통화량 조절에 사용했던 1420억 달러 규모의 외환안정기금은 새 발의 피였다. 둘째, 이제 통화정책이 재무부 장관의 그 어떠한 발언보다 달러의 일일 가치를 더 확실하게 좌우하는 힘이 되었다. 정부의 개입(실질적 개입과 구두 개입 모두)이 배제된 상황에서 외환시장에 가장 큰 영향을 끼치는 요소는 연준의 금리 그 자체와 다른 나라의 기준 금리 대비 연준의 금리였다.

외환안정기금, 외환딜러, 그리고 재무부 장관의 달러 관련 발언을 쫓아다니는 금융 전문 기자들을 둘러싼 그 모든 이야기는 헤이-애덤스 호텔의 별실에서 열린 옐런의 취임 축하 모임에 참석한 사람 모두가 각자의 임기에 자기만의 방식으로 대응했던 일들이다. 그들은 모두 달러를 보호하기 위해 각자의 방식으로 싸워나갔다. 루빈은 정치적인 간섭에서 달러를 보호하는 정책을 만들었고, 폴슨과 가이트너는 세계금융위기가 가하는 압박을 달러가 견뎌내도록 했으며, 므누신은 백악관 내부의 위협을 막아냈다. 게다가 이들 모두는 달러가 미국의 가장 중요한 무기로 진화하는 과정에서 일정한 역할을 담당했다. 그러나 옐런은 몇 달 만에 자신의 전임자들이 상상조차 하지 못한 방식으로 그 강력하고도 거대한 힘을 휘두르게 될 터였다. 실제로 그 일은 연쇄 반응을 일으켰고 그 과정에서 미국의 우방과 적들은 달러라는 세계 중심 통화에 따라 뒷받침되는 미국의 경제적 지배력에 그만한 가치가 있는지 의문을 품기 시작했다.

러우전쟁과 핵무기급 선택지

"이번이 내가 살아 있는 모습을 보는 마지막이 될 수도 있습니다."[8]

전 세계가 국가수반에게서 이처럼 절박한 경고와 도움의 요청을 들은 적은 없었을 것이다. 그러나 볼로디미르 젤렌스키는 자신과 조국이 살아남을 수 있을지 걱정하고 있었다. 2022년 2월 24일 목요일 새벽 (면적이 텍사스만 한) 우크라이나의 하늘은 수백 대의 중폭격기 heavy bomber와 100여 개의 미사일로 가득 차 있었고,[9] 러시아 군대는 드니프로강을 따라 움직이며 수도를 향해 진격하고 있었다. 푸틴은 키이우에 있는 우크라이나 정부를 제거하고 우크라이나를 완전히 장악하는 계획을 세운 것으로 추정되었다. 전쟁 첫날이 끝나갈 무렵 우크라이나의 수도 키이우는 시계가 자정을 치기 전에 함락될 것으로 보였다. 그러나 우크라이나 대통령 젤렌스키는 러시아와 전 세계에 "우리는 등을 보이지 않고 얼굴을 보일 것"[10]이라고 다짐했다. 우크라이나는 맞서 싸웠고, 키이우는 함락되지 않았다.

동유럽에서 벌어지는 유혈이 낭자한 전쟁의 현장에서 약 8000킬로미터 넘게 떨어진 워싱턴에서는 금융전쟁을 준비하고 있었다. 미국이 그 같은 방식으로 푸틴에게 대응한다면 젤렌스키가 우크라이나를 방어하고 전쟁이 며칠 내에 러시아의 승리로 끝나리라는 초기 예측과 달리 우크라이나의 자유를 지키는 데 도움이 될 것이 분명했다.

워싱턴에서 준비 중인 전쟁의 한 가지 특징은 미국이 야전포나 대전차포를 동원하지 않는다는 것이었다. 그 대신 미국은 달러라는 무기를 사용할 예정이었다.

바이든은 이미 9월 백악관 보좌관들에게 경제 제재의 청사진을 만들기 시작하라고 지시했다. 본래 바이든은 경제 제재를 위협용으로, 즉 푸틴이 80년 전에 평화와 협력을 중심으로 구축한 세계질서를 파괴하지 못하도록 최후통첩의 수단으로 사용하고자 했다. 그러다가 푸틴이 침공을 감행하면 제재를 발동할 계획이었다. 미국 재무부의 이인자인 월리 아데예모 Adewale "Wally" Adeyemo는 비상 대책안을 작성하기 위해 크리스마스와 새해 휴가를 취소했다. 전쟁이 발발했을 때 아데예모는 혁명 사상이 담긴 시를 쓴 죄로 모스크바의 호텔 방에 감금된 시인의 이야기를 다룬 소설 《모스크바의 신사》를 방금 다 읽은 상황이었다. 미국과 러시아의 관계가 2022년에 일어난 사건으로 인해 영구적으로 훼손되었다는 점이 뼈아플 정도로 명백해지자, 아데예모는 훗날 전쟁을 배경으로 한 그 책을 읽으면서 이제 그 이야기의 무대가 된 거리들을 걸을 수 없으리라는 사실을 깨달았다고 회고했다.[11]

푸틴이 전쟁을 개시하자마자 아데예모가 백악관의 국가안보 부보좌관인 달립 싱 Daleep Singh과 함께 세운 계획 전부를 실행에 옮길 시간이 찾아왔다.

푸틴이 구소련 영토의 일부를 되찾으려고 시도함에 따라 러시아 정부의 군대는 우크라이나 침공 첫 72시간 동안 육상·공중·해상을 통해 정신없는 속도로 진격했다. 미국·캐나다·영국은 푸틴의 경제를 마비시키기 위해 일련의 경제 제재 조치를 실행하는 방식으로 앞장서서 대응했다. 세 나라는 러시아 올리가르히와 정부 관계자 수백 명의 자산과 러시아 최대 금융회사 소유의 자산 약 1조 달러를 동결했다.

그렇게 해서 아데예모와 싱은 재무부가 여태껏 부과한 것 가운데 가장 고통스러운 경제 제재를 전면적으로 단행했다. 며칠 후 푸틴이 직접 그 조치를 "경제적 전격전 economic blitzkrieg"이라고 언급할 정도였다.

외부에서는 제재 조치가 신속하게 이루어진 것처럼 보였다. 전쟁 첫 달 미국은 러시아 올리가르히, 정부 관계자, 기업, 그리고 푸틴

최측근의 호화 요트까지 포함해 600여 대상에게 경제 제재를 내렸다.[12] 그러한 제재 대부분에 대해 백악관은 30개 우방국의 지지를 받았다. 그러나 G7 국가와 EU를 경제 제재에 동참시키기 위한 작업에는 18시간의 근무, 비밀 브리핑, 자정의 전화 통화, 다량의 뉴턴스 무화과 쿠키Fig Newtons와 카푸치노를 포함한 초인적인 노력이 들어갔다.

우방국 간 협상에서의 가장 큰 걸림돌은 세계 11위의 경제 대국을 금융적으로 고립시킨다는 상상을 초월하는 개념이었다. 러시아는 G20의 일원인 만큼 여러 나라와 무역으로 깊숙이 엮인 나라다. 이런 나라를 공급망과 시장에서 제거하려는 시도는 역풍을 불러일으켜 세계 여러 나라에서 많은 가정이 굶주리고 사람들이 일자리를 잃고 기업들이 수백만 달러의 손실을 입는 결과를 초래할 것이 확실했다. 특히 지리적 접근성 때문에 러시아와 경제적 유대를 점점 더 강화하고 있었던 유럽 국가들이 고통을 겪을 가능성이 컸다. 그러나 2월 24일 파괴가 시작되고 탱크의 진격 장면과 유혈이 낭자한 거리를 담은 사진들이 신문과 텔레비전을 통해 대대적으로 보도되었을 때, 전 세계의 수십 개국은 경제적 힘을 결집해 총력으로 발휘할 준비가 되어 있었다. 그날 사건이 전개되는 것을 지켜본 프랑스·이탈리아·영국 그리고 마지막으로 독일은 민주주의 세계와 러시아 사이에 사실상 철의 장막을 세우는, 얼마 전 같았으면 상상조차 할 수 없었던 조치를 실행할 때가 되었다는 것을 깨달았다.

무고한 민간인들을 희생시킨 폭발 장면과 여성과 아이들이 지하철 터널에 숨어 있는 모습 등이 각종 매체에 보도되었을 때 4400만 우크라이나인의 삶은 이미 뒤집혀 있었다. 1941년 나치 독일이 키이우를 공격한 이후 처음으로 로켓이 하늘을 갈랐고, 수도가 빠르게 함락될 수도 있다는 두려움이 확산되었다. 우크라이나의 모든 도시는 가루가 될 위기에 처했고, 젤렌스키 대통령은 푸틴의 군대에 쫓기는 상황에서도 다급하고 격정적인 영상을 소셜미디어에 게시하며 국민과 함께 남겠다고 다짐했다.

침공 후 첫 나흘은 미국이 경제전쟁에서 결정적인 역할을 했다. EU가 혹독한 경제 보복을 준비하고 있다는 첫 신호는 러시아 침공 첫날에 나왔다. 목요일에는 유럽연합집행위원회European Commission의 고위 관계자인 비에른 자이베르트Bjoern Seibert가 워싱턴 시각으로 새벽 1시에 백악관의 싱에게 왓츠앱WhatsApp으로 메시지를 보냈다. 푸틴에게 무거운 경제 제재를 내리는 방안에 대해 곧 EU 전역의 지지를 확보할 수 있을 것 같다는 내용이었다.

금요일에는 바이든이 직접 각국 정상들에게 전화를 걸어 경제전쟁에서 "핵무기급 선택지nuclear option"를 사용할 때가 되었다는 최종 설득에 나섰다. 러시아 중앙은행이 제재를 받을 때가 다가오면서 총 6400억 달러에 달하는 러시아 전쟁자금의 절반 정도가 동결될 위기에 처했다. 그 자금은 전 세계 각국에 다양한 통화와 금으로 보관되어 있었다.

그러한 외환 보유고의 동결은 지나친 감이 있는 조치였지만, 푸틴의 손에서 자금을 빼앗아 그가 지속적으로 전쟁에 돈을 대는 것을 저지할 수 있었다. 서방 국가들과 일본이 공동 전선을 구축한 가운데, 그만한 외환 보유고를 동결하면 러시아의 예금 계좌에서 오스트리아의 GDP 총액에 상당하는 금액을 하룻밤 사이에 빼내는 것과 같은 효과를 낼 수 있었다. 그것은 일부 전문가들이 "러시아 요새"라고 부르는 자금의 일부로 푸틴이 경제 제재에도 타격을 받지 않기 위해 미리 구축해 둔 것이었다. 그는 달러 보유고 가운데 60퍼센트 이상을 이미 매각해 그 돈을 튀르키예와 중국 등 미국에 비해 러시아에 우호적인 나라들의 통화로 전환해 둔 상태였다.

바이든이 제안한 두 번째 조치는 SWIFT에서 일부 러시아 은행을 차단하는 것이었다. SWIFT는 금융회사가 거래와 관련한 보안 메시지를 보낼 때 사용하는 글로벌 시스템으로서 9·11 테러 이후 테러리스트의 자금 조달을 차단하는 데 중대한 역할을 담당했다. 이제 미국은 다시 한번 심각한 지정학적 문제를 해결하기 위해 SWIFT를 사용하려 하고 있었다. 정부든 중앙은행이든 금융회사든 세계 각국의 금융시장에서 활동하려면 달러를 이용해야 한다. 마찬가지로 이들이 자금을 어떤 계좌에서 다른 계좌로 이체하기 위해서는 SWIFT가 필요하다.

이 모든 조치는 러시아 정보국이 자국 경제의 금융 부문에 융단폭격이 쏟아질 것이라는 낌새를 전혀 알아차리지 못하도록 비밀리에 이루어져야 했다. 러시아 정부가 그 계획을 알게 되면 다가오는 제재를 피하기 위해 수십억 달러를 다른 곳으로 이전하려 할 수도 있었다. 자산 도피를 방지하기 위해 대량의 러시아 자금에 대한 동결 발표는 워싱턴 시각으로 일요일 밤이 되기 전, 다시 말해 아시아 시장이 거래를 시작하기 전에 이루어져야 했다.

금요일 밤까지 바이든은 12명이 넘는 전 세계 지도자와 그 나라 경제팀들의 지지를 끌어모으는 데 성공했다. 심지어 연준도 경제적 충격에 대비한 상태였다. 백악관이 이미 연준 고위 관계자들에게 제재가 임박했음을 알렸기 때문이다(연준은 시장을 진정시키는 데 필요한 각종 조치를 실행할 경우에 대비해 금융 안정성이 흔들릴 위험이 있다는 사실을 미리 인지하고 있어야 했다). 토요일 아침, 미국 정부는 사상 최대 규모의 경제 제재를 단행할 시점에 점점 더 다가가고 있었다. 러시아는 세계 각국에 떨쳐온 그 영향력만큼이나 규모가 큰 경제를 보유한 나라였다. 그러나 국제적 원칙과 가치를 무시한 결과 세계 금융 시스템에 접근할 특권을 박탈당할 지경에 이르게 되었다. 제재에 관여한 세계의 지도자들은 무슨 일이 다가오고 있는지 러시아가 전혀 눈치채지 못했다는 것을 직감했다. 푸틴은 세계가 그를 처벌하기 위해서라면 어느 정도의 고통을 감수할 의향이 있다는 사실을 생각지도 못했다.

그러나 한 사람이 가로막고 있었다.[13] 옐런이었다. 그는 제재 조치가 달러에 미칠 영향을 걱정하고 있었다.

옐런은 토요일 이른 아침에 안보 화상회의를 통해 백악관 상황실 회의 내용에 귀 기울이고 있다가 바이든에게 재무부가 좀 더 시간을 들여 그처럼 대대적인 경제 제재의 잠재적 역효과를 면밀하게 검토해야 한다고 말했다. 바이든이 그 같은 경제 제재 조치를 "핵무기급 선택지"라고 칭하는 것은 분명 달러의 대대적인 무기화에 나서겠다는 뜻이었다.

옐런이 크게 우려한 바는 러시아 자금이 제재를 통해 러시아의 손이 닿지 못하도록 동결된다면 외국 중앙은행들이 미국은 자산을 보관할 안전한 장소가 아니라고 판단하기 시작할 것이고, 그에 따라 세계 기축통화로서 달러의 지위가 흔들릴 위험이 있다는 것이었다. 그러나 바이든은 자신이 옳은 결정을 내렸으며 신속한 조치가 필수적이라고 확신했다. 바이든은 국가안전보장회의를 종료하면서 백악관 수석보좌관들에게 옐런과 의견을 조율할 방안[14]을 찾으라고 지시했다. 그는 그토록 중요한 순간에 같은 편끼리 불화가 일어나는 것을 원하지 않았다.

싱과 그의 상관인 제이크 설리번 국가안보 보좌관은 재무부 장관과의 갈등을 원만히 해결하기 위해 외국 지도자에게 자신들을 대신해 미국 재무부 장관을 설득해 달라고 부탁하는 이례적인 조치를 했다. 미국의 지체된 상황에 좌절감을 느끼던 유럽연합집행위원장 우르줄라 폰 데어 라이엔Ursula von der Leyen의 도움으로 그들은 토요일 오후 1시경 이탈리아 총리 드라기가 직접 옐런의 재무부 사무실로 전화하도록 하는 데 성공했다. 옐런과 드라기는 금융위기 당시 각각 연준과 ECB 수장으로서 서로 협력하는 과정에서 친분을 쌓았다. 그렇기에 백악관은 드라기가 중앙은행 총재 특유의 표현을 써서 옐런의 동의를 받아내기를 바랐다.

드라기는 보안 장비가 설치된 전화기로 옐런에게 연락해 유럽 또한 바이든 팀이 만들어낸 조치에 동참하고 있으며 금융전쟁 선언의 통합된 힘이 달러의 지위를 보호할 것이라고 장담했다. 그에 이어 푸틴을 처벌할 때 시장의 단기적인 고통이라는 상충관계가 발생하겠지만 이를 감수할 만한 가치가 있다고 말했다. 워싱턴D.C. 시각으로 토요일 오후 3시에는 나흘 전에 초안이 작성된 G7 성명서를 발표할 준비가 된 상태였다(일본은 하루 뒤에 동참하게 되었다).

토요일 저녁, 러시아의 국제 무역에서 차지하는 비중이 절반에 이르는 EU와 G7은 러시아의 금융 시스템 대부분을 세계 금융 시스템에 접근하지 못하도록 차단했고,[15] 이로써 러시아는 지구상에서 가장 큰 제재를 받은 국가가 되었다.

미국은 미군이 푸틴의 전쟁 현장에 발을 들여놓을 가능성을 배제함으로써 달러를 주요 무기로 사용하는 것을 선택했다. 대외정책 수단으로서의 경제 제재는 2001년 9·11 테러 공격으로 미국 정부가 구식 무기로 간주하던 것을 21세기 상황에 맞게 재창조하기 시작하면서 그동안 큰 진전을 보였다.

유럽에서는 치열한 전쟁이 벌어지는 동시에 러시아의 범죄를 공개적으로 비난하는 국가들과 러시아의 냉전이 고조되면서 강대국 간의 새로운 경쟁 시대가 열렸다.

달러 앞에 놓인 문제들

2022년 2월 26일 토요일 오후 5시 15분, 미국의 제재가 달러의 무기화에 있어 전환점이 된 바로 그 순간이 수십 년 후 미국 역사에서 몰락의 시발점이 되지 않고 단순한 오점으로 금세 망각되느냐 여부는 미국의 유권자와 지도자 들에게 달려 있다. 제국은 하룻밤 사이에 무너지는 것이 아니라 긴 시간에 걸쳐 부지불식간에 붕괴한다.

그날 전개된 사건들과 그 파장으로 말미암아 달러는 역사적인 갈림길에 놓였다. 달러 무기화는 제2차 세계대전이 끝나가던 1944년에 그 씨앗이 뿌려졌고, 2001년 9·11 테러 이후 본격적으로 시작되었으며, 2022년에는 도를 넘어서 극단으로 치달은 것으로 보인다. 시기적으로도 더 이상 나쁠 수가 없었다. 현재 미국은 그 어느 나라보다 더 무겁고 역사상으로도 가장 큰 부채 부담을 안고 있다. 달러가 패권을 잃는다면 미국은 과거에 국가 재정을 잘못 운영해 무너진 초강대국이나 제국과 마찬가지로 붕괴될 것이다. 한마디로 국가 재정 운영에 실패해 몰락한 선례들이 이미 존재한다는 이야기다. 달러가 세상을 바꾸었지만 이제는 세계가 달러를 바꿀 수도 있다. 달러의 지배력에 대한 가장 큰 위협은 국경 밖에서 비롯하기보다 미국 스스로가 연속적으로 자초한 정책적 실패에서 비롯한다. 그러한 일련의 실패는 미국이 세계 금융 시스템의 중심에 그대로 서 있을 자격이 있느냐는 의혹을 부추길 수밖에 없다.

무엇보다도 달러에 명백히 큰 타격을 날린 존재는 미 의회다.

미 의회는 1960년 이후로 78번이나 부채 한도를 끌어올렸다.[16] 시간이 흐르고 나라가 점점 더 양극화됨에 따라 부채 한도의 상향 조정은 입법부가 휘두르는 정치적 무기로 변질되었다. 언뜻 일상적으로 보이는 이 정치적 힘겨루기의 여파는 2023년에 이르기까지 부채 한도와 관련해 마지막으로 극적인 갈등이 일어난 2011년에 비해 위험할 정도로 심각해졌다. 정당 간의 갈등이 최고조에 달하자 투자자들은 미 의회가 부채 한도를 올리는 합의에 도달하지 못할 수도 있다고 우려하게 되었다.

재융자(refinancing, 기존 대출을 상환하기 위해 다른 대출을 받는 것 — 옮긴이)가 필요한 채권이 이전보다 17조 달러 늘어났으며[17] 외국의 미국 채권 보유액은 두 배 이상 증가해 7조 달러에 달했다.[18] 달러와 미국 국채에 대한 세계 각국의 투자는 크게 증가한 상태였다. 부채 한도를 둘러싼 그 불필요한 위기의 전망에 월가는 작전실을 마련했고[19] 일부 외국 지도자들은 미국의 붕괴 가능성을 생각하며 고소해했다.

부채 한도가 일으킨 역풍은 시장 전체에 파장을 일으켰고 급기야 2023년 여름에는 3대 신용평가기관 가운데 하나가 미국의 신용등급을 강등하기에 이르렀다. (결과는 확실치 않았으나) 역사적인 조치였다. 신용평가기관인 피치Fitch는 구체적으로 2021년 1월 6일 미국 국회의사당에서 일어난 반란이 미국의 국가 통치 능력과 막대한 부채 부담에 대한 우려를 자아낸 가장 큰 요인이라고 비판했다.[20]

부채 상환 의무를 둘러싼 갈등과 선거 결과에 대한 논쟁도 몰락하는 국가의 이미지를 조성하는 데 한몫하고 있다. 그 같은 이미지가 생긴 것은 좋은 징조가 아니다. 역사는 수백 년에 걸쳐 통화와 국가의 정치적 지배력 사이에 연관성이 있다는 사실을 입증했다. 18세기에는 영국의 파운드화가 네덜란드의 플로린화를 대체해 세계 준비자산이 되었다.[21] 네덜란드가 경제 관리 능력에 대한 신뢰성을 상실하고 영국 경제의 팽창이 가속화한 현상이 그 촉매제가 되었다. 또한 달러는 미국이 영국을 추월해 세계 최대 경제국이 되며 강력한 경제 전망을 입증한 지 오래 지나지 않았을 때 브레턴우즈 회의에서 왕관을 차지했다.

달러 제국의 미래

—

미국이 세계 준비자산을 소유한 나라라는 지위를 잃는다면 그 파장은 엄청날 것이다. 미국은 세입에 맞게 절약하며 살아야 할 것이며 크게 상승한 차입 비용을 감당해야 할 것이다. 한마디로 재정 지출을 축소해야 한다는 뜻이다. 그 결과 다른 모든 나라가 달성할 수 있는 수준을 초월해 미국 경제를 견인해 온 투자와 혁신이 저해될 가능성이 있다. 정부의 차입 비용이 높아지면 실물 경제도 그 영향을 받아 주택, 자동차, 교육 비용이 한층 더 상승할 수밖에 없다. 아메리칸 드림을 이루는 것이 더 어려워진다는 이야기다. 게다가 미국 정부가 펼치는 경제 외교의 선택권이 제한되어 지정학에 영향을 미치는 핵심 메커니즘이 약화될 것이다.

그럼에도 미국은 지배적인 위치를 유지할 가능성이 크며, 그에 따라 달러 또한 계속해서 세계 최고의 통화로 남을 것이다.

미국에 유리하게 작용하는 주요 요소 가운데 하나는 달러를 대체할 뚜렷한 대안이 없다는 사실이다. 중국의 위안화는 중국 정부가 급격한 환율 변동을 방지하기 위해 자본 통제에 의존하는 정책을 사용함으로써 제한을 받는다. 이는 투자자들이 그토록 싫어하는 일종의 정부 개입을 필요로 한다(이는 미국이 1980년대에 어렵게 얻은 교훈이다). 게다가 중국은 법치주의가 뒷받침되는 민주주의 국가가 아니므로 투자자들의 신뢰를 얻기가 어렵다. 시장도 미국만큼 개방적이고 투명하지 않다. 흔히 그 외의 대안으로 언급되는 유로화가 세계 준비통화가 되기 어려운 까닭은 그만큼 큰 경제를 대표하지 않기 때문이다.

유로화 표시 채권은 미국 채권에 비해 융통성과 유동성이 크지 않다. 디지털 통화는 자주 언급되기는 하지만 여전히 검증되지 않은 상태이며 주변부 통화에 머물러 있다.

현재 미국이 지닌 두 번째 강점은 달러를 우회한 채로 양자 무역을 강화하고자 하는 국가들이 달러를 포기하기가 어렵다는 것을 점점 더 명확하게 깨닫고 있다는 사실이다. 인도와 러시아의 사례를 살펴보자. 푸틴의 달러 접근이 차단된 후 인도는 루피화로 러시아 석유를 구매하기 시작했다.[22] 그러나 러시아 정부는 루피화를 비축해 봤자 쓸 일이 없다. 루피화는 달러만큼 쉽게 교환할 수 없기 때문이다. 그래서 인도는 다시 달러로 러시아에 석유 대금을 치르고 있다. 달러를 원하지 않는 곳에서도 달러를 피하기란 불가능하다. 수많은 달러 반대 움직임이 일어났어도 변화를 기피하는 금융 시스템의 특성 때문에 (2023년 기준으로) 여전히 전 세계 일일 거래 규모의 약 90퍼센트가 달러로 이루어진다. 이는 세계 곳곳에서 달러에서 벗어나려고 애쓰는 나라와 기업 들이 아직도 달러에 의존하고 있다는 증거다.

이외에도 미국 민주주의의 실상과 글로벌 리더십에 대한 논쟁이 격렬하게 이어지고 있지만 미국 경제는 위축될 조짐을 보이지 않고 있다. 미국은 세계 인구의 4퍼센트를 차지하면서도 전 세계 생산량의 25퍼센트를 담당하는 나라다. 심지어 제조 부문의 약화와 정치적 혼란이 일어났어도 이 수치는 40년 동안 변하지 않았다. 미국은 전 세계 상거래를 주도해 다른 나라들의 부러움을 사는 소비자층 덕분에 세계 2위의 경제 대국인 중국보다 대략 7조 달러 더 큰 경제 규모를 보유하고 있다.[23]

마지막으로 미국 경제의 장기 전망이 점점 더 탄탄해지고 있어 투자자들의 신뢰도가 높아지고 달러도 한층 더 강력해지는 추세다. 2023년에 이르면서 최근 수십 년 동안의 경향이었던 제조 부문의 급격한 하락세가 반전되기 시작했다. 트럼프의 "바이 아메리카Buy America" 운동은 바이든의 정책으로 이어졌다. 다양한 정책이 그 같은 변화를 견인하고 있으며 그 가운데는 520억 달러 규모의 투자를 통해 반도체 생산을 미국 국내로 가져오는 취지의 '반도체 및 과학법CHIPS and Science Act' 제정이 있다. 해당 법 덕분에 수천억 달러가 민간 부문에 투자되었다. 한때 미국의 중서부가 공동화되는 경향이 있었지만 이제는 신규 일자리가 물밀 듯이 쏟아지고 있다. 오하이오 리킹 카운티의 반도체 공장, 캘리포니아 오션사이드의 양말 생산업체, 미시간 랜싱의 배터리와 유제품 생산업체 등이 그 사례다. 블록 장난감으로 유명한 덴마크 기업 레고는 멕시코에 추가 공장을 짓지 않고 버지니아 리치먼드를 택해 자사 최초로 미국에 공장을 지었다. 제조업 관련 건설 지출은 사상 최고 수준으로 급증했으며, 이와 연관한 도시들의 지역 경제는 늘어난 지출과 노동자로 인해 활기를 띠어 우버 운전사, 푸드 트럭, 새로운 레스토랑 등을 쉽게 찾아볼 수 있게 되었다. 이는 제2차 세계대전 이후 미국 역사상 가장 규모가 큰 정책적 산업 활동이다.[24]

경제정책 입안자들은 마침내 루빈의 달러 강세 정책 때문에 발생한 고통스러운 트레이드오프(trade-off, 하나를 얻으면 다른 하나를 상실하거나 역효과가 나타나는 경제 관계—옮긴이)를 일부나마 완화하고 있다. 루빈의 달러 강세 원칙과 그에 관련한 정책은 혼란기 동안 외환시장 안정에 기여했으며, 미국이 경제적 지배력을 강화해 전 세계가 필요로 하는 안정성을 제공하는 과정에서 하나의 역할을 담당했다. 그러나 달러 강세 정책이 뒷받침한 초세계화(hyperglobalization, 지나친 세계화)에는 단점이 있었다. 트럼프는 오하이오 모레인과 같은 지역의 유권자들이 내는 목소리를 주의 깊게 듣던 중에 달러 강세 정책에 따라 강화한 무역협정이 수많은 유권자에게 너무도 큰 트레이드오프를 만들어냈다는 점을 확인했다.

그러나 미국은 아직도 그때의 트레이드오프를 바로잡는 과정에 있다.

결국 미국의 운명을 결정짓는 것은 미국의 정책이다. 강력한 통화는 강력한 민주주의를 밑바탕으로 한다. 1776년 미국이 독립한 이후로 여러 나라가 미국의 몰락을 기다려왔다. 먼저 미국의 독립전쟁으로 상실한 보석(미국 식민지)을 되찾고 싶었던 대영제국이 그랬다. 남북전쟁 당시 재무부 장관인 체이스가 미국의 국고가 텅 빈 것을 발견하고 지폐를 발행하기 시작했을 때, 세계는 미성숙하고 부도덕한 발상으로 간주되었던 새로운 지폐 '달러'가 남북전쟁 동안 미국의 붕괴를 앞당길 수도 있다고 예상했다. 그러나 미국은 연합을 재건하고 서서히 달러의 상징이 된 환상과 신뢰의 마술을 구사하면서 앞으로 나아갔다. 최근에는 러시아와 중국이 미국의 권력을 빼앗으려는 야심을 보였다. 브라질과 페르시아만 연안 국가들을 비롯해 세계경제에서 절반 가까이 차지하는 나라들이 미국의 지배를 피하려고 줄을 서고 있지만, 이 국가들은 대부분 독재자에 의해 통치되고 있으며,

독재자의 몰락은 그들이 통치하는 비민주적인 국가들의 몰락을 불러올 가능성이 있다.

이제 달러를 강화하는 임무는 차기(제79대)와 차차기(제80대) 재무부 장관이 담당해야 할 몫이다. 전능한 달러라는 천연자원을 보호하는 남녀들은 앞으로의 달러 무기화에 맞서 싸워 승리해야 할 것이다.

재무부 장관 모겐소는 1944년 브레턴우즈 회의에서 달러를 세계 준비자산의 왕좌에 올려놓았다. 루빈이 고안한 원칙은 달러에 신화적인 품격을 부여했다. 오닐과 스노는 달러의 위력을 연마했다. 므누신은 변화무쌍한 대통령에게서 달러를 보호했으며, 옐런은 달러가 대리 전쟁을 치르는 광경을 지켜보았다. 차기 재무부 장관은 역사상 가장 큰 공공적자와 경제전쟁의 사용으로 믿을 수 없을 만큼 큰 압박을 받고 있는 통화를 물려받을 것이다. 과거에 달러라는 국보를 보호하기 위해 벌였던 전투는 다음 전투를 승리로 이끄는 방법을 제시할 것이다. 그러한 점에서 차기 재무부 장관은 달러가 권력을 획득한 과정에 대해 특출한 지식을 지닌 데다 시장에 위엄을 발휘할 수 있으며, 신뢰성과 신념이라는 뛰어난 자질을 두루 갖춘 지도자여야 한다. 신임 재무부 장관을 환영하는 만찬에 참석하곤 하는 연준의 관료들이 달러의 일일 가치에 더 큰 영향력을 발휘할 수는 있어도 달러의 장기적인 운명을 결정하는 산업, 경제, 채무 관리 정책을 책임지는 이들은 미국 재무부의 공무원이다.

최근 들어 전직 재무부 장관들과 관료들은 미국이 강력하게 유지되기만 하면 달러가 생존할 수 있다는 것을 숨 가쁘게 설명하고 있다. 미국 통화정책의 40년 베테랑인 소벨은 요즘 자신에게 조언을 구하는 사람들을 향해 윌리엄 셰익스피어의 희곡《줄리어스 시저 *Julius Caesar*》에 나오는 유명한 구절로 문제의 요지를 설명한다.

"친애하는 브루투스여, 잘못은 우리 별자리에 있는 것이 아니라 우리 자신에게 있다네."

감사의 말

이 책이 나오기까지 많은 사람의 도움이 있었다.

재블린Javeline의 에이전트 맷 칼리니는 이 책의 구상을 가다듬는 데 중요한 역할을 했으며 전 과정에서 지지와 현명한 조언을 아끼지 않았다. 편집자인 트리시 데일리는 내가 작가로서의 목소리를 찾는 데 도움을 주었다. 내게 기회를 선사한 그에게 영원히 고마움을 느낄 것이다. 메건 매코맥, 메리 선 그리고 펭귄 출판사의 철두철미한 제작팀에도 감사를 전한다. 40년 넘게 재무부에 근무하며 쌓은 심층적 전문 지식을 나눠 주고 여러 초안을 읽고 논평을 해준 마크 소벨에게도 감사한다.

커뮤니케이션 분야의 수많은 전문가가 중요한 출처와 정보를 확보할 때 시간과 에너지를 아끼지 않고 도와주었다. 많은 이가 중요한 역할을 했지만, 특히 조이 폭스, 트리시 웩슬러, 데비 그럽스에게 감사의 뜻을 전하고 싶다. 이 책은 재무부, 연방준비제도, 행정부의 전·현직 관계자를 비롯해 시간과 지식을 아낌없이 나눠 준 이들과의 대화에서 큰 도움을 받았다. 스티븐 므누신은 내가 몇 년 동안 전 세계 여기저기를 쫓아다니며 끝없이 질문을 퍼부었을 때도 인내심을 잃지 않고 답변해 주었다. 존 스노, 로버트 루빈, 행크 폴슨, 잭 루, 티머시 가이트너, 제이 파월, 레이얼 브레이너드, 앤디 보콜, 앤드리아 개키, 달립 싱, 제이미 다이먼, 롭 니콜스, 팀 애덤스, 제프 오카모토, 토니 프라토, 브렌트 매킨토시, 데이비드 립턴, 제프 셰퍼, 존 스미스, 후안 자라테, 저스틴 뮤지니치, 피터 해럴, 미셸 데이비스, 존 위크스, 밥 도너, 스튜어트 레비, 테드 트루먼, 대니 글레이저, 토니 세이에그, 사이먼 케네디, 그리고 이름이 언급되는 것을 원치 않았지만 내가 누구를 말하는지 알고 있을 이들에게도 감사를 전한다.

 나는 운 좋게도 매우 유능한 친구들의 도움을 받았으며 그들은 내 초고를 읽느라 고생했다. 앤드루 마예다는 프로젝트를 시작할 때부터 내 글을 명확히 분석하는 데 결정적인 도움을 주었으며, 저스틴 싱크는 초반에 참을성 있게 편집을 해주었고 내가 계속 작업할 수 있도록 사기를 북돋워 주었다. 두 사람이 없었다면 이 책을 완성할 수 없었을 것이다. 또한 댄 플래틀리, 비나 패럴 에이어스, 잭 반 하트, 조던 매길, 크리스 앤스티, 알렉스 저든, 마이클 셰퍼드, 제니퍼 제이컵스, 닉 워댐스, 리즈 매코믹, 그리고 스콧 비센트 등을 비롯한 내 특별한 독자들에게도 깊은 감사를 보낸다. 매킨지 호킨스는 데이터 분석가로서 내가 했더라면 몇 년이 걸렸을 작업을 몇 달 만에 해낸 귀중한 역할을 했으며 에밀리 미셸은 엄밀한 눈으로 사실 정보를 확인해 주었다. 모든 분의 도움은 없어서는 안 될 역할을 했으며 이 책을 한층 더 읽기 쉽고 명확하게 만들어주었다. 책에 있는 실수나 개인적 견해는 모두 나의 것이다.

나는 세계 최고의 금융 뉴스 기업인 《블룸버그 뉴스》에서 일하는 엄청난 행운을 누렸다. 그곳에서 최고의 편집위원들이 내게 투자와 지원을 아끼지 않은 덕분에 이 책을 쓸 수 있었다. 2013년 오슬로에서 일자리를 제안해 나를 깜짝 놀라게 한 레토 그레고리에게 감사한다. 그리고 존 미클스웨이트는 고맙게도 기자들에게 전문가이자 작가가 되라고 북돋워 줌으로써 우리 뉴스룸에 새로운 기준을 정립한 사람이다. 마이클 셰퍼드, 제니퍼 제이컵스, 웨스 코소바, 마티 솅커, 알렉스 웨인, 크레이그 고든, 조던 페이비언, 조시 윈그로브, 낸시 쿡, 마리오 파커, 페기 콜린스, 그 외에도 블룸버그에서도 최고 수준인 워싱턴 지국에서 내게 훌륭한 저널리즘이 어떻게 이루어지는지를 알려준 많은 이를 매우 존경한다.

내게는 격려를 해주고, 흥미를 키워주며, 승리를 축하해 주고, 실수에서 배울 수 있도록 도와주는 멋진 가족이 있다. 이 책을 아버지께 바친다. 아버지는 내가 하는 모든 일에 나 자신만큼이나 큰 관심을 가져주셨다. 이 여정을 시작할 때는 아버지가 함께하셨지만 안타깝게도 내가 이 책을 다 쓰기 전에 떠나셨다. 어머니는 그야말로 나의 세계에서 가장 현명하고 강인한 사람이다. 우리 가족의 모든 구성원은 내 영웅이자 강인함을 지탱해 주는 기둥이다. 이름을 다 말할 수 없을 정도로 수많은 친구의 무조건적인 지원에도 큰 고마움을 전한다. 남편은 엉망진창이 된 아이디어와 생각이 나지 않는 단어를 정리해 주었을 뿐 아니라 내게 끝없는 도덕적 지지와 수많은 저녁 식사를 준비해 주며 필수 불가결한 도움을 주었다. 아들은 웃음소리로 내 하루를 밝게 만들어주고 내가 그토록 필요로 했던 휴식을 제공해 주었다.

주

―

2016년 4월부터 나는 《블룸버그 뉴스》의 미국 재무부 담당 기자로 활동을 시작했다. 잭 루 장관의 임기 가운데 마지막 몇 달을 취재했으며, 므누신이 재무부를 넘겨받는 과정을 지켜보았다. 그 이후로 므누신이 트럼프 대통령의 '미국 우선주의' 비전에 맞춰 경제정책을 어떻게 전환했는지, 다른 나라 재무부 관계자들에게 이를 어떻게 설명했는지, 그리고 행정부 내의 깊은 정치적 분열을 어떻게 헤쳐나갔는지에 대해 철저히 보도했다. 재무부 기자로서의 내 업무는 트럼프의 무역전쟁, 경제 제재, 연준의 일부, 국회의사당 등을 취재하는 것이었다. 그뿐 아니라 거의 한 세기 만에 최악으로 치달은 공중보건 위기에 대한 정부의 대응을 다루었다. 옐런이 재무부 장관이 된 이후 임기 초반을 취재했으며, 그가 바이든 대통령의 '바이 아메리카' 정책을 세계 우방국들에 홍보하기 위해서 떠난 첫 해외 출장, 경제 회복을 위협하는 인플레이션 상승에 대한 그의 견해, 러시아의 우크라이나 침공에 대한 미국의 대응 등을 보도했다. 이 책은 주로 내가 경제정책을 이끈 정부 관계자들과 기자로서 진행한 수백 건의 인터뷰와 그 결과로서 《블룸버그 뉴스》와 《비즈니스위크》에 게재된 기사들을 바탕으로 하고 있다. 그 수많은 기사는 제니퍼 제이컵스, 닉 위댐스, 리즈 매코믹 등 뛰어난 동료들과의 협력과 더불어 알렉스 웨인, 마이클 셰퍼드, 크레이그 고든, 웨스 코소바, 크리스티나 린드블라드 등 신뢰할 수 있는 편집자들의 지도하에 취재 내용을 보고하고 기사를 작성했다. 이 책을 위한 취재는 2021년 1월부터 2023년 1월까지 이루어졌다. 나는 100명이 넘는 전·현직 재무부, 연준, 백악관, IMF, WB, 민간 부문 관계자들, 그리고 전·현직 외교관들과 대화를 나누었다. 인터뷰의 대부분은 '백그라운드'에서 진행되었다. 이는 인터뷰 대상이 제공한 정보와 견해를 기사에 사용할 수는 있지만 출처를 밝히지 않는다는 것을 뜻한다. 이러한 인터뷰는 뒤에 나오는 각주에서 '필자의 인터뷰'로 인용했다.

나는 대량의 경제 데이터와 연구 자료가 담겨 있는 블룸버그 터미널을 주로 활용했으며, 출처가 다른 경우 이를 명시했다. 또한 이 책에서 다룬 역사적 사건과 관련해 광범위한 연구를 수행한 다른 기자들, 경제학자들, 전직 정부 관계자들, 역사학자들의 작업도 철저히 조사해 참고했다. 다음 전문가들에게 깊은 감사를 전한다. 후안 자라테의 《재무부의 전쟁》과 존 테일러의 《세계 금융계의 투사들 Global Financial Warriors》은 저자들이 정부에 몸담았던 시절을 철두철미하게 기록한 책들이다. 에스와르 프라사드의 《달러 트랩 The Dollar Trap》은 학술적인 자료로서 매우 유익했다. 닐 어윈의 《연금술사들 The Alchemist》, 피터 베이커와 수전 글래서의 《워싱턴을 운영한 사나이 The Man Who Ran Washington》, 폴 볼커와 크리스틴 하퍼의 《미스터 체어맨》, 브라이언 알렉산더의 《유리로 만든 집 Glass House》 등은 중요한 참고 자료가 되었다. 내가 이 책에서 다루는 시기에 대해 세 명의 재무부 장관이 쓴 회고록은 중요한 역사적 기록이며 론 서스킨드의 《충성의 대가》도 마찬가지다. 이에 더해 내 자료 조사는 버지니아대학교의 밀러 센터가 녹음한 귀중한 구술 역사 자료에서도 큰 도움을 받았다.

프롤로그: 지배와 몰락 사이에서
—

1. "Joint Statement on Further Restrictive Economic Measures," The White House, February 26, 2022.
2. "Transcript: US Treasury Secretary Janet Yellen on the Next Steps for Russia Sanctions and '*Friend-Shoring*' Supply Chains," Atlantic Council, April 13, 2022.
3. Joe Leahy and Hudson Lockett, "Brazil's Lula Calls for End to Dollar Trade Dominance," *Financial Times*, April 13, 2023.
4. Dayanne Sousa, "World's Biggest Pulp Producer Considers Trading with China in Yuan," Bloomberg News, May 8, 2023.
5. Serkan Arslanalp, Barry Eichengreen, and Chima Simpson-Bell, "Dollar Dominance and the Rise of Nontraditional Reserve Currencies," *IMFBlog*,

June 1, 2022.
6. Saleha Mohsin and Enda Curran, "The True Cost of an Extended US Debt-Ceiling Standoff," Bloomberg News, May 18, 2023.
7. *Dollar Dominance: Preserving the U.S. Dollar's Status as the Global Reserve Currency, on H.R. 556 and H.R. 804, Hearing Before the Subcommittee on National Security, Illicit Finance, and International Financial Institutions*, 118th Cong. (2023).
8. Daniel Fried, "The U.S. Dollar as an International Currency and Its Economic Effects: Working Paper 2023-04," Working Papers 58764, Congressional Budget Office, April 17, 2023.
9. "The U.S. Dollar as an International Currency and Its Economic Effects."
10. Robert E. Rubin, "Opinion: H.R. 1 and H.R. 4 Would Reform Our Democracy. They'd Also Help Our Economy," *Washington Post*, March 17, 2021.

제1장 트럼프 치하에서의 생존 전략

1. Enda Curran, Matthew Campbell, and Alessandro Speciale, "Mnuchin Pushes to Calm Currency Jitters," Bloomberg News, January 25, 2018.
2. Patrick Donahue and Tony Czuczka, "Merkel Warns of 'Poison' of Populism in Call for European Stance," Bloomberg News, January 24, 2018.
3. 필자의 인터뷰.
4. Jeremy Diamond, "Trump: 'We Can't Continue to Allow China to Rape Our Country,'" CNN, May 2, 2016.
5. Curran, Campbell, and Speciale, "Mnuchin Pushes to Calm Currency Jitters."
6. Laurenz Gehrke and Stephen Brown, "Trump on China's Xi: 'We Love Each Other,'" *Politico*, January 21, 2020.
7. Brendan Murray, "Trump Blasts Draghi, China for Weak Currencies to Gain

Edge," Bloomberg News, June 18, 2019.

8. 필자의 인터뷰.
9. Saleha Mohsin and Katherine Greifeld, "Trump Wants Fed to Weaken Dollar. Powell Says That's Not His Job," Bloomberg News, June 29, 2019.
10. Donald J. Trump (@realDonaldTrump), "China and Europe playing big currency manipulation game," X (formerly Twitter) July 3, 2019, 10:21 a.m., https://twitter.com/realdonaldtrump/status/1146423 819906748416.
11. 필자의 인터뷰.
12. Ashley Parker, "From 'My Generals' to 'My Kevin,' Trump's Preferred Possessive Can Be a Sign of Affection or Control," *Washington Post*, September 17, 2019.
13. Alan Rappeport, "Peter Navarro Invented an Expert for His Books, Based on Himself," *New York Times*, October 16, 2019.
14. Peter T. Kilborn, "Policy Shift on the Dollar," *New York Times*, May 22, 1989.
15. 필자의 인터뷰.
16. Katherine Greifeld, "Wall Street Weighs Wild-Card Risk of U.S. Move to Weaken Dollar," Bloomberg News, July 9, 2019.
17. Saleha Mohsin and Jennifer Jacobs, "Trump Concern over Dollar's Strength Spills into Fed Selection," Bloomberg News, July 10, 2019.
18. Saleha Mohsin, "Mnuchin Says No Change to U.S. Dollar Policy 'As of Now,'" Bloomberg News, July 18, 2019.

제2장 패권국의 탄생

1. Roger Lowenstein, *Ways and Means: Lincoln and His Cabinet and the Financing of the Civil War* (New York: Penguin Press, 2022), 92.
2. Lowenstein, *Ways and Means*, 90.
3. Lowenstein, *Ways and Means*, 94.

4. Lowenstein, *Ways and Means*, 92.
5. Lowenstein, *Ways and Means*, 104.
6. Martin Calhoun, "Center for Defense Information: U.S. Military Spending, 1945–1996," July 9, 1996.
7. Michael B. Greenwald and Michael A. Margolis, "Why a Digital Dollar Is Good for the World," Belfer Center for Science and International Affairs, Harvard Kennedy School, June 4, 2021.
8. Jeffrey Frankel, "The Plaza Accord, 30 Years Later," Working Paper 21813, National Bureau of Economic Research, December 2015.
9. Yōichi Funabashi, *Managing the Dollar: From the Plaza to the Louvre* (Washington, D.C.: Institute for International Economics, 988), 9.
10. Funabashi, *Managing the Dollar*, 44.
11. Peter Baker and Susan Glasser, *The Man Who Ran Washington: The Life and Times of James A. Baker III* (New York: Anchor Books, 2021), 250.
12. Baker and Glasser, The Man Who Ran Washington, 247.
13. Paul A. Volcker with Christine Harper, *Keeping At It: The Quest for Sound Money and Good Government* (New York: Public Affairs, 2018), 118.
14. Funabashi, *Managing the Dollar*, 177.

제3장 통제광과 자경단

1. Jonathan Fuerbringer, "Currency Markets: Intervention Fails to Halt Dollar Rise," *New York Times*, January 14, 1989.
2. Jonathan Fuerbringer, "Remarks by Bush and Others Help Dollar to Climb," *New York Times*, November 15, 1988.
3. Fuerbringer, "Remarks by Bush and Others Help Dollar to Climb."
4. Michael Lewis, *Liar's Poker* (New York: W. W. Norton, 1989), 22–77.
5. Liz Capo McCormick and Daniel Kruger, "Bond Vigilantes Confront Obama as Housing Falters," Bloomberg News, May 29, 2009.

제4장 루빈의 달러 강세 원칙

1. 필자와 가이트너의 인터뷰.
2. 필자와 가이트너의 인터뷰.
3. Bill Clinton, "The President's News Conference in Naples," available online through the American Presidency Project, UC Santa Barbara, July 8, 1994.
4. Alan Greenspan, "Testimony by Alan Greenspan Chairman Board of Governors of the Federal Reserve System Before the Committee on Banking, Housing, and Urban Affairs United States Senate," St. Louis Federal Reserve, July 20, 2004.
5. C. Fred Bergsten, *C. Fred Bergsten and the World Economy* (Washington, D.C.: Peterson Institute for International Economics, 2006), 201.
6. Clay Chandler, "Rubin Stepping into Spotlight at Treasury," *Washington Post*, December 7, 1994.
7. *Nomination of Robert E. Rubin: Hearing Before the Committee on Finance, United States Senate*, 104th Cong. (January 10, 1995).
8. *Nomination of Robert E. Rubin*, 104th Cong.
9. 필자의 인터뷰.
10. 필자의 인터뷰.
11. William P. Osterberg and James B. Thomson, "The Exchange Stabilization Fund: How It Works," Economic Commentary (December 1999), Federal Reserve Bank of Cleveland.
12. "Snow Says China Is 'Intent' on Changing Currency Peg," Bloomberg News, October 7, 2004.
13. 필자의 인터뷰.
14. "Treasury's Rubin Leaves the World Stage to Sound of Applause," Bloomberg News, May 12, 1999.

제5장 나쁜 달러

1. "Unemployment Rate in Weirton Steubenville, WV_OH (MSA)," FRED, Federal Reserve Bank of St. Louis.
2. "Certain Hot-Rolled Flat-Rolled Carbon-Quality Steel Products from Brazil, Japan, and Russia," Publication 3767, U.S. International Trade Commission, 2005.
3. Martin Crutsinger, "Clinton Plan for Steel Panned," Associated Press, January 8, 1999.
4. "Historical Presidential Election Information by State," www.270towin.com.
5. "Treasury Secretary Nomination Hearing," C-SPAN, January 17, 2001.
6. "Labor Unions, Trade Groups Ask Bush for Weaker Dollar," Bloomberg News, March 21, 2002.
7. "Treasury Secretary Nomination Hearing," C-SPAN.
8. "O'Neill, Byrd Trade Heated Words," Orlando Sentinel, February 8, 2002.
9. "O'Neill Says He'll Ensure Sound Financial System," Bloomberg News, January 17, 2001.
10. Ron Suskind, *The Price of Loyalty: George W. Bush, the White House, and the Education of Paul O'Neill* (New York: Simon & Schuster, 2004), 68.
11. "Treasury Secretary Nomination Hearing," C-SPAN.
12. Leslie Wayne, "Designee Takes a Deft Touch and a Firm Will to Treasury," *New York Times*, January 16, 2001.
13. "Dollar Falls vs Yen on Concern O'Neill May Seek Weaker Currency," Bloomberg News, January 16, 2001.
14. "Alcoa's O'Neill Would Bring Washington Experience to Treasury," Bloomberg News, December 18, 2000.
15. "Bush Says He's Nominating Alcoa's O'Neill as Treasury Secretary," Bloomberg News, December 20, 2000.
16. 필자와 스미스의 인터뷰.
17. "Treasury Secretary Nomination Hearing," C-SPAN.

18. "Dollar Rises to Near 11/2-Year High vs Yen on O'Neill Remarks," Bloomberg News, January 17, 2001.
19. "US Business Cycle Expansions and Contractions," National Bureau of Economic Research.
20. William G. Gale and Samara R. Potter, "An Economic Evaluation of the Economic Growth and Tax Relief Reconciliation Act of 2001," *National Tax Journal 55*, no. 1: 133–186.
21. 필자와 케네디의 인터뷰.
22. 필자의 인터뷰.

제6장 전쟁 본부가 된 재무부

1. Ron Suskind, *The Price of Loyalty: George W. Bush, the White House, and the Education of Paul O'Neill* (New York: Simon & Schuster, 2004), 176.
2. "U.S. Markets' Shutdown Will Extend Through Tomorrow," Bloomberg News, September 11, 2001.
3. "Dollar May Fall; Investors May Shun U.S. After Terrorist Attack," Bloomberg News, September 12, 2001.
4. "U.S. Treasury's O'Neill Confident Markets Will Function Well," Bloomberg News, September 1, 2001.
5. John B. Taylor, *Global Financial Warriors: The Untold Story of International Finance in the Post-9/11 World* (New York: W. W. Norton & Company, 2008), 2–3.
6. Suskind, *Price of Loyalty*, 178.
7. 필자와 데이비스의 인터뷰.
8. "News Archive-September 2001," The White House, George W. Bush Archives, September 2001.
9. "News Archive-September 2001," The White House.
10. Taylor, *Global Financial Warriors*, 79.

11. Jeff Ingber, *Resurrecting the Street: How U.S. Markets Prevailed After 9/11* (Charleston, SC: Createspace, 2012), 2.
12. Ingber, *Resurrecting the Street*, 123.
13. "Buffett, Welch Won't Sell Stock When Trading Starts," Bloomberg News, September 16, 2001.
14. "Treasury's O'Neill Sees No Recession; Fed Cuts Rates," Bloomberg News, September 17, 2001.
15. John Roth, Douglas Greenburg, and Serena Wille, "National Commission on Terrorist Attacks Upon the United States: Monograph on Terrorist Financing," August 21, 2004.
16. David Bruce Bulloch, "Tracking Terrorist Finances: The SWIFT Program and the American Anti-Terrorist Finance Regime," *Amsterdam Law Forum* 3, no. 4 (November 2011): 74–101.
17. "FBI: 9/11 Hijackers Opened Bank Accounts with Fake Data," CNN, July 10, 2002.
18. *Terrorist Financing Since 9/11: Assessing an Evolving AlQaeda and State Sponsors of Terrorism, Before the Subcommittee on Counterterrorism and Intelligence of the Committee on Homeland Security of the House of Representatives*, 112th Cong. 2 (May 18, 2012).

제7장 수정 구슬 역할을 한 SWIFT

1. N. R Kleinfeld, "A Nation Challenged: The Scent; 20 Days Later, an Invisible Reminder Lingers," *New York Times*, October 1, 2001.
2. 필자와 슈랭크의 인터뷰.
3. 필자와 슈랭크의 인터뷰.
4. David Bruce Bulloch, "Tracking Terrorist Finances: The SWIFT Program and the American Anti-Terrorist Finance Regime," *Amsterdam Law Forum* 3, no. 4 (November 2011): 74–101.

5. 필자와 오프호저의 인터뷰.
6. 필자와 오프호저의 인터뷰.
7. Juan Carlos Zarate, *Treasury's War: The Unleashing of a New Era of Financial Warfare* (New York: PublicAffairs, 2013), 56.
8. 필자와 슈랭크의 인터뷰.
9. Bulloch, "Tracking Terrorist Finances."
10. Scott Shane, "Bush Erupts Over the Disclosure of a Secret Everyone Knew-Americas-International Herald Tribune," New York Times, June 29, 2006.
11. Zarate, *Treasury's War*, 17.

제8장 재무부 장관 2인의 몰락

1. 필자의 인터뷰.
2. Lawrence Summers, "Why Treasury Secretaries Should Stick with the Strong Dollar Mantra," *Financial Times*, January 25, 2018.
3. Will Dunham, "Former U.S. Treasury Secretary and Iraq War Critic Paul O'Neill Dies at 84: WSJ," Reuters, April 18, 2020.
4. Dunham, "Former U.S. Treasury Secretary."
5. "Bush's Popularity Doesn't Stretch to Stock Investors," Bloomberg News, December 31, 2002.
6. 필자와 스노의 인터뷰.
7. Ron Suskind, *The Price of Loyalty: George W. Bush, the White House, and the Education of Paul O'Neill* (New York: Simon & Schuster, 2004), 391.
8. 필자의 인터뷰.
9. Alexandra Twin, "Bears Tear Through Street Dec. 9, 2002," CNN, December 9, 2002.
10. 필자의 인터뷰.
11. "Treasury's Snow, Nichols Comment on Dollar Policy," Bloomberg News, May 17, 2003.

12. "Snow's Redefined 'Strong Dollar' May Extend Currency's Slide," Bloomberg News, May 19, 2003.
13. Michael M. Phillips, "Newly Defined 'Strong Dollar' Signals Change in U.S. Policy," *Wall Street Journal*, May 19, 2003.
14. "Bush Soothes Markets After Snow Comments," *Wall Street Journal*, December 15, 2003.
15. "Media Advisory: Secretary John Snow to Discuss U.S. Economy in St. Louis, Missouri on Friday," U.S. Department of the Treasury, December 4, 2003.
16. "Treasury Secretary John Snow Travels to Ohio to Promote President Bush's Economic Agenda," U.S. Department of the Treasury, March 12, 2003.
17. "The Honorable John W. Snow Prepared Remarks: Nevada Hotel and Lodging Association, Las Vegas, NV, June 18, 2004," U.S. Department of the Treasury, June 18, 2004.
18. 필자와 케네디의 인터뷰.
19. "U.S. Treasury's Snow, Once Set to Be Dumped, Perseveres," Bloomberg News, June 17, 2005.
20. "Treasury's Snow, Embraced by Bush, Still Faces Doubts," Bloomberg News, December 9, 2004.
21. 필자와 프라토의 인터뷰.

제9장 '행크'라고 부르세요

1. Henry M. Paulson, *On the Brink: Inside the Race to Stop the Collapse of the Global Financial System* (New York: Business Plus, 2010), 37.
2. Adrian Cox and Christine Harper, "Goldman's Blankfein Is Frontrunner to Succeed Paulson," Bloomberg News, May 30, 2006.
3. Paulson, *On the Brink*, 22–30.
4. "The Timeless Parable of Mr. Market," Farnam Street, November 3, 2013.

5. "Presidential Approval Ratings-George W. Bush," Gallup, June 11, 2013.
6. 필자와 볼턴의 인터뷰.
7. 필자와 볼턴의 인터뷰.
8. Paulson, *On the Brink*, 20.
9. "History of China State Visits to the White House," White House Historical Association.
10. Paulson, *On the Brink*, 39.
11. "President Bush Participates in Swearing-in Ceremony for Secretary of the Treasury Henry Paulson," The White House, George W. Bush Archives.
12. Paulson, *On the Brink*, 50.
13. Paulson, *On the Brink*, 47.
14. "Paulson Lauds Global Economy, Backs Strong Dollar," Bloomberg News, August 1, 2006.
15. Mark Sobel, "In Conversation with Hank Paulson," OMFIF, June 29, 2020.
16. 필자의 인터뷰.
17. 필자와 소벨의 인터뷰.
18. Reuters, "In Mideast, Paulson Offers Reassurances on Dollar," *New York Times*, June 3, 2008.
19. Glenn Somerville, "Paulson's Dollar Policy Tweak May Only Slow Slide," Reuters, November 18, 2007.
20. Reuters, "In Mideast, Paulson Offers Reassurances on Dollar."
21. "Bernanke Puts the Dollar on Fed's Radar," Bloomberg News, June 3, 2008.
22. "Joshua Bolten," Straight Talk with Hank Paulson, Paulson Institute, January 2021.
23. David M. Herszenhorn, Carl Hulse, and Sheryl Gay Stolberg, "Talks Implode during a Day of Chaos; Fate of Bailout Plan Remains Unresolved," *New York Times*, September 26, 2008.
24. Paulson, *On the Brink*, 299.

제10장 오하이오의 닭발 요리와 중국의 천년 계획

1. "All Employees, Manufacturing/All Employees, Total Nonfarm," FRED, Federal Reserve Bank of St. Louis.
2. Nicholas R. Lardy, "Manufacturing Employment in China," Peterson Institute for International Economics, December 21, 2015.
3. David Autor, "Economic and Political Consequences of China's Rise for the United States: Lessons from the China Shock," IFS Annual Lecture, Institute for Fiscal Studies, June 22, 2017, https://ifs.org.uk /sites/default/files/output_url_files/Autor-China-Shock-IFS-Final-v0.pdf.
4. "Introductory Remarks by Secretary Henry M. Paulson at the U.S.-China Strategic Economic Dialogue," U.S. Department of the Treasury, December 13, 2006.
5. 필자의 인터뷰.
6. 필자의 인터뷰.
7. "Paulson Seeks Flexible Yuan, Attacks Protectionism," Bloomberg News, September 13, 2006.
8. "Yuan Has Highest Close Since 2005 as Paulson Urges Flexibility," Bloomberg News, December 14, 2006.
9. "Paulson Is Attacked for Softer Stance on Yuan Policy," Bloomberg News, December 20, 2006.
10. "Paulson Urges Congress to Pass Trade Deals 'Quickly,'" Bloomberg News, January 1, 2007.

제11장 불길했던 가이트너의 취임 연설

1. 필자와 가이트너의 인터뷰.
2. "Emerging-Market Bond Spreads Widen on Bank-Rescue Plan Concern," Bloomberg News, February 10, 2009.

3. "Stocks Decline, Treasuries Gain on Skepticism Over Bank Rescue," Bloomberg News, February 10, 2009.
4. "Former Treasury Secretary Timothy Geithner Sets the Record Straight," CBS News, May 11, 2014.
5. "Obama's Troika May Push for Deeper Role in Economy," Bloomberg News, November 24, 2008.
6. Robert Edward Rubin and Jacob Weisberg, *In an Uncertain World: Tough Choices from Wall Street to Washington* (New York: Random House Trade Paperbacks, 2004), 192.
7. "Statement by Treasury Secretary Robert E. Rubin," U.S. Department of the Treasury, August 17, 1998.
8. "Watch Saturday Night Live Highlight: Geithner Cold Open," NBC, March 8, 2009.
9. "World Economy to Shrink for First Time in 50 Years," Bloomberg News, December 18, 2008.
10. Tania Branigan, "Downturn in China Leaves 26 Million Out of Work," *Guardian*, February 2, 2009.
11. "Clinton Urges China to Keep Buying U.S. Treasury Securities," Bloomberg News, February 22, 2009.
12. "Analysis: Obama Calls Chinese Leader Amid Strains," Bloomberg News, January 30, 2009.
13. "Remarks by Secretary Henry M. Paulson, Jr., at the Ronald Reagan Presidential Library," U.S. Department of the Treasury, November 20, 2008.
14. "China Central Bank Says Extra Crisis Tools Are Needed," Bloomberg News, December 31, 2008.
15. Ben S. Bernanke, Timothy F. Geithner, and Henry M. Paulson, Jr., *First Responders: Inside the U.S. Strategy for Fighting the 2007–2009 lobal Financial Crisis* (New Haven: Yale University Press, 2020), 451.
16. "What Is the National Deficit?," Fiscal Data, updated October 2023.

17. Matt Egan, "Financial Armageddon.' What's at Stake If the Debt Limit Isn't Raised," CNN, September 8, 2021.
18. Ron Chernow, *Alexander Hamilton* (London: Apollo, 2020), 288.

제12장 재무부의 모범생 투사들

1. Robert O'Harrow Jr., James V. Grimaldi, and Brady Dennis, "Sanctions in 72 Hours: How the U.S. Pulled off a Major Freeze of Libyan Assets," *Washington Post*, March 23, 2011.
2. Paul Harris, "Barack Obama Defends US Military Intervention in Libya," *Guardian*, March 29, 2011.
3. Dafna Linzer, "The Money Man in the Terror Fight," *Washington Post*, July 5, 2006.
4. Richard Manfredi, "2022 Year-End Sanctions and Export Controls Update," Gibson Dunn, February 7, 2023.
5. "Economic Sanctions Outlook," C SPAN, March 9, 2018
6. "Basic Information on OFAC and Sanctions," U.S. Department of the Treasury, Office of Foreign Assets Control, accessed February 20, 2023.
7. "U.S. Treasury Secretary Jacob J. Lew on the Evolution of Sanctions and Lessons for the Future," Carnegie Endowment for International Peace, March 30, 2016.

제13장 격동의 미중 관계

1. David J. Lynch, "Obama Faulted for Having Fewer Experts Guiding China Policy," Bloomberg News, November 9, 2014.
2. Timothy F. Geithner, *Stress Test: Reflections on Financial Crises* (London: Random House Business, 2014), 274.

3. *Treasury Department's Report on International Economic and Exchange Rate Policies, Hearing Before the Committee on Banking, Housing, and Urban Affairs*, 111th Cong. 5 (September 16, 2010).
4. "China Rebuts Geithner, Denies Currency Manipulation," Bloomberg News, January 24, 2009.
5. Indira A. R. Lakshmanan, "Clinton Urges China to Keep Buying U.S. Treasury Securities," Bloomberg News, February 22, 2009.
6. Wayne M. Morrison and Marc Labonte, "China's Currency Policy: An Analysis of the Economic Issues," Congressional Research Services, updated July 22, 2013.
7. Thomas Ferraro, "U.S. Political Odd Couple Takes on China," Reuters, March 18, 2010.
8. Susan Baer, "Inside Seven Unbelievable Washington Offices," *Washingtonian*, November 1, 2011.
9. Saleha Mohsin, "Lael Brainard Faces China Questions If Biden Picks Her for Treasury," Bloomberg News, November 9, 2020.
10. Ian Katz, "U.S. Not 'Satisfied' with China's Yuan, Brainard Says," Bloomberg News, February 10, 2011.
11. Doug Palmer, "Senators Renew Push Against China Currency 'Manipulation' Despite Yuan's Rise," Reuters, June 5, 2013.
12. Michael Kruse, "The Escalator Ride That Changed America," *Politico*, June 14, 2019.
13. Al Kamen, "Presumptive Ambassador to China Baucus: 'I'm No Real Expert on China,'" *Washington Post*, January 13, 2014.
14. "Remarks by Treasury Secretary Lew at the 2016 U.S.-China Strategic and Economic Dialogue CEO Roundtable," Press Release, U.S. Department of the Treasury, January 23, 2023.
15. Doug Palmer and Ben Schreckinger, "Trump Vows to Declare China a Currency Manipulator on Day One," *Politico*, November 10, 2015.
16. Enda Curran and Saleha Mohsin, "World's Silence on Weaker Yuan to Be

Tested at G-20 Meeting," Bloomberg News, July 21, 2016.

17. Rakesh Kochhar, "The American Middle Class Is Stable in Size, but Losing Ground Financially to Upper-Income Families," Pew Research Center, September 6, 2018.
18. James Nash, "Nevadans Cheer Trump's China-Bashing Even as Nation Buoys State," Bloomberg News, February 23, 2016.
19. "With Globalization in Danger, G-20 Double Down on Defense," Bloomberg News, July 24, 2016.
20. Veronica Stracqualursi, "10 Times Trump Attacked China and Its Trade Relations with the US," ABC News, November 9, 2017.
21. Stracqualursi, "10 Times Trump Attacked China and Its Trade Relations with the US."

제14장 재무부의 망가진 보물

1. Maiko Takahashi and Connor Cislo, "Japan Hits Back at Trump Charge That It Is Devaluing the Yen," Bloomberg News, February 1, 2017.
2. Saleha Mohsin, "Inside the Mind of Mnuchin: Too-Strong Dollar May Hurt Economy," Bloomberg News, January 23, 2017.
3. Patrick Donahue and Arne Delfs, "Trans-Atlantic Mood Worsens as Merkel Stands Up to Trump on Euro," Bloomberg News, January 31, 2017.
4. Saleha Mohsin, "Mnuchin Warned by Japan, Germany as G-20 Fears Policy Shift," Bloomberg News, February 17, 2017.
5. Takahashi and Cislo, "Japan Hits Back at Trump Charge That It Is Devaluing the Yen."
6. 필자와 위크스의 인터뷰.
7. Kathryn Dunn Tenpas, "Tracking Turnover in the Trump Administration," Brookings Institution, December 20, 2018.
8. Andrew Mayeda and Saleha Mohsin, "Trump's Honeymoon with China

Comes to an End," Bloomberg News, July 19, 2017.

9. Ting Shi and Enda Curran, "China Focuses on Avoiding Trade War as Xi-Trump Honeymoon Ends," Bloomberg News, July 20, 2017.

10. Kate Gibson, "Trump Says China, EU 'Manipulating Their Currencies' and U.S. Dollar Hit," CBS News, July 20, 2018.

제15장 므누신·올리가르히 그리고 잭 루의 경고

1. Tim Marcin, "Meet the Man Paul Manafort Worked with to Help Putin," Newsweek, March 22, 2017.
2. "Treasury Designates Russian Oligarchs, Officials, and Entities in Response to Worldwide Malign Activity," U.S. Department of the Treasury.
3. Jack Farchy, Yuliya Fedorinova, and Saleha Mohsin, "U.S. Softens Stance on Rusal Sanctions; Aluminum Plunges," Bloomberg News, April 23, 2018.
4. "Mnuchin: Rusal U.S. Sanctions Targeted Deripaska, Not Companies," Bloomberg News, October 11, 2018.
5. Jeremy Herb, "US Intel Chiefs Unanimous That Russia Is Targeting 2018 Elections," CNN, February 13, 2018.
6. Leonid Bershidsky, "The U.S. List of Russian Oligarchs Is a Disgrace," Bloomberg News, January 30, 2018.
7. Saleha Mohsin, "Mnuchin Says Russia Sanctions Coming After Oligarch Report," Bloomberg News, January 30, 2018.
8. 필자의 인터뷰.
9. William J. Lew, Jacob J. Burns, and William J. Burns, "U.S. Treasury Secretary Jacob J. Lew on the Evolution of Sanctions and Lessons for the Future," Carnegie Endowment for International Peace, March 30, 2016.
10. J. P. Laub, "2019 Year-End Sanctions Update," Gibson Dunn, January 24, 2020.
11. "The Treasury 2021 Sanctions Review," U.S. Department of the Treasury,

October 2021.

12. "Treasury Targets Venezuela Currency Exchange Network Scheme Generating Billions of Dollars for Corrupt Regime Insiders," U.S. Department of the Treasury, January 28, 2019.
13. Jacob J. Lew, "U.S. Treasury Secretary Jacob J. Lew on the Evolution of Sanctions and Lessons for the Future," Carnegie Endowment for International Peace, March 30, 2016.
14. Ladane Nasseri, Irina Vilcu, and Patrick Donahue, "EU Unveils Iran Trade Vehicle as It Vows to Salvage Nuclear Deal," Bloomberg News, January 31, 2019.
15. Saleha Mohsin, "Treasury Official Doubts EU Can Sidestep U.S. Sanctions on Iran," Bloomberg News, November 12, 2018.
16. Jacob J. Lew, "Trump's Policies Overuse America's Economic Weapons. U.S. Economic Power Is at Risk," *Barron's*, February 19, 2020.
17. Saleha Mohsin, Nick Wadhams, and Jennifer Jacobs, "Mnuchin Feared Sanctions Would Undercut U.S. Dollar, Bolton Says," Bloomberg News, June 18, 2020.
18. 필자의 인터뷰.
19. 필자와 므누신의 인터뷰.
20. Saleha Mohsin, "Mnuchin Faces Tougher Tests After Praise for Opening Cash Spigot," Bloomberg News, April 24, 2020.
21. Steven T. Dennis, "Mnuchin Briefly Discussed 25th Amendment to Remove Trump, Jan. 6 Transcript Shows," Bloomberg News, December 27, 2022.
22. Robert E. Rubin, "Opinion: H.R. 1 and H.R. 4 Would Reform Our Democracy. They'd Also Help Our Economy," *Washington Post*, March 17, 2021.

제16장 비공개 만찬과 경제적 전격전

1. "Calendars and Travel of the Secretary," U.S. Department of the Treasury.
2. 필자와 스노의 인터뷰.
3. 필자와 폴슨의 인터뷰.
4. "O'Neill, Former Treasury Chiefs Form Fraternity," Bloomberg News, December 20, 2001.
5. Lawrence H. Summers (@LHSummers), "Why is the Secretary of the Treasury commenting on NFL players," X (formerly Twitter), September 24, 2017, 7:46 p.m., https://twitter.com/lhsummers/status/912040597615185920.
6. Saleha Mohsin, "Yellen Says She Won't Seek Weaker Dollar, Wants Market-Set Rates," Bloomberg News, January 19, 2021.
7. "Triennial Central Bank Survey of Foreign Exchange and Over-The-Counter (OTC) Derivatives Markets in 2019," Bank for International Settlements, December 8, 2019.
8. Barak Ravid, "Zelensky to EU Leaders: 'This Might Be the Last Time You See Me Alive,'" Axios, February 25, 2022.
9. Natalia Drozdiak and Marc Champion, "Western Allies See Kyiv Falling to Russian Forces Within Hours," Bloomberg News, February 24, 2022.
10. Dave Lawler and Zachary Basu, "Ukrainian President Zelensky Delivers Impassioned Address, Telling Russia: 'You Will See Our Faces, Not Our Backs,'" Axios, February 24, 2022.
11. 필자와 아데예모의 인터뷰.
12. "Fact Sheet: United States and Allies and Partners Impose Additional Costs on Russia," The White House, March 24, 2022.
13. Saleha Mohsin, "Janet Yellen Is Struggling at the Treasury Job She Never Wanted," Bloomberg News, June 15, 2022.
14. 필자의 인터뷰.
15. "Transcript: US Treasury Secretary Janet Yellen on the Next Steps for

Russia Sanctions and 'Friend-Shoring' Supply Chains," Atlantic Council, April 13, 2022.
16. "Debt Limit," U.S. Department of the Treasury.
17. Council of Economic Advisers (U.S.), "Gross Federal Debt," FRED, Federal Reserve Bank of St. Louis, June 30, 1939.
18. "Table 5: Major Foreign Holders of Treasury Securities," Treasury.gov, 2023.
19. "JPMorgan's Jamie Dimon Says U.S. 'Probably' Won't Default on Its Debt," Bloomberg News, May 17, 2023.
20. "Fitch Says U.S. Fiscal Metrics and Governance Spurred Credit-Rating Cut," Bloomberg News, August 2, 2023.
21. Daniel Fried, "The U.S. Dollar as an International Currency and Its Economic Effects: Working Paper 2023-04," Working Papers 58764, Congressional Budget Office, April 17, 2023.
22. "Global Insight: Think Ditching Dollar Is Easy? Ask Putin, Modi," Bloomberg News, May 11, 2023.
23. Saleha Mohsin and Enda Curran, "The True Cost of an Extended US Debt-Ceiling Standoff," Bloomberg News, May 18, 2023.
24. Sean Donnan, "$52 Billion Plan to Make Chips in the US Faces a Labor Shortage," Bloomberg News, March 9, 2023.

찾아보기

10년 만기 국채 68~69, 79
1812년 전쟁 291
1981~1982년 경기 침체 55
1월 6일 국회의사당 반란 299, 319
BNP파리바 234
BRICS 21
이엔플러스그룹(EN+) 281
G20 16, 18, 29, 125, 171, 175, 195, 257, 268, 277~278, 297, 312
G7 82, 125, 148~149, 155, 171, 268, 312, 317
HSBC 234
J.P. 모건 179
JP모건 체이스 218, 234
S&P500 주가지수 99, 114, 143, 209, 212, 275

ㄱ

가이트너, 팀
    의 배경 208~209, 238~239
    캐시룸 연설 204, 206, 208
    및 중국의 환율 조작 248~249
    인준 청문회 240
    부채 한도 위기 215~218, 221
    그리고 글로벌 금융 위기 217
    투자자들의 불신 78
    와 기자 92
    재무부 비공개 만찬 306~307, 309
    및 루빈의 전략 논의 76
    와 소벨 172
    및 일본 엔화 안정화 43
    와 강달러 원칙 79, 209
    재무부 장관 임명 208
    통화정책에서 재무부의 역할 265~266
거버먼트 삭스 160

검은 수요일 64, 68
개키, 앤드리아 229~230, 232~235
《결정의 순간》(부시) 142
경제정책의 환경적 결과 285
경제 제재
    및 블랙리스트 226~227, 231, 281, 293
    와 미국 적국제재대응법(CAATSA) 287
    테러 조직의 자금 접근성 축소 229
    9·11 테러 이후 117, 223, 317
    와 이란 228, 287, 293
    와 리비아 223
    의 영향력 약화 294
    와 오바마 행정부 235, 291, 293
    및 해외자산통제국 230~232
    및 테러금융정보국 225
    재무부가 휘두르는 권력 124, 127, 135, 229
    러시아 상대 15~16, 279~280, 310~315, 317
    이차적 제재 226~228
    와 트럼프 행정부 278, 292, 296~297
금본위제 20, 49, 53, 172
골드만삭스 66, 72, 85, 144, 146, 158~160, 164~165, 194, 273
공화당 25, 35, 56, 61, 83~84, 100, 104, 110, 144, 170, 176, 178~179, 203, 215~217, 237, 245~246, 255, 286, 290, 302, 305~307
관세 21, 34, 36~37, 61, 86, 98, 191~192, 199, 246, 254, 275, 291
국가안전보장회의(NSC) 135, 225, 248, 290, 316
국수주의적인 경제정책 25, 29, 51, 101, 261
국세청 240
국제은행간통신협회(SWIFT) 129~135, 314
국제자금세탁방지기구(FATF) 124
국제통화기금(IMF) 18, 29, 51~52, 125, 147,

200~201, 209, 244, 267, 268
국채(채권)
 대출의 기준점으로서 69
 채권 자경단 66~67, 70, 72
 와 클린턴 행정부 70~72, 87
 부채 한도 위기 215~220, 319
 및 세계금융위기(2008) 205~206, 214
 수익률을 낮게 유지하기 위한 동기 70
 와 므누신 장관의 "달러 약세" 발언 29
 9·11 테러 이후 시장 재개 119
 의 안정성 70, 139, 159, 214
 피치의 신용등급 강등 319
 강달러 정책 84, 87
 10년 만기 국채 69, 79, 241
 에 대한 중국의 투자 190, 239, 241~244
그라소, 리처드 121
그레이엄, 린지 199, 247
그린스펀, 앨런 39, 81, 104, 121, 132, 306
금리 25, 37~38, 43~45, 55~56, 59, 62, 66, 69~70, 72, 74~75, 77~79, 87, 89, 121, 172 173, 214, 218, 241,248, 277, 308
긴급 경제 안정법(2008) 179

ㄴ
나바로, 피터 40~43, 264, 267, 272, 276
나스닥종합지수 121
네덜란드 플로린화 24, 319
네바다주 153, 255~256
네타냐후 벤자민, 299
노동자계층 미국인
 중국의 불공정 무역 관행 191~192
 재정적 어려움 32~33, 95~96, 182~183
 및 세계화 101, 183, 186~187, 252, 255, 264
 제조업의 일자리 손실 32~33, 102, 106, 254, 264
 달러 강세 61, 97, 99, 102, 187, 189, 250
 과 "바이 아메리카" 322
 과 트럼프 36, 257~258

뉴욕증권거래소(NYSE) 118~121
닉슨, 리처드 53~54, 104, 191

ㄷ
다보스, 스위스 27, 31, 35~36, 278
달러 강세 정책
 부시 정부 시절 110
 달러 약세 61, 101
 기축통화로서의 달러에 대한 도전 320~321
 클린턴 행정부 정책으로 83~85, 87~91, 93
 투자자를 위한 포고령으로 84
 에 대한 불만 102
 및 가이트너 209
 과 달러 약세 27~31, 34~35, 101, 105, 109, 261
 강달러 신화 103
 과 오닐 105~109, 168
 과 폴슨 168, 174~175
 정책 입안자들의 고민 61~62
 중국의 환율 조작과 정치 248~250
 과 레이건 56
 선전 문구로의 변질 103
 루빈의 강달러 정책 82~93, 98, 102~103, 189
 과 스노 149~154, 168
 서머스의 지지 308
 과 트럼프 35~42, 261~262, 264
 과 노동자계층 미국인 61, 97, 99, 102, 187, 189, 250
달러의 무기화
 와 세계 준비통화로서의 도전과제 324
 와 금융 정보 역량 225
 9·11 테러 이후 124, 163, 236
 와 미국의 대외정책 목표 163
 역사적 관점 318
 국제적 위협에서의 중요성 226
 의 힘 127

러시아에 대한 15~16, 19, 225, 317
와 이차적 제재 227~228
에 대한 재무부 장관의 책임 139~140, 152
와 트럼프의 경제 계획 34, 279
에 대한 옐런의 고민 19
경제 제재 참조
대침체 32, 248, 255
더들리, 윌리엄 154
데리파스카, 올레그 280~286
도드, 크리스 193
독일 55, 123, 134, 172, 233, 263, 293~294, 312~313
독재적인 지도자 237
드라기, 마리오 38, 159, 316
다이먼, 제이미 218
디지털 통화 321

ㄹ

라가르드, 크리스틴 29
《라이어스 포커》 (루이스) 66
라이엔, 우르줄라 폰 데어 316
라토, 로드리고 200
러스트 벨트 32~33, 68, 94, 254, 264
러시아
    기축통화로서의 달러에 대한 도전 321, 323
    경제 제재 15~16, 279~280, 310~315, 317
    우크라이나 침공 15, 19~20, 225, 282, 309~313
    올리가르히 229, 280, 282~283, 286, 288~289, 311
    및 페트로 암호화폐 296
러시아 중앙은행 15, 313
러시아 요새 314
레고(덴마크) 322
레비, 스튜어트 A. 222~225, 231
레이, 케네스 144
레이건, 로널드 55~56, 58, 61, 97, 267

루, 제이컵 잭 235~236, 250~252, 257, 290~291, 293~294, 306
루브르합의 57~58
루살 280~281, 283~289, 291
루이스, 마이클 66, 179
룰라 다시우바, 루이스 이나시우 19
리드, 해리 178
리먼 브라더스 176, 179
린지, 래리 142
린턴, 루이스 273, 298
링컨, 에이브러햄 47~49, 125, 247

ㅁ

매이도프, 버나드 212
맨델커, 시걸 295
매너포트, 폴 282
매케인, 존 176, 178, 201
매코널, 미치 178
맬패스, 데이비드 265
머리, 윌리엄 88, 91
메르켈, 앙겔라 28~29, 263
메트로폴리탄 클럽 306
멕시코 32, 36, 85~87, 185, 261
모겐소, 헨리 52~53, 324
《모스크바의 신사》 (토울스) 311
무슬림 금지령 261
무역전쟁 268, 275
뮬러, 로버트 282, 287
므누신, 스티븐
    트럼프 재임기의 성과 271~279, 297~299
    과 1월 6일 국회의사당 반란 299~301
    과 나바로와의 계획 41~42
    과 오카모토의 배경 265
    비공개 재무부 만찬 306~307
    러시아 올리가르히에 대한 제재 280~291
    과 트럼프의 중국 정책 261, 269~272
    과 트럼프의 달러에 대한 집착 39~41
    과 트럼프의 경제 제재 사용 293, 296~297
    "현재로서는" 미국의 달러 정책에 대해

45~46
및 베네수엘라 제재 296~297
다보스에서 "달러 약세" 발언 27~30, 31
미국 국무부 116, 133, 135, 225, 231, 243,
251, 290, 296~297, 300
미국 국방부 100, 135, 231
미국 국토안보부 125
미국 남북전쟁 47, 49~50, 117, 125, 247, 323
미국 비밀경호국 125
미국 연방준비제도 위원회(연준)
 베이커의 간섭 56
 부채 한도 위기 215, 218~219
 와 클린턴 시대의 경제 성장 93~94
 의 금리 인상 56, 74, 277
 최초의 여성 의장 304
 및 세계금융위기(2008) 172~173, 120, 214
 에 의한 개입 42~44, 62
 와 금리 인하 72, 172, 214
 와 재무부에서의 므누신의 업적 298
 중국의 환율 조작과 정치 249
 파월의 독립성 옹호 38~39
 와 재무부의 비공개 만찬 305~306, 324
 의 정책적 결정의 파장 37
 의 재무부에 대한 협조 175
 9·11 테러 이후 시장 재개 119, 121
 의 역할 45
 러시아 제재 315
 달러 강세 62, 81
 와 클린턴 행정부의 강달러 정책 93
 와 SWIFT 132
 및 재무부의 외환안정기금(ESF) 308
 트럼프의 금리 인하 요구 37, 277
 와 트럼프의 무역 수사학 277~278
미국 적국제재대응법(CAATSA) 287~288
미국 재무부
 테러 방지 권한 122~124
 변동성 억제를 위한 시도 58~59
 벤슨의 재임 기간 74~75
 환율 안정성 요구 62~63

기축통화로서의 달러에 대한 도전 320~321
부채 한도 위기 215~220, 319
의 위상 저하 155, 163
중국과의 경제적 관계 242~243
및 환율 정책 39
와 외환안정기금 42, 89~90, 118, 308
통화정책 보고서 249
가이트너의 중국 발언 238~242
와 세계금융위기(2008) 214
재무부 건물 17~18, 118
정보 작전 125, 130~134, 225
의 개입 28, 43, 62~65, 90
국가 안보에서의 역할 124, 135
와 해외자산통제국 125~126
와 테러금융정보국(TFI) 125, 224~225, 162, 295
오카모토의 역할 265~266
중국의 환율 조작과 정치 247~251, 253, 257
와 1월 6일 반란에 대한 대응 299
의 역할 17
S&P의 신용등급 강등 220
달러 강세 62
클린턴 행정부의 강달러 정책 81, 84
와 SWIFT의 협력 129~134
와 트럼프의 중국 정책 260~261
와 금융 시장 간의 신뢰 151
미중 경제 관계 243
9·11 테러 당시 재무부의 상황 113~116
와 홍보 139
와 달러의 무기화 124~127, 139
각 재무부 장관과 경제 제재도 참조
미국 우선주의 31, 34, 261
미국 헌법 239, 300
미국노동연맹-산별조직회의(AFL-CIO) 98
미국을 다시 위대하게 258, 291
미국의 세수 110
미국의 자동차 산업 32, 54, 101, 182, 186, 256

미국의 제조업 30, 32~33, 54~55, 89, 94, 99, 101~102, 150, 182~183, 185~186, 188~189, 193, 199, 201,244, 250, 254~255, 264
미국의 철강 산업 95~101, 264
미국의 채무
    부채 한도 24~25, 215~220, 319
    채무 상환 우선순위 계획 219~221
    경제 역량의 열쇠 역할 25
    S&P의 신용등급 강등 220
민주당 25, 35, 55, 65, 67, 78, 83, 100~101, 104, 153, 170, 178~179, 203, 215~217, 240, 245~246, 250, 252, 270~271, 286, 290, 297~298, 306

ㅂ

보커스, 맥스 101, 250~251
보콜, 앤디 265~267
바이든, 조
    "바이 아메리카" 운동 322
    러시아에 대한 경제 제재 15, 19~20, 310, 313~316
    과 중국 문제 251
    과 옐런의 재무부 장관 취임 304
반도체 및 과학법 322
반세계화 256
백악관 국가경제위원회 42, 146
버냉키, 벤 173, 175, 192, 197, 209, 211, 249
버핏, 워런 120~121, 161
법정화폐법(Legal Tender Act) 48
베네수엘라 291~292, 296~297
베어스턴스 172, 179, 209
베이커, 제임스 55~57, 61, 164
베트남 88~89, 91, 151
벤슨, 로이드 밀라드 주니어 74~75, 78, 81~82
베이너, 존 178, 216
보노(U2) 137~138
보호주의 29, 41, 55, 61, 97, 101~102, 239, 249, 252, 257, 268
볼커, 폴 55~56, 247

볼턴, 조슈아 162~165, 177
부시, 조지 H. W. 58, 63, 143~144
부시, 조지 W.
    와 세계화에 대한 반발 101
    직면한 위기 163
    와 경제팀 162~163, 166
    공장 노동자들의 고난 100~101
    및 세계금융위기(2008) 176~179
    와 오닐의 재무부 장관 재임기 142~144, 161
    와 폴슨의 재무부 장관 재임기 162~168, 177~180, 191~211
    에 대한 여론 143~144, 162, 164
    재선 캠페인 144, 153
    2001년 9월 11일 테러 공격 116~117, 119
    와 스노의 재무부 장관 재임기 152~156, 161
    경제 상태 97~98
    및 부실자산 구제 프로그램 177
    테러와의 전쟁 116~127
    달러의 무기화 124, 236
부실자산 구제 프로그램(TARP) 177~179
북미자유무역협정(NAFTA) 32, 86, 96, 185~186, 264
북한 234, 287, 292
브라운, 셰러드 290
브라질 19~21, 110, 323
브래디, 니컬러스 58
브레이너드, 레이얼 247~249
브레턴우즈 회의(1944) 21, 50~54, 59, 148, 295, 319, 324
블루먼솔, 마이클 306
《빅 쇼트》(루이스) 179
빈 라덴, 오사마 129, 165

ㅅ

상원 은행위원회 288
상원 재무위원회 108

샤오제 268
샬러츠빌 백인 우월주의 집회 273
서독 56, 61, 247
서머스, 로런스 76, 81~82, 87, 93, 140, 152, 195, 306~308
서스킨드, 론 145
석유 시장 223, 228, 293~295, 321
설리번, 제이크 15, 316
세계경제포럼(2018) 27
세계금융위기(2008)
 및 "자비로운 방임" 172
 와 G20 195
 재무부 장관들이 직면한 과제 309
 중국과 미국의 관계 36, 143, 213~214, 242, 244~245, 247
 부채 한도 위기 217~221
 세계 기축통화로서의 달러의 지위 22~23
 경제구제 노력 209, 211~212, 254
 의 여파 22, 206~207, 209~211, 246
 및 가이트너의 캐시룸 연설 204~206, 208~209
 노동자계층에 미치는 영향 33, 183
 와 폴슨의 리더십 174~179
 와 재무부의 통화 개입 173~174
 및 달러 약세 172~173
세계은행(WB) 18, 51~52, 81, 125, 267
세계무역기구(WTO) 32, 86, 183, 185~186, 257, 263~264
세계무역센터 테러 공격
 공격 112~116
 및 경제 제재 317
 와 SWIFT 129~133, 314
 재정적 기반 123, 131
 대중의 반응 128~129, 135
 이후 시장 재개 121~122
 테러와의 전쟁 122~127, 131~135
세계화
 에 대한 반발 101~102, 256
 의 영향 23, 25, 182~183, 185, 212, 252
 와 루빈의 통화정책 86, 98, 187

와 루빈의 재무부 장관 재임 기간 96
와 트럼프의 무역 정책 257, 259
와 노동자계층 미국인 101, 183, 185~186, 255, 264
초세계화 323
셰익스피어, 윌리엄 325
셸비, 리처드 193
소로스, 조지 63~64, 68, 76
소벨, 마크 170~176, 325
수정헌법 제25조 300
슈랭크, 레너드 130~134
슈머, 척 121, 199, 240, 246, 247, 250, 271
슈왑, 찰스 144
슐츠, 조지 147, 307
스나이더, 존 305
스노, 존 92, 144~156, 161, 164, 168, 306, 324
스미스, 크리스 152
스탠더드 앤드 푸어스(S&P) 220~221
시리아 282, 292
시진핑 36
시츠, 네이신 173
신용평가기관 319
실업률 94, 96, 99, 143, 167, 207, 212, 246, 255
싱, 달립 311, 313

ㅇ
아데예모, 월리 310~311
아메리칸 드림 17, 85, 95, 158, 320
아사드, 바샤르 알 282
아소, 다로 263
오프호저, 데이비드 129, 131~133
아편전쟁 192, 251
알루미늄 산업, 100, 104, 115, 280~281, 284~285
알카에다 116, 128, 130~131, 134~135, 229
애덤스, 팀 113~114, 192~193
오기니시 알루미나 285

엘 아이사미, 타렉 291
엘프 뷰티 234
연방예금보험공사(FDIC) 120
영국 및 대영제국 24, 31, 49~50, 56, 63~64, 75~76, 134, 251, 291, 293~294, 311~312, 319
영국 파운드화 24, 31, 54, 63~64, 76, 84, 88, 319
예산통제법(2011) 220
옐런, 재닛 루이스
    의 배경 304
    기축통화로서의 달러에 대한 현재의 과제 308~309
    재무부 비공개 만찬 305~306
    러시아에 대한 제재 15~16, 18~19, 315~316
오닐, 폴
    의 배경 103~104
    의 인준 청문회 105~109
    의 몰락 137~141
    부시의 해임 142~143, 145
    과 불안한 시장 154
    비공개 재무부 만찬 306~307
    달러에 대한 질문 92
    9·11 테러 이후 시장 재개 118~122
    2001년 9·11 테러 112~115
    과 테러와의 전쟁 116~117, 131
    과 강달러 패러다임 비판 250
    과 달러 약세 109
    과 달러 발언 110
오바마, 버락
    와 중국에 대한 브레이너드의 견해 247~249
    및 예산통제법(2011) 220
    및 경제 제재 235~236, 291
    선거운동 256~258
    와 카다피 223, 225
    와 부채 한도 215~206
    와 가이트너의 재무부 재임기 172, 204~205, 210, 240

및 세계금융위기(2008) 176, 178, 206~208
오카모토의 재무부 재임기 265
    중국의 환율 조작 정치 201, 241
    이란에 대한 제재 226, 228, 293
    와 서미스의 재무부 재임기 307
    통화정책에서 재무부의 역할 267
    미중 경제 관계 247~248, 251
    제재 오용에 대한 루의 경고 291, 293
    와 옐런의 연준 재임기 304
오카모토, 제프리 윌리엄 세이지 265~268
오터, 데이비드 185~186
오하이오주 모레인 182~183, 186, 264, 323
올리가르히 229, 280, 282~283, 286, 288~289, 311
올트먼, 로저 76, 78
왕양 270
외환안정기금 42, 89~90, 118, 308
우크라이나 15, 19~20, 25, 205, 225, 282, 309~311, 313
워너, 마크 298
원자바오 213
위안화 21, 36, 188~190, 193, 197~201, 239, 244~246, 249, 320
위어턴 철강 95~100, 102, 264
윅스, 존 267
유럽연합(EU) 226, 228, 263, 277, 293~294, 312~313, 317
유럽연합집행위원회 313
유럽중앙은행(ECB) 38, 159, 316
유로화 20, 38, 43, 296, 320
이란 195, 225~228, 234, 287, 293~296
이사무딘, 리두안 135
이슬람 국가(IS) 229
이탈리아 79, 312
인도 20~21, 209, 226, 312
일본
    과 엔화의 평가절하 101
    과 플라자합의 54, 56
    과 러시아 제재 313, 317

과 달러 강세　62, 101
　　　과 달러 약세　61, 75, 263
　　　과 트럼프의 무역 정책　260
　　　동일본 대지진과 엔화 강세　43
《일촉즉발의 순간》(폴슨)　165

ㅈ

자라테, 후안　122
자이베르트, 비에른　313
재무부 장관
　　　의 역할　138~139, 158~159
　　　준비자산의 수호자로서　15
　　　재무부의 전쟁(자라테)　122
　　　폴슨, 옐런 등 각 재무부 장관 항목 참조
저우샤오촨　214
전략경제대화(SED)　191~192, 194~195, 198~201, 243, 251~252, 269
제너럴 모터스　186
제지, 연합 산업, 화학 및 에너지 노동자 국제연맹　102
젤렌스키, 볼로디미르　309~310, 313
존슨, 앤드루　247
준비자산
　　　달러의 대안　20~21, 228, 236, 296, 320
　　　중국의 달러화 대체 요구　244
　　　달러의 지위 상실의 결과　320
　　　달러의 세계적 지위　23, 25~26, 51~53, 174, 296, 316
　　　의 탄생　51~52, 323
　　　와 금본위제　49
　　　달러에 대한 대안 부족　320
　　　승인자로서의 재무부 장관　15
　　　달러의 무기화　117
《줄리어스 시저》(셰익스피어)　325
중국
　　　권위주의 통치(독재국가)　183~184, 192
　　　기축통화에 대한 도전　320~322
　　　및 환율 조작　36, 39, 187~188, 198~199, 243, 245~250, 253, 272, 279

　　　경제 성장　185, 187
　　　과 수출　32
　　　외국인 소유권 제한　270
　　　및 세계금융위기(2008)　212~213, 242~243
　　　과 미국 내 일자리 감소　193
　　　의 제조업　184~186
　　　과 닉슨　191
　　　및 페트로 암호화폐　296
　　　러시아 제재　314
　　　미국과의 공생 관계　190~191
　　　톈안먼 광장 학살　184~185
　　　및 무역 관세　36~37
　　　자유시장 체제로의 전환　195~197, 199~201
　　　트럼프의 비난　33, 35~36, 39, 253, 255, 258, 260, 275, 277
　　　트럼프의 무역 정책　260, 262~263, 268, 269~271, 275~279, 293, 297
　　　및 전략경제대화(SED)　191~201
　　　WTO 가입　32, 86, 183, 185~186, 264
중국 인민은행(PBOC)　188~189, 197, 214, 244
《중국이 세상을 지배하는 그날》(나바로)　40, 259
중앙정보국(CIA)　131~133, 135
증권거래위원회　119~120, 144
짐바브웨　292

ㅊ

체니, 딕　145
체이스, 새먼 P.　47~49, 53
《충성의 대가》(서스킨드)　145

ㅋ

카다피, 무아마르　222~225, 231
카빌, 제임스　71
캐나다　86, 185, 226, 281, 311

커들로, 래리 42~45
케네디, 사이먼 148~150
케네디, 존 F. 143, 234
케리, 존 153
코로나바이러스 감염증-19 25, 298
코츠, 댄 287
쿡, 팀 194
클린턴, 빌
    벤슨의 재무부 재임기 74~75
    과 채권 시장 66~73
    과 균형 예산 달성 94
    경제 계획 71~73
    과 루빈의 통화정책 87
    과 철강 산업 98~99, 101
    과 미국의 경제력 65, 93~94
    서머스의 재무부 재임기 93
    과 강달러 정책 76~78, 87~94
    과 노동자계층 미국인 96~97
    과 "경제 펀더멘털" 발언 80
클린턴, 힐러리 121, 243, 252, 258

ㅌ

탈달러화 24
탈산업화 245, 252
터스크, 도널드 263
테러금융정보국(TFI) 125, 223~225, 234, 295
테일러, 존 114, 116, 124, 247
통화 개입
    중국과 일본의 43
    경제 상황과 충돌하는 경우 62
    에 대한 비판 63
    및 세계금융위기(2008) 173~174
    1980년대 개입이 일본에 미친 영향 57
    외환딜러에게 미치는 영향 57~58
    므누신 장관의 "달러 약세" 발언 28~30, 34~35
    에 대한 자제력 172~176, 195~196
    과 루빈의 통화정책 89
    관점 전환 65

클린턴 행정부의 강달러 원칙 80
통화시장 42, 57, 65, 76, 85, 278~279
환율 조작 36, 39, 187, 198~199, 245~246, 248~250, 261~262, 272
튀르키예 37, 314
트럼프, 도널드
    미국 우선주의 31, 34
    중국 수출 33, 36
    통화 조작에 대한 38~39
    금리 인하 요구 37
    드라기 총재의 통화정책 발표 38~39
    정책에 대한 유럽의 대응 262~264
    달러에 대한 집착 39~41
    와 1월 6일, 국회의사당 반란 229~302
    와 포괄적행동계획(JCPOA) 293
    재무부에서의 므누신 장관의 업적 269~271, 272~279
    므누신 장관의 "달러 약세" 발언에 대해 35
    와 오카모토의 재무부 재임기 265~268
    중국 환율 조작과 정치 253~256, 260~262
    보호주의 경제 의제 29
    및 러시아 공모 조사 282, 287
    및 러시아 제재 287~290
    관세 및 무역전쟁 21, 33~37
    경제 제재의 사용 291~295
    달러 약세 23
    및 웨스트버지니아 100
    포괄적공동행동계획(JCPOA) 탈퇴 293
    와 노동자계층 미국인 32~33
    와 옐런의 연준 의장 재임 시절 304
트위터 39, 269, 271, 277, 298, 304
특별 지정국 및 차단 인물 목록(SDN) 231, 292
특수 목적 법인(SPV) 294

ㅍ

파월, 제롬 38~39, 43, 45
파월, 콜린 116
팔영팔치 196~197, 213

팰리, 톰 98
패니매이와 프레디맥 179~180, 213, 239, 243
페트로 암호화폐 296
펜스, 마이크 299
펠로시, 낸시 178~179
포괄적공동행동계획(JCPOA) 228, 293
포브스 289
폭스 뉴스 261
폭스 비즈니스 274
폴슨, 헨리
    부시 대통령과의 관계 164, 166, 177
    의 과제 167~168
    의 배경 160
    에 대한 비판 179
    통화 개입 173~175
    과 가이트너의 재무부 재임기 238~239, 241
    및 세계금융위기(2008) 170, 173~175, 177~180, 211, 309
    골드만삭스의 수장 144, 158~159, 164~165
    환율조작국 187~188
    의 성격 162
    재무부 비공개 만찬 306
    의 영입 164~166
    임명 수락 거부 156, 162~166
    과 소벨 170~176
    과 강달러 정책 168, 174~175
    의 취임식 166~167
    통화정책에서 재무부의 역할 268
    및 부실자산 구제 프로그램 177~180
    미중 경제 관계 246
    및 전략경제대화(SED) 191~202
폼페이오, 마이클 300
푸야오 글라스 186
푸틴, 블라디미르
    기축통화로서의 달러에 대한 도전 240
    우크라이나 침공 15, 18
    및 미국의 제재 15, 20, 280, 289, 310~311, 313~315, 317, 321
    과 트럼프 282, 287, 290
    과 데리파스카 282
프라토, 토니 155
프랑스 50, 56, 148, 172, 293
프렌드쇼어링 25
프리드먼, 스티븐 146
플라이오버 스테이트 187
플라자합의 56~57
피셔, 피터 120
피치 신용평가기관 319

ㅎ

하원 금융서비스위원회 22
해밀턴, 알렉산더 69, 219~220
해외 테러리스트 자산추적센터 117
해외자산통제국(OFAC) 125, 230~235, 288, 292
허버드, 글렌 142
헤이-애덤스 호텔 303, 305, 309
헤즈볼라 229
화이트, 해리 51
후세인, 사담 163
후진타오 162, 166, 189, 196, 197, 213

달러 전쟁

세계경제를 뒤흔든 달러의 설계자들과 미국의 시나리오

초판 1쇄 발행　2024년 9월 25일
초판 4쇄 발행　2024년 11월 1일

지은이　살레하 모신
옮긴이　서정아
펴낸이　최순영

출판2 본부장　박태근
지식교양 팀장　송두나
편집　송두나
교정교열　김지연
디자인　김태수

펴낸곳　㈜위즈덤하우스　**출판등록**　2000년 5월 23일 제13-1071호
주소　서울특별시 마포구 양화로 19 합정오피스빌딩 17층
전화　02) 2179-5600　**홈페이지**　www.wisdomhouse.co.kr

ⓒ 살레하 모신, 2024

ISBN 979-11-7171-272-4　03320

- 이 책의 전부 또는 일부 내용을 재사용하려면 반드시 사전에 저작권자와 ㈜위즈덤하우스의 동의를 받아야 합니다.
- 인쇄·제작 및 유통상의 파본 도서는 구입하신 서점에서 바꿔드립니다.
- 책값은 뒤표지에 있습니다.